# NICOLAS DE CUES

L'HOMME, ATOME SPIRITUEL

## DANS LA MÊME COLLECTION

*Aristote. Une philosophie en quête de savoir*, par R. Bodéüs, 272 pages.
*Augustin. L'expression du Verbe*, par D. Doucet, 192 pages.
*Berkeley. Un nominalisme réaliste*, par D. Berlioz, 224 pages.
*Blondel. Un univers chrétien*, par B. Saint-Sernin, 192 pages.
*Cournot. Le réalisme*, par B. Saint-Sernin, 192 pages.
*Daseinsanalyse*, par Ph. Cabestan et Fr. Dastur, 224 pages.
*Deleuze. La passion de la pensée*, par P. Montebello, 256 pages.
*Diderot. Un matérialisme éclectique*, par A. Ibrahim, 240 pages.
*Duns Scot. La métaphysique de la singularité*, par G. Sondag, 240 pages.
*Maître Eckhart. Une philosophie du christianisme*, par K. Flasch, 336 pages.
*Épicure. La nature et la raison*, par P.-M. Morel, 224 pages.
*Fichte. Réflexion et argumentation*, par I. Thomas-Fogiel, 256 pages.
*Gadamer. Une herméneutique philosophique*, par I. Weiss, 216 pages.
*Habermas. La raison publique*, par R. Chennoufi, 240 pages.
*Hegel. Une philosophie de la raison vivante*, par A. Stanguennec, 248 pages.
*Heidegger. La question du Logos*, par F. Dastur, 256 pages.
*Hobbes ou l'œuvre de la raison*, par M. Malherbe, 272 pages.
*Hume. Une philosophie des contradictions*, par J.-P. Cléro, 256 pages.
*Kant. L'invention critique*, par M. Castillo, 248 pages.
*Malebranche. Une philosophie de l'expérience*, par D. Moreau, 224 pages.
*Montaigne. L'usage du monde*, par P. Mathias, 224 pages.
*Montesquieu. Le droit et l'histoire*, par F. Markovits, 232 pages.
*Les néokantiens. Valeur et vérité*, par É. Dufour, 192 pages.
*Le néostoïcisme. Une philosophie par gros temps*, par J. Lagrée, 212 pages.
*Nicolas de Cues. L'homme, atome spirituel*, par Graziella Federici Vescovini, 244 pages.
*Pascal. La force de la raison*, par H. Bouchilloux, 240 pages.
*Philosophie romantique allemande. Un philosopher infini*, par A. Stanguennec, 224 pages.
*Platon. Le désir de comprendre*, par M. Dixsaut, 256 pages.
*Sartre. Liberté et histoire*, par A. Guigot, 256 pages.
*Spinoza. Union et désunion*, par P. Sévérac, 272 pages
*Les Stoïciens. La liberté et l'ordre du monde*, par R. Muller, 292 pages.
*Voltaire. Du Cartésianisme aux Lumières*, par É. Martin-Haag, 192 pages.

BIBLIOTHÈQUE DES PHILOSOPHIES

Directeur : Michel MALHERBE

# NICOLAS DE CUES

## L'HOMME, ATOME SPIRITUEL

par

**Graziella FEDERICI VESCOVINI**

PARIS
LIBRAIRIE PHILOSOPHIQUE J. VRIN
6, place de la Sorbonne, V[e]

2016

*Imprimé en France*

ISSN 1281-5675
ISBN 978-2-7116-2715-8

*www.vrin.fr*

## AVANT-PROPOS

Cette étude est l'aboutissement de longues années de réflexion et de recherche. Elle souhaite contribuer à offrir une connaissance la plus exacte possible de la doctrine du Cusain en pénétrant dans les recoins les plus profonds et les plus subtils de son discours et en tentant de résoudre nombre des problèmes posés par ses choix linguistiques d'un philosophe dont tout le monde s'accorde à reconnaitre le haut niveau intellectuel et la densité de sa doctrine. On a surtout apprécié son activité et ses engagements ecclésiastique, politique, diplomatique, profondément enraciné dans son époque. Mais il s'agit avant tout de découvrir une philosophie que le Cusain qualifiait lui-même d'« incompréhensible, compliquée et scandaleuse », pétrie de néologismes, de termes inventés, extrapolés, de définitions issues de l'enseignement scolastique aristotélicien structurés et interprétés par lui – de son propre aveu – d'une façon déroutante.

Il m'a paru indispensable, pour atteindre ce résultat, d'appliquer une méthode rigoureuse à la lecture de ses œuvres et à l'exposition de son contenu. En premier lieu, une approche historique s'imposait : il fallait situer son éducation dans son temps, plus spécialement sa jeunesse et sa formation universitaire, alors que sévissait la crise de la scolastique médiévale, de l'enseignement de la théologie, de la philosophie de la nature (*physis*), des Arts (les mathématiques du *Quadrivium*), à l'Université de Padoue, tout comme à Paris, Oxford, Cologne et Heidelberg, à la fin du XIV^e siècle et au commencement du XV^e siècle. En deuxième lieu, j'ai suivi le conseil que Nicolas lui-même donne au lecteur dans l'*Apologie de la docte ignorance* : pour comprendre n'importe quel sujet traité par un auteur, il l'encourage à lire dans sa totalité tout ce que celui-ci a écrit sur d'autres sujets afin d'en tirer une doctrine cohérente. Ceci explique que ma recherche ne soit pas centrée sur un seul ouvrage du Cusain en en faisant le pivot d'une interprétation globale de sa philosophie. Cela m'aurait amenée

# LISTE DES ABRÉVIATIONS

| | |
|---|---|
| *ACI* | *Actes des Colloques Internationales* |
| *AHDLMA* | *Archives d'Histoire Doctrinale et Littéraire du Moyen Âge* |
| *BGPhM* | *Beiträge zur Geschichte der Philosophie des Mittelalters* |
| *BGPhThM* | *Beiträge zur Geschichte der Philosophie und Theologie des Mittelalters* |
| *MFCG* | *Mitteilungen und Forschungsbeiträge der Cusanus-Gesellschaft* |
| *RCSF* | *Rivista Critica di Storia della Filosofia* |
| *RSPhT* | *Revue des Sciences Philosophiques et Théologiques* |
| *SHAWPh-HsK* | *Sitzungsberichte der Heidelberger Akademie der Wissenschaften Philosophisch-Historische Klasse* |
| *WIMARS* | *The Warburg Institute of Middle Ages and Renaissance Studies* |

# INTRODUCTION

## LA VIE, LES ŒUVRES, LA TRADITION

Nicolas est né dans le village de Cues (aujourd'hui Bernkastel-Kues) entre le 11 août 1400 et le 1er août 1401, incertitude due aux variations du calendrier de l'époque. Son père était un batelier aisé, Jean Cryffts (ou Krieffts, ou Kreves, proche du mot « krebs » – écrevisse ou cancer – d'où le nom « Nicolaus Cancer »). En 1413 c'est grâce à la protection du comte de Manderscheid qu'il entreprend ses études à Deventer, il s'inscrit en 1416 à la Faculté des Arts et de philosophie de l'Université de Heidelberg[1] où l'orientation des cours est occamiste, dans la mouvance de la pensée de Marsile d'Inghen; l'influence de ce dernier, exercée pendant les neuf années de son rectorat, a été si profonde que les doctrines nominalistes y sont toujours en honneur. En 1417, il se rend à Padoue, où il s'inscrit en droit à l'Université et en 1423 il obtient le grade de *doctor decretorum*. Il habite alors chez son maître, le chanoine Prosdocimo Conti, et il est fort probable qu'il prenne également connaissance des enseignements donnés à Padoue (en philosophie, mathématiques et arts) et en particulier des mathématiques de Prosdocimo de Beldomandi (élève de Blaise Pelacani de Parme), de Paul de Venise et d'autres encore. L'enseignement de Pierre d'Abano et de Marsile de Padoue est encore très présent à Padoue où, par ailleurs, les débats sont très animés sur les questions scientifiques, mathématiques et astronomiques du moment, au niveau européen, grâce aux échanges actifs entre les maîtres de Padoue et ceux d'Oxford et de Paris. C'est ainsi que s'établissent les bases de sa culture, à la fois juridique, scientifique, philosophique et théologique. Il se lie d'amitié avec le futur

1. *Cf.* E. Vansteenberghe, *L'action, la pensée*, Paris, Alcan, 1920 (réimp. : Frankfurt am Main, Minerva, 1963, p. 8-16).

cardinal Julien Cesarini (1398-1444), le dédicataire de la *Docte ignorance*. En 1425, Nicolas de Cues se rend à Cologne et après une courte visite à Rome, il s'inscrit à la Faculté *artium et sacrae paginae* où régnait en souverain l'enseignement albertiste du doyen Emeric de Campo; il y est dispensé des droits d'inscription en raison de son titre de docteur en droit[1]. Aucun détail ne nous est parvenu de ses occupations à Cologne, mais on sait qu'il se lie d'amitié[2] avec Emeric qui l'oriente vers la lecture de Proclus, du Pseudo-Denys et d'autres « albertistes »[3] néoplatoniciens, tels que Henri Bate de Malines, Berthold de Mosbourg, Théodoric de Fribourg, Maître Eckhart et Lulle[4]. En 1426, le Cusain est engagé comme secrétaire par le cardinal Orsini, qui était alors légat du pape en Allemagne, et se distingue des autres humanistes italiens qui s'étaient rendus en Allemagne chercher des codes, en retrouvant même douze nouvelles comédies de Plaute. En 1432, il est ordonné prêtre à Coblence et à Trèves et il assiste en qualité de doyen de saint Florin de Coblence au concile de Bâle, invité par

1. *Cf.* E. Vansteenberghe, *L'action, la pensée*, *op. cit.*, p. 19-41.

2. *Cf.* E. Van de Vyver, *Annotations de Nicolas de Cues dans plusieurs manuscrits de la Bibliothèque Royale de Bruxelles*, dans *Nicolò da Cusa*, Relazioni tenute al Convegno interuniversitario di Bressanone nel 1960, Firenze, Sansoni, 1962, p. 51. On sait que le Cusain avait une copie de Emeric de Campo du *De sigillo eternitatis*, cod. *Cus*, 106, ff. 77r-85r. Le cod. *Bruxellensis*, 11479.84, qui contient le *De mathematicis complementis* du Cusain copié par son secrétaire Pierre Vinmare de Erkelenz et corrigé de la main du Cusain même, d'après une note du XVII^e siècle, aurait appartenu à Emeric de Campo. R. Imbach souligne qu'Emeric dans son *Centheologicum* établit lui-même un rapport entre son approche (mathématico-symbolique) et celle du Cusain. Il affirme, en résumant la théologie géométrique du Cusain : « sit huic maxima inter coniecturas humanas veritatis mathematice certitudo – iuxta testimonium Philosophi dicentis quod hoc est in primo gradu certitudinis, cum versatur circa formas a potentia contradictionis absoluta ». *Cf.* R. Imbach, « Quelques remarques sur le Traité "De sigillo aeternitatis" de Heymeric de Campo », dans M. Hoenen, A. de Libera (éd.), *Albertus Magnus und der Albertismus*, Leiden, Brill, 1995, p. 297-302 (en part. p. 301) et aussi R. Imbach, « Das Centheologicum des Heymericus de Campo und die darin enthaltenen Cusanus – Reminiszenz », *Traditio*, XXXIX, 1983, p. 466-477.

3. Sur l'albertisme à Cologne, *cf.* G. Meerseeman, *Geschichte der Albertismus, II. Die erste kölner Controversen*, Dissertationes Historice, Roma, Istituto Storico domenicano, 1935; R. Haubst, « Zum Forleben Albert des Grosses bei Heymeric von Kamp und Nikolaus von Kues », *Studia albertina, Festschrift für B. Geyer*, *BGPhThM* (Mainz), Suppl. 4, 1952, p. 420-424; J. A. Weischeipl, *Albertus Magnus and the Sciences : Commemorative Essays 1980*, Toronto, Pontifical Institute of Mediaeval Studies, 1980 ; J. M. M. Hoenen, « Heymeric van de Velve († 1460) und die Geschichte des Albertismus », dans *Albertus Magnus und der Albertismus*, *op. cit.*, p. 303-331.

4. *Cf.* G. K. Reihnard, « Die Lullus-Hanschriften in der Bibliothek des Nikolaus von Kues », dans F. Bidese *et alii* (éd.), *Ramon Llull und Nikolaus von Kues, Eine Begegnung im Zeichen der Toleranz*, Turnhout, Brepols, 2005, p. 1-23.

son protecteur, Ulrich de Manderscheid, qui aspirait à l'archevêché de Trèves, convoité également par d'autres candidats, soutenus par le pape Martin V. C'est à cette occasion que Nicolas se lie d'amitié avec le cardinal Albergati (le futur Nicolas V), avec Enea Silvio Piccolomini (le futur Pie II), avec François Pizzolpasso, Barthélémy Capranica et Ambroise Traversari.

En 1433, le Cusain intervient dans la lutte politique entre le Concile de Bâle, présidé par Julien Cesarini, et le pape Eugène IV. La plupart des Pères avait pris parti pour la théorie de la supériorité du Concile, que Nicolas partage mais en en atténuant les aspects conflictuels : et c'est à ce propos qu'il écrit le *De concordantia catholica*. Son prestige et son autorité ne cessent de croître : il est chargé d'étudier un accord de paix avec les Hussites, qui soutenaient des théories controversées sur les sacrements et voulaient se dégager de l'emprise de Rome, conformément à la prédication de Jan Hus en Bohème, recteur de l'université de Prague, mort sur le bûcher pendant le concile de Constance en 1415. Nicolas doit proposer une solution pour l'épineuse question de la Présidence du Concile Général et de la place à attribuer aux légats pontificaux. C'est à ce propos qu'il écrit en 1434 *De auctoritate praesidendi in concilio generali*.

Entre 1436 et 1437, convaincu de l'importance de l'action conciliatrice du pape, le Cusain se rapproche de plus en plus de la Curie romaine et du souverain Pontife, soutient Eugène IV contre l'antipape Félix V et appuie le déplacement du Concile à Ferrare lorsque le projet se dessine de la venue des Pères grecs pour traiter de l'union de l'église orthodoxe avec l'église latine. En fait, Eugène IV avait envoyé Nicolas de Cues à Constantinople en le chargeant d'inviter l'empereur et le patriarche de Constantinople à participer au grand Concile qui aurait dû se tenir en Italie, en vue de l'union des deux églises. C'est pendant son voyage vers la capitale chrétienne d'Orient que le Cusain a eu (ce fut – dira-t-il – un don de Dieu) l'intuition du principe de la « docte ignorance ».

Entre-temps, il se consacre à des études astronomiques pour préparer la réforme du calendrier, et c'est à ce moment-là qu'il écrit *De reparatione Kalendari* (*La réforme du calendrier*). En 1440, il revient de Constantinople, où il a rencontré Gémiste Pléthon, Bessarion et d'autres maîtres éminents, en rapportant la *Théologia platonica* de Proclus, qu'il confie à Ambroise Traversari pour qu'il la traduise. Entre 1440 et 1444-1445 le Cusain écrit *De coniecturis*[1] (*Les conjectures*), empreints de néo-

1. J. Sfez, *L'arts des conjectures de Nicolas de Cues*, Paris, Beauchesne, 2012, p. 23.

platonisme, tout en ayant rédigé entre 1440 et 1441 le dialogue *De Deo abscondito* (*Dialogue sur Dieu caché*).

En 1442, à l'occasion de la Diète de Frankfort, où il prend parti pour le pape, Nicolas écrit une lettre très importante concernant sa doctrine de l'église, à Rodrigue Sanchez de Arevalo, ambassadeur de Castille et de Léon. Cette même année, il rédige les courts traités théologiques *De quaerendo Deum* (*La recherche de Dieu*), *De filiatione Dei* (*La filiation de Dieu*), et une série de brochures mathématiques : *De geometricis transmutationibus* (*Les transmutations géométriques*), *De arithmeticis complementis* (*Les compléments arithmétiques*)[1].

Le Cusain s'engage aussi dans une intense activité politique et ecclésiastique, en œuvrant surtout en Allemagne, toujours en faveur du pape.

Entre 1445 et 1446 il compose le *De dato patris luminum* (*Le don du père des lumières*) et, en 1446, il écrit le court traité de prévision eschatologique *Conjectura de ultimis diebus* (*Conjecture sur la fin du monde*) fondée sur le calcul des années de la vie de Christ, dont le rayonnement a été immense, puis les dialogues *De annuntiatione* (*L'annonciation*) et *De genesi* (*La genèse*, 1447). En 1448, après avoir été nommé archidiacre du Brabant par Eugène IV, qui l'avait déjà nommé cardinal *in pectore*, il reçoit, cette même année, des mains du nouveau pontife Nicolas V, le cardinalat avec le titre de San Pietro in Vincoli.

En 1449, le Cusain est envoyé comme légat pontifical en Allemagne, où il écrit l'*Apologie de la docte ignorance*, et où il doit se défendre contre des accusations mensongères de panthéisme portées contre lui par l'auteur de l'opuscule *De ignota litteratura*, un théologien de Heidelberg, l'aristotélicien Jean Wenck de Herrenberg[2]. Au mois de juillet, Nicolas de Cues écrit une brochure, *De quadratura circoli* (*La quadrature du cercle*) et, au mois de décembre, un autre court traité au titre similaire.

En 1450, l'année du Jubilé, il se rend à Rome, où se déroule aussi, en ce qui le concerne, la cérémonie de l'imposition de la barrette cardinalice. Il est nommé évêque-prince de Brixen et légat pontifical pour la prédication du Jubilé en Allemagne. Il écrit un autre ouvrage majeur, à savoir les quatre livres des dialogues de *L'Idiot* : I et II, *De sapientia* ; III, *De mente* ; IV, *De staticis experimentis*. En 1452, après de nombreux voyages en

1. M. Folkerts (éd.), Introduction à *Scripta mathematica*, *De aritmeticis complementis*, *De geometricis transmutationibus*, *Nicolai Cusani Opera Omnia*, vol. XX, Hamburg, Meiner, 2010, p. XXIX-XXXIII.

2. J. Wenk de Herrenberg, « De ignota litteratura », éd. E. Vansteenberghe, *BGPhM* (Münster im W.), 1910, p. 19-41.

qualité de légat en Allemagne – à Spittal, à Vienne, à Munich, à Hanovre, en Rhénanie et aux Pays Bas où il prêche, sans ménager ses forces, et en s'engageant toujours à fond pour réintroduire dans les mœurs, excessivement relâchées, la morale et la discipline ecclésiastiques – il rejoint son diocèse, à Brixen. Ici, il cherche aussitôt à mettre en pratique ses principes d'une réforme morale qu'il voudrait exemplaire, mais il se heurte au Chapitre de la cathédrale qui lui résiste et en particulier aux moniales de Sonnembourg, et à leur redoutable abbesse Verena von Stuben. Celle-ci appelle à l'aide le duc d'Autriche, Sigismond duc du Tyrol, lors d'une contestation à propos de certaines terres et de certains droits réclamés par l'évêque. En 1453, bouleversé en apprenant la prise de Constantinople par les musulmans turcs guidés par Mahomet II, le Cusain écrit *De pace fidei* (*La paix de la foi*). Cette même année, malgré les désagréments de la lutte avec Sigismond, le Cusain réussit à rédiger le *De visione Dei* (*La vision de Dieu*) et le *Complementum theologicum* (*Le complément théologique*). Entre 1453 et 1454 il écrit le *De mathematicis complementis* (*Les compléments mathématiques*). C'est peut-être aussi en 1454 qu'il rédige le court traité mathématique, le *Declaratio rectilineationis curvae* (*Élucidation de la rectilinéation de la courbe*).

En 1454 le Cusain est envoyé, avec des lettres réservées, en légation pour traiter avec les Hussites et pour régler le différend avec les Chevaliers de l'Ordre Teutonique.

En 1457 il s'intéresse de plus en plus aux problèmes mathématiques et il écrit les dialogues *De circuli quadratura* (*La quadrature du cercle*) et *De cesarea quadratura circuli* (*La quadrature césarienne du cercle*).

En 1458, le pape Pie II, après le long conflit l'ayant opposé au duc du Tyrol (à la suite duquel l'évêque avait dû se mettre en lieu sûr en se réfugiant dans le château de Andraz Buchenstein) invite le Cusain à revenir à Rome et le nomme *legatus urbis*. Il écrit le *De mathematica perfectione* (*La perfection mathématique*) et le *De Beryllo* (*Le Béryl*), où la pierre précieuse est conçue comme étant une lentille métaphorique au travers de laquelle il est possible de voir les vérités invisibles.

En 1459, à Rome, en l'absence du pape, le Cusain, en qualité de *Legatus urbis*, essaie sans beaucoup de succès de trancher les litiges entre des nobles familles romaines (Anguillara, Colonna, Savelli). Il rédige deux sermons remarquables : *De aequalitate* (*L'égalité*) et *De principe* (*Le principe*).

En 1460, il écrit l'important dialogue le *Possest* (*Le pouvoir-est*) sur la nature de la Toute-puissance de Dieu.

En 1460, sans ménager ses efforts, il s'engage (en ne récoltant que de l'amertume) dans le contentieux avec le Duc du Tyrol, et il ébauche aussi un projet de réforme de la Curie et du gouvernement de l'Église.

Après une réconciliation apparente avec le duc du Tyrol à Brixen, le Cusain est obligé de se réfugier en Italie centrale.

En 1461 il écrit d'autres ouvrages très importants: *De cribratione Alkorani* (*Le Coran tamisé*), où il compare le christianisme à la religion musulmane, et *La guide du penseur ou Non-aliud* (*Directio speculantis sive Non-autre*).

En 1462, le Cusain recueille les manuscrits de ses ouvrages. Il s'arrête à Orvieto où il écrit le *De venatione sapientiae* (*La chasse de la sagesse*).

En 1463, il écrit encore le *De ludo globi* (*Le jeu de la boule*) où la vie humaine est représentée comme étant celle du joueur lançant sa propre boule (qui représente le cours de la vie dont Jésus Christ est le centre et la fin), et le *Compendium*, où le Cusain résume et approfondit les grandes lignes de sa pensée jusqu'à ses conclusions finales reflétant le virage linguistique emprunté par lui depuis 1460.

En 1464, il écrit à Rome le *De apice theoriae* (*La cime de la spéculation*). Pendant son voyage de Rome à Ancône où il doit lever des troupes pour la croisade lancée par Pie II dans le but de contrer la menace turque, Nicolas de Cues meurt à Todi, dans le palais épiscopal, le 11 août, trois jours avant Pie II. Son corps est inhumé à Rome, dans l'église de Saint Pierre aux Liens, où se trouve toujours son monument funéraire. Par contre, son cœur, ainsi qu'il l'avait décidé, a été enterré à Kues dans la chapelle de l'Hôpital des Pauvres qu'il avait fondé (par suite d'un legs) en 1458. L'Hospice abrite la bibliothèque de Nicolas de Cues, où sont conservés tous ses livres et qui est le point de repère des études cusaines.

## La renommée

Si la pensée de Nicolas de Cues, très difficile et apparemment obscure, n'a jamais été aussi actuelle qu'aujourd'hui, ce n'est pas seulement grâce à ce qu'elle a pu transmettre de l'héritage du passé, en annonçant d'une certaine manière les grandes philosophies modernes[1]. En fait, ce qui nous frappe particulièrement chez Nicolas de Cues, ce sont ses prises de

1. *Cf.* R. Haubst, « Der Evolutionsgedanke in der cusanischen Theologie », dans *Niccolò Cusano agli inizi del mondo moderno* (ACI, Bressanone, 6-10 novembre 1964), Firenze, Sansoni, 1970, p. 295-307.

positions sur des problèmes, aussi importants que complexes, nous concernant encore aujourd'hui et auxquels ses contemporains avaient proposé des solutions différentes de la sienne. À l'époque, les conclusions du Cusain ne se sont pas imposées, mais les mêmes problèmes, identiques à ceux qu'il avait abordés, se présentent de nouveau de nos jours, peut-être même avec plus d'urgence et de gravité. Les solutions alors préférées aux siennes n'avaient pas su éviter la terrible déchirure de la civilisation chrétienne entraînée par la Réforme protestante.

Dès son plus jeune âge, lors de son activité politique et ecclésiastique en tant que participant aux discussions conciliaristes de Bâle, avant même que Lorenzo Valla ne démontre, en philologue humaniste, la fausseté de la *Donation de Constantin*, il en avait mis en doute lui-même, en 1434, l'authenticité par des analyses rigoureusement historico-juridiques[1]. C'est ainsi que dans le *De autoritate in Concilio generali* (*L'autorité de la Présidence dans le Concile général*) en prenant ses distances par rapport aux thèses aristotéliciennes du *Defensor pacis* (*La défense de la paix*) de Marsile de Padoue, il met en doute la vérité de la *Translatio Imperii* (*Le transfert du pouvoir impérial*) par un examen ponctuel des sources canoniques, cherchant à trouver, dans cette époque de conflits, la concorde universelle sur la primauté du gouvernement pontifical, sur la base de la « concordia discordantium canonum » (l'accord des canons discordants). Et c'est justement la thèse qu'il va articuler dans le *De concordantia catholica* et dans l'épître à Rodrigue Sanchez (voir ici chap. IX). Contre toute forme de raidissement, de dogmatisme, d'orgueilleuse prétention de connaître, son ouvrage entier exprime soit une conception de la vérité ouverte n'existant pas sans le dialogue, soit la conscience de la diversité de l'« autre », du divers, de l'inconnu, laquelle présuppose l'existence d'une réalité pétrie de contradictions que l'esprit humain doit s'engager à concilier dans une dimension supérieure en vue du bien commun. Car la vérité, on ne la possède pas à l'avance, mais on l'atteint par la recherche qui procède de conjecture en conjecture, en s'engageant à l'amélioration continue de la connaissance. Notre rapport à la vérité n'est pas statique parce que la Vérité Suprême est infinie et qu'on peut la connaître de mieux en mieux dans sa forme. Or ces idées centrales de la spéculation de Nicolas de Cues peuvent, nous semble-t-il, être rapprochées de certaines phrases prononcées récemment par José Mario Bergoglio :

1. *Cf.* R. Fubini, « Contestazioni quattrocentesche della Donazione di Costantino, Niccolò Cusano e Lorenzo Valla », *Annuario del Dipartimento di Studi sul Medioevo e Rinascimento*, Firenze, Università di Firenze, I, 1991, p. 1-51.

> On demanda aux disciples du Christ de rendre raison de leur espérance et il s'agit de la raison sur laquelle nous fondons notre existence en nous ouvrant au dialogue, à la diversité que les autres nous montrent ou que les circonstances nous imposent. C'est pourquoi la vérité est toujours « raisonnable » [...]. Dialogue ne signifie pas relativisme, mais « logos » qu'on partage [...][1].

Cela signifie que l'on ne doit jamais prétendre être le dépositaire de certitudes absolues, mais qu'il faut s'engager dans un processus de recherche continue. En prônant le dialogue, le Cusain ne cède ni au relativisme dont il fut accusé, ni à un fidéisme réductif, mais il vise le *logos* que l'on partage.

L'œuvre de Nicolas de Cues a été imprimée à Bâle un siècle après sa mort et, jusqu'au XX^e^ siècle, il n'a pas été facile ni de repérer ni de lire ses écrits. Sa pensée est aussi subtile que profonde : les affirmations les plus paradoxales vont de pair avec des termes vieillis ou des mots nouvellement forgés. Si ce jugement, partagé par un très grand nombre de ses lecteurs, est sans doute trop sévère, il n'en reste pas moins qu'il n'est pas entièrement faux.

Le Cusain avoue lui-même aimer les expressions nouvelles, les images étranges et inhabituelles, les vérités qui, crues et scandaleuses en apparence, suscitent le rire des ignorants se prenant pour des savants. Son latin, nullement fluide ni élégant, est truffé de répétitions, plus proche des argumentations et de la terminologie des derniers penseurs médiévaux que de ses amis humanistes. Toutefois, les vicissitudes de sa vie le justifient amplement : il n'a jamais connu les agréables loisirs dont jouissaient les paisibles humanistes pour parachever et fignoler ses textes ou pour se livrer à des effets rhétoriques. Nicolas de Cues a lui-même reconnu les défauts de son style, conscient de l'écriture barbare de ses concepts rédigés par un allemand n'ayant pas connu – c'est ainsi qu'il s'en excusait élégamment – les faveurs des Muses. Mais par-delà sa manière d'écrire non systématique et circonstancielle due à une vie rendue mouvementée par ses multiples engagements politiques et religieux, on saisit dans son œuvre un motif de fond auquel le Cusain a toujours été fidèle et qu'il a cherché au fur et à mesure à expliciter avec bien des images et des concepts. Il n'a cessé de développer une idée principale avec une grande rigueur philosophique, la poussant jusque dans ses implications les plus osées.

1. J. M. Bergoglio (Papa Francesco), *La bellezza educherà il mondo*, Roma, Editrice Missionaria Italiana, 2014, publié dans *La Repubblica*, jeudi 13 mars 2014, folio 23.

Néanmoins, il ne faut pas croire que la pensée du Cusain soit d'un abord facile. Ceci dépend de plusieurs facteurs, soit de son extraordinaire capacité à élaborer, en partant de très vieux concepts, des idées originales et apparemment étrangères l'une à l'autre, soit de la liberté exceptionnelle de sa pensée qu'on ne peut comprendre qu'en faisant corps avec le contexte historique et culturel de son époque; soit de sa formation particulière fondée sur la lecture d'ouvrages philosophiques appartenant à une tradition médiévale que, malgré son importance, l'historiographie connaît mal ou, le plus souvent, ignore. Aussi assiste-t-on, après des siècles d'un oubli relatif, au curieux phénomène historique de la découverte soudaine et assez récente (depuis le début du XXe siècle) de l'importance philosophique et théologique de Nicolas de Cues dans une optique et dans des contextes le plus souvent étrangers à sa propre problématique.

Le portrait que Vespasien de Bisticci, d'habitude très disert lorsqu'il parle de savants célèbres et de personnalités d'illustre renommée, consacre au «cardinal Cusain, allemand», est un précieux témoignage sur la manière dont ses contemporains l'ont perçu dans l'Italie humaniste.

> Il était de nation allemande – écrit-il – un homme très digne, très grand philosophe et théologien, grand platonicien. Dans sa vie très pieuse, il se consacra entièrement aux lettres, en particulier à l'étude et à la connaissance du grec. Il parcourut toute la France et l'Allemagne et assembla un très grand nombre de livres traitant de toute sorte de connaissances. Il écrivit d'innombrables ouvrages de théologie, qui firent autorité. Dans les disputes il fut un contradicteur très subtil, dans ses traités il procédait par des arguments très élaborés et complexes. Ses ouvrages ont joui d'une grande réputation. Il n'ambitionna jamais ni les honneurs ni les richesses. Il fut un cardinal très pauvre, et il ne se soucia jamais de posséder. Dans toutes ses œuvres il fut un exemple d'excellence[1].

En fait, pendant plusieurs siècles l'importance du Cusain – dont on a longtemps négligé les spéculations philosophiques – a été liée presque exclusivement à l'histoire politique et religieuse, pour le rôle politique qu'il a joué aux Conciles de Bâle, de Ferrare et de Florence, pour son activité de réformateur des mœurs et de la moralité du clergé, pour son œuvre de négociateur subtil à l'occasion de certaines controverses religieuses (par exemple, celle des Hussites de Bohême), comme légat du pape en Allemagne et comme vicaire général à Rome lors du pontificat de Pie II;

1. Vespasiano da Bisticci, *Le vite degli uomini illustri del secolo XV*, Firenze, Istituto Nazionale di Studi sul Rinascimento, I, 1970.

et finalement pour ses luttes – en tant qu'évêque de Brixen – avec le duc Sigismond de Tyrol qui affligèrent les dernières années de sa vie.

Abstraction faite de Giordano Bruno[1] et de son éditeur parisien Lefèvre d'Etaples, qui l'ont découvert dans le cadre d'un intérêt renouvelé pour le lullisme, le pythagorisme et l'hermétisme, les penseurs chronologiquement les plus proches du Cusain qui se sont rapportés à son œuvre (comme Celius Calcagni[2] qui soutenait le mouvement de la terre et, après lui, Descartes)[3] le citent en tant que personnalité officielle de l'Église, cardinal romain, autorité au-dessus de tout soupçon d'hérésie, ayant partagé avant eux leurs mêmes idées scientifiques. En d'autres termes, ils cherchent en Nicolas de Cues une « autorité » servant de support à leurs doctrines astronomiques après la condamnation de Galilée. Et l'érudit Girolamo Tiraboschi[4] dans son *Histoire de la littérature italienne*, en résumant cette partie de la pensée du Cusain qui était devenue un lieu commun dans l'histoire de sa connaissance et de sa diffusion, écrit que le premier à avoir renouvelé le système, « déjà suggéré par Pythagore, selon qui le soleil est immobile et la Terre tourne autour de lui » a été Nicolas de Cues. Il avait appris les nouvelles notions d'astronomie « sans doute à Padoue, auprès de son maître Blaise Pelacani, dont le savoir était inégalé en astronomie ».

Ce n'est pas Blaise Pelacani qui a été directement son maître, parce qu'il avait déjà cessé, en 1411 d'enseigner à Padoue (mort en 1416), remplacé par son élève Prosdocimo de' Beldomandi. C'est donc par ce dernier que Nicolas de Cues a quand même reçu les enseignements de Blaise Pelacani. Aussi n'est-ce pas sans fondement que d'affirmer[5] que plusieurs des idées les plus originales du Cusain – comme sa conception de la pluralité des mondes – remontent à la tradition physico-astronomique médiévale de la fin du XIVe siècle, dont Blaise Pelacani a été justement l'un des représentants les plus prestigieux.

Il reste que plusieurs de ses interprètes, qui ne le connaissaient qu'indirectement par sa renommée, en ont fait, plus ou moins de bonne foi,

1. H. Védrine, « L'influence de Nicolas de Cues sur Giordano Bruno », dans *Niccolò Cusano agli inizi dell'età moderna*, *op. cit.*, p. 221-223.

2. Calcagnini, *Opera aliquot*, Bâle, Froeben, 1544, p. 288-295.

3. Descartes, *Lettre à Chanu*, La Haye, 6 juin 1647, dans *Œuvres*, éd. Adam et Tannery, vol. V, Paris, Vrin, 1996, p. 51.

4. G. Tiraboschi, *Storia della letteratura italiana*, Modena, Societa Typografica, v. VIII, 1, 1793, p. 334-336.

5. *Cf.* R. Klibansky, « Copernic et Nicolas de Cues » dans *Léonard de Vinci et l'expérience scientifique au seizième siècle*, Paris, CNRS/P.U.F., 1953, p. 225-235.

un précurseur de Galilée. En fait, on ne trouve dans ses écrits aucun exposé d'un système astronomique qui ferait songer à celui de Copernic ou de Galilée : bien au contraire, lorsque le Cusain en parle explicitement dans l'un des ouvrages de maturité, *La chasse de la sagesse* (1463), il expose la vieille doctrine géocentrique de Ptolémée. Il est vrai qu'on trouve chez lui l'idée de la dilatation de l'univers fini et celle de l'infinité du cosmos, laquelle sans aucun doute anticipe – du point de vue conceptuel – la thèse de Copernic.

La renommée du Cusain philosophe et penseur est récente. Sauf Giordano Bruno et Lefèvre d'Etaples et, au XIX<sup>e</sup> siècle, Goethe et Schlegel, personne n'avait eu l'intuition de son importance et c'est la philosophie idéaliste et mieux encore, néo-criticiste qui l'a découvert. Ernst Cassirer[1] a vu en lui la réalisation de l'idée hégélienne d'après laquelle « la philosophie d'une époque renferme en elle-même la conscience et l'essence spirituelle de la totalité de sa manière d'être ». Autrement dit, le Cusain organiserait la philosophie de la Renaissance en centrant toute sa spéculation sur le problème cognitif : il serait donc très proche de la position méthodologique de Kant et, par conséquent, le précurseur du criticisme moderne. Cassirer a retenu surtout le concept cusain de l'esprit humain pris comme l'activité ou la fonction unificatrice, qui saisit la totalité en réalisant une synthèse unitaire.

Mais Cassirer n'est pas le seul à avoir vu en Nicolas de Cues un précurseur : outre sa lecture criticiste, il y a aussi les interprétations de Heidegger et de Jaspers. Le thème cusain du « Dieu caché » – qui se révèle d'autant plus qu'il reste inaccessible et qui se cache d'autant plus qu'il se dévoile (ce qui est une variante du concept de la « docte ignorance » se situant dans le contexte de la tradition de la philosophie néoplatonicienne du Pseudo-Denys, qui traitait d'un Dieu négatif ou, mieux encore, d'une théologie éminentielle) – est le thème dont s'inspirent les exégètes les plus récents de Nicolas de Cues. Parmi eux, je ne citerai que K. H. Volkmann-Schluck[2] qui lui a consacré une monographie, en insistant sur les textes les mieux adaptés à cette lecture, tels que les passages sur l'essence de l'être, sur la quiddité de l'étant, sur la vérité de la vérité, etc.

1. E. Cassirer, *L'individu et le cosmos dans la philosophie de la Renaissance*, Paris, Minuit, 1981 ; *Le problème de la connaissance dans la philosophie et les sciences des temps modernes*, I, « Passage », Paris, Cerf, 2004.

2. K. H. Volkmann-Schluck, *Nikolaus Cusanus*, Frankfurt, Klostermann, 1957, p. 118 *sq*.

Le thème cusain d'après lequel on ne cherche Dieu que dans l'énigme et en miroir, cher à tous les courants de la philosophie médiévale, selon lesquels tous les concepts pour appréhender Dieu sont inadéquats et ne sont que des symboles ou des « signes » de la transcendance, a beaucoup plu à K. Jaspers. Il y a vu l'idée du « chiffre de la transcendance » et a consacré au Cusain une monographie où il a séparé totalement le niveau historique et religieux du niveau métaphysique.

Les exemples d'interprétations « hors du contexte » que nous venons de citer sont les plus éclatants, mais il y en a beaucoup d'autres. Presque toutes les analyses consacrées au Cusain ont en commun de séparer un thème au détriment de tous les autres, d'isoler le philosophe du théologien ou le théologien du philosophe sans tenir compte du moment historique et culturel dans lequel il a vécu. Et pourtant Nicolas lui-même avait cru bon de conseiller au lecteur « voulant comprendre son idée (*investigat mentem meam*) sur l'un ou l'autre des sujets qu'il avait traités » de lire attentivement tous ses écrits « en les accordant harmonieusement dans une seule et unique conclusion (*unam sententiam concordantem resolvat*) »[1]. Et même si les analyses modernes témoignent toutes de la singulière richesse de la pensée du Cusain, et de son extraordinaire actualité aussi pour nous, ces analyses, en isolant ou en privilégiant un aspect au détriment des autres, finissent par faire connaître bien peu de ce qui a réellement intéressé Nicolas de Cues, de ses problèmes et de ses motivations réelles, de l'ensemble de son œuvre.

Ajoutons que pendant longtemps le Cusain a été au cœur d'une controverse acharnée qui a partagé les historiens. On a voulu voir en lui, qui avait vécu en plein XVe siècle et qui avait eu beaucoup d'amis parmi les humanistes, mais qui s'était formé grâce à ses lectures et à ses fréquentations des textes médiévaux, ou bien un homme tout à fait du Moyen Âge, ou bien un moderne, ou bien une personnalité de transition entre deux époques.

De pareilles discussions ne sont pas, elles non plus, très utiles pour la connaissance réelle du Cusain. En effet, il ne se prête pas beaucoup aux schématisations faciles ou aux présentations sommaires, ni d'un point de vue historique, ni d'un point de vue théorique.

1. *Apologie de la docte ignorance*, Strasbourg, 1488, réimp. : P. Wilpert, Berlin, Walter de Gruyter, 1967, I, p. 110.

## LE CUSAIN ET LES HUMANISTES

Ce qui frappe d'emblée le lecteur est, en effet, la contradiction entre l'extraordinaire modernité de la pensée du Cusain et le caractère tout à fait médiéval de la terminologie et de la problématique qu'il adopte. D'où la question : en quoi consiste sa modernité, si tous ses concepts et toutes ses images appartiennent encore à une tradition que les humanistes étaient en train de dépasser ? En plein climat humaniste, il n'y a rien de littéraire dans les écrits de Nicolas de Cues, qui montre même son mépris de l'art oratoire, des belles lettres, de l'élégance, ainsi que le suggèrent les subtiles ironies des dialogues de *L'idiot*, où est valorisé le personnage de l'homme simple en regard de l'orateur, le savant lettré. Et rien ne pourrait être plus éloigné de l'idéal de la vérité historico-philologique de Lorenzo Valla, (avec lequel il était lié d'amitié, à la vive indignation de certains pieux connaisseurs de son œuvre) que ce que Nicolas de Cues a répété dans nombre de ses écrits, et surtout dans le *Non-autre*, en s'adressant à Pierre Balbo (qui peu de temps auparavant avait traduit la *Théologie de Platon* de Proclus) sur les rapports entre Proclus et le Pseudo-Denys : « il est certain que ton Proclus a vécu à une époque qui a succédé à celle de Denys l'Aréopagite. Il n'est pas sûr par contre qu'il ait vu ses écrits » [1]. De telles affirmations (et il y en a beaucoup d'autres) situent le Cusain dans une ambiance très différente de celle des recherches de Lorenzo Valla et de l'œuvre de Enea Silvio Piccolomini, le futur pape Pie II. En fait, le Cusain reste lié à la tradition platonicienne des XII^e et XIII^e siècles et à la culture monastique du XIII^e siècle : c'est là qu'il cherche ses points de départ ; et, plongé dans sa méditation, il ne se soucie point de lire Platon, Proclus ou le Pseudo-Denys directement à leurs sources, mais il essaierait plutôt de trouver leurs concordances. Ceux qui connaissent tant soit peu l'histoire, ne peuvent qu'être surpris et choqués par les présentations de la pensée des Stoïciens ou des Épicuriens, des Sophistes, de Platon ou d'Aristote, que le Cusain puise à maintes reprises dans les compilations existantes des *Vies des philosophes* de Diogène Laërce. Il puise à pleines mains aussi dans les compilations et dans les commentaires des penseurs de l'antiquité tardive et du Moyen Âge qu'il sent plus proches de lui, en visant comme eux à saisir les traits communs aux vérités des philosophes pour atteindre la vérité absolue de Dieu. Ses interlocuteurs sont encore et toujours les maîtres de la Scolastique tardive et les problèmes sont ceux pour lesquels

1. *Du Non-autre* (*Le guide du penseur*), trad. fr. H. Pasqua, Paris, Cerf, 2002, chap. XX, p. 98.

leur spéculation n'a pas trouvé des solutions. Aussi, entre les Humanistes et Nicolas de Cues existe-t-il une profonde divergence, concernant leurs façons différentes de concevoir et d'utiliser les instruments du savoir. Pour le Cusain, les Humanistes sont, à la rigueur, des experts capables de lui fournir les traductions des textes dont il a besoin, mais si on le compare à Lorenzo Valla, et à Enea Silvio Piccolomini, il en ressort qu'il est foncièrement étranger à la vérité historique de la philologie.

Ce qui sépare Nicolas de Cues des Humanistes est leur façon différente de concevoir le savoir. Il perçoit la fracture qui s'est ouverte à son époque entre l'Église et le monde, entre la culture religieuse et la culture laïque, et il s'interroge sur la signification de ce phénomène en vue d'y discerner une substantielle « concordance ». Avec assez de conscience, Nicolas de Cues aborde le problème de l'attitude que doivent prendre ceux qui sont de formation et de profession ecclésiastique (comme lui), au moment présent du grand schisme et du pontificat d'Eugène IV, envers un savoir séculier qui va s'affirmant et affichant son autonomie : dans quelles limites serait-il permis de l'accepter et de s'en servir ? C'est une question à laquelle il essaye de répondre – et il répond – par l'engagement actif de son œuvre morale, religieuse et philosophique qui se concrétise aussitôt dans la réforme des mœurs de l'église et – au niveau théorique – dans la justification de l'engagement mondain et de terrain de l'homme dans le cadre de la foi.

Toutefois, la pensée de Nicolas de Cues, entre le Moyen Âge et l'époque moderne, fait ressortir clairement l'insuffisance des interprétations des historiens qui ont opposé la scolastique médiévale à la culture moderne, soit en supposant une rupture radicale entre elles, soient en y cherchant une continuité substantielle. Le Cusain ne se prête pas aux schématisations faciles auxquelles il faut se soustraire, même si on ne peut pas éluder le problème de la nouveauté de sa pensée exprimée en des termes plus ou moins « modernes ». À ce propos, il sera nécessaire de se rapporter aux discussions sur « la légitimité de l'âge moderne » [1]. À mon avis, il n'est pas nécessaire d'user de termes ou de concepts tels que « sécularisation », « césure » ou « continuité » [2] pour définir le rapport entre le Moyen Âge et le XV^e^ siècle, où s'affirme la nouvelle vision du monde dont Nicolas de Cues est sans doute un représentant de premier plan. La sécularisation ne serait pas la traduction en des termes mondains de quelques doctrines, problèmes et mythes de l'époque médiévale.

1. H. Blumenberg, *Die Legitimität der Neuzeit*, Frankfurt a. M., Suhrkamp, 1956.

2. *Cf.* aussi pour l'examen en détail de ces paradigmes, L. M. De Rijk, *La philosophie au Moyen âge*, Leiden, Brill, 1985, en part. p. 1-63.

Mais « Moyen Âge » et « modernité » sont des concepts que les historiens emploient en leur attribuant un éventail très large et souvent contradictoire de significations et qui supposent d'une manière plus ou moins implicite une certaine continuité entre les deux époques, même lorsqu'on affirme explicitement la rupture : ils sont peu aptes à élucider soit la permanence soit les changements dans des situations historiques bien précises. Sur le caractère équivoque du terme « moderne », ce sont les philosophes médiévaux eux-mêmes qui en ont offert très souvent des exemples éclatants : pour plusieurs d'entre eux – par exemple pour les maîtres ockhamiens du XIVe siècle s'opposant à la logique et à l'épistémologie d'Aristote – les « modernes » étaient leurs contemporains qui suivaient leurs mêmes orientations et s'opposaient aux « *antiqui* ». La *querelle* des anciens et des « modernes » va se poursuivre, avec des significations autres et des accents différents pendant toute l'histoire de la pensée, jusqu'à nos jours. Aussi, faut-il lire le Cusain en évitant d'interpréter « Moyen Âge » et « modernité » comme étant des essences intemporelles liées à une nécessité métaphysique intrinsèque et s'opposant l'une à l'autre (comme on le faisait dans la période humaniste ou pendant la Restauration du XIXe siècle), et en adoptant d'autres critères.

Si en étudiant l'œuvre de Nicolas de Cues on veut user des termes « scolastique » et « modernité », « transcendance » et « immanence », on peut concevoir leur rapport en tenant compte du fait que – surtout dans le *Non-autre* – il transforme profondément l'idée de la transcendance absolue de Dieu des doctrines néoplatoniciennes et éminentielles consistant dans l'idée de l'altérité du *Non-autre*. Le problème du conflit entre deux systèmes – celui de la transcendance absolue divine et celui de la rationalité – est posé et résolu à sa manière par Nicolas de Cues.

à négliger les approfondissements nécessaires et les éclairages apportés par ses autres œuvres. La méthode choisie permet ainsi de relever dans son œuvre toute la richesse de ses idées originales.

J'ai donc opté pour l'examen attentif de tous ses ouvrages dans leurs détails y compris ses écrits mineurs, en décelant parfois entre eux des rapports cachés et inattendus, les liant les uns aux autres. Dans cette perspective, j'ai suivi les développements du discours cusain passant d'un argument à l'autre, ou même traitant du même sujet, considéré de différents points de vue : c'est depuis ces divers angles que j'ai cru pouvoir atteindre des solutions précieuses quoique non systématiques, divergentes et contradictoires qui apparaissent pourtant comme sans conséquence et comme répétitives.

Enfin j'ajoute que je n'ai pas suivi l'ordre chronologique des écrits de Nicolas de Cues, mais pris en considération les connexions des thèmes structuraux de sa pensée. L'une des conséquences de cette méthode est que l'on ne peut pas ramener les idées importantes de sa philosophie à un seul concept, comme celui de la connaissance par la conjecture se perpétuant à l'infini, en négligeant d'autres idées telles que, par exemple, la définition de Dieu comme Non-autre, la proportion d'égalité et sa théorie des signes.

Je tiens à remercier vivement tous ceux qui m'ont permis de réaliser cette étude, mais tout d'abord j'exprime ma gratitude à la mémoire de Nicola Abbagnano, le philosophe auteur de *Possibilità e Libertà*, un ouvrage dont le titre pourrait convenir à un traité de Nicolas de Cues, qui m'a invité à étudier ce philosophe et réaliser la traduction de l'ensemble de son œuvre.

Je suis très reconnaissante pour ses conseils très fructueux et ses suggestions éclairantes à Hervé Pasqua, qui m'a aidée aussi indirectement grâce à ses précieuses traductions en français de presque toute l'œuvre de Nicolas de Cues. C'est en le consultant qu'on a pu aborder et résoudre des doutes et des problèmes surgis lors de la traduction de mon propre texte, rédigé d'abord en italien, pour laquelle je remercie mon amie et camarade d'université, Fulvia Airoldi Namer, qui a suivi avec moi les cours d'histoire de philosophie de Nicola Abbagnano.

Octobre 2015

CHAPITRE PREMIER

# LA *DOCTE IGNORANCE* ET LES TROIS INFINIS

## LA *DOCTE IGNORANCE* ET LA POSITIVITÉ DE LA CONNAISSANCE

D'un point de vue spéculatif, ce qui intéresse le Cusain est toujours le problème théologique de la Scolastique médiévale, à savoir le rapport entre les vérités de foi et les vérités de raison, entre la révélation chrétienne et la philosophie, mais avec un accent porté sur les temps nouveaux, c'est-à-dire le rapport entre le terrestre et le divin, avec une attention particulière pour le « mondain » ou le *saeculum*. La solution qu'il présente est ouverte à l'immanence, à la sécularisation ici-bas du message religieux par l'intermédiaire de l'idée d'une révélation conduisant à une concordance religieuse des peuples fondée sur l'universalité de son message qui se révèle dans la *Parole* ou *Logos*, et donc sur l'idée d'une Sagesse se dévoilant aussi aux humbles.

Nicolas de Cues refuse les tentatives, fondées sur une certaine orientation de la Scolastique du XIII^e siècle, de construire une science naturelle ou rationnelle de Dieu avec les instruments de la métaphysique et de la logique d'Aristote. Il essaye de dépasser les conclusions – radicales ou sceptiques – des scotistes et des ockhamistes du XIV^e siècle, pour qui la théologie se constituait comme un savoir moral-pratique. Les attaques dirigées contre le Cusain par l'aristotélicien Jean Wenck[1] dans son *De ignota litteratura*, dont le titre est le calque ironique du *De docta*

1. J. Wenk de Herrenberg, *De ignota litteratura*, *op. cit.*, p. 19-41.

*ignorantia* du Cusain et les réponses claires et nettes, bien argumentées de ce dernier dans l'*Apologie de la docte ignorance*, témoignent qu'il conteste toute interprétation immanentiste de sa doctrine, qu'il refuse les conclusions qu'on l'accuse d'avoir tirées de son rejet du principe de non-contradiction d'Aristote et que, en particulier, il ne reconnaît pas avoir soutenu dans ses deux livres des *Conjectures*, fortement empreints de néo-platonisme, l'ontologie ascendante et descendante de la dérivation des êtres à partir de Dieu, l'Un.

*Saint Bonaventure*

Le thème de la « docte ignorance » nous ramène aussi au XIIIe siècle, à l'ignorance prônée par Bonaventure dans le *Breviloquium* comme étant l'attitude la mieux adaptée aux fidèles voulant atteindre la vérité suprême. Chez le Cusain, il y a quelque chose de tout à fait différent : même s'il a en commun avec Bonaventure l'attitude anti-aristotélicienne, il ne partage pas la méfiance de ce dernier envers la philosophie et ses nouveautés aristotéliciennes. L'ignorance prônée par Bonaventure est fondée sur la dépréciation du savoir mondain, identifié par lui au paganisme, représenté au niveau le plus haut par la philosophie d'Aristote. Tout au contraire, pour le Cusain, l'ignorance en tant que « docte » revalorise le savoir philosophico-mondain dans sa récupération du monde, parce qu'elle ne concerne que la possibilité de connaître le divin en soi.

La « docte ignorance », loin d'être la privation ou le dépouillement du mystique, est la condition d'un enrichissement cognitif. On peut mieux savoir, ou ne pas savoir du tout (comme chez les mystiques) : pour le Cusain, il s'agit d'un non-savoir positif, utile pour former certains concepts-limites du savoir (tels que les concepts d'infini, de coïncidence des opposés). En posant ainsi ces limites, ces concepts évitent l'idée de l'immanence du divin et reflètent en même temps l'idée de la confiance très forte qu'il faut accorder en ce qui relève de l'immanence terrestre.

Selon Bonaventure, dans la pensée chrétienne, pénètre, par l'intermédiaire d'Aristote, une conception fausse de la recherche philosophique que pourtant il n'entend pas refuser en bloc. Il reste que, pour lui, la philosophie est plus dangereuse qu'utile aux vérités de foi parce que, alors que pour les aristotéliciens la pensée philosophique découle des principes philosophiques eux-mêmes, pour lui la source de la connaissance philosophique réside dans la Vérité révélée, à savoir dans les Écritures.

En admettant même que l'homme ait atteint le niveau de connaissance de la science physique et de la métaphysique, il est impossible qu'il ne tombe pas dans l'erreur s'il n'est pas éclairé par la lumière de la foi.

Le Cusain modifie la doctrine de Bonaventure, parce que chez lui il n'existe plus aucun contraste entre le savoir mondain-philosophique et le savoir divin-théologique et que la réflexion théologique est le pivot de sa manière différente de concevoir la philosophie, dont le but unique est de saisir la Vérité de Dieu. Sa théologie est une théologie des modes de la connaissance humaine en vue de concevoir Dieu. Ces représentations, même si elles sont toutes plus ou moins insuffisantes pour saisir la Vérité de foi, absolue et divine, sont pourtant nos représentations cognitives, les seules que nous ayons. Mais, à la base de tout, ne se trouve pas la métaphysique de l'analogie de l'être en tant qu'être : le fondement est la foi, fondée sur la révélation des Écritures, source de la recherche ouverte à toutes les interprétations théologiques possibles. La foi inépuisable brise l'identité des interprétations du mystère qui persiste déposé en son fond, que l'on peut nommer de différentes manières. C'est ce que le Cusain affirmera d'une façon exemplaire dans l'ouvrage de la maturité, *La chasse de la sagesse*. La sagesse, qui est ce que Dieu est pour nous, se révèle dans le monde, on peut la découvrir dans les modes divers et variés de notre connaissance, qui sont les « terrains » de chasse (*venatio*), parmi lesquels est particulièrement important celui de la « docte ignorance », même si notre chasse est toujours inadéquate, insuffisante et limité. C'est de cette idée que jaillit l'extraordinaire fécondité de la pensée philosophico-théologique du Cusain s'exprimant par images et symboles, « en miroir et en énigme » (*in speculo et enigmate*). Au chapitre XII de *La chasse de la sagesse*, le premier « terrain » de la recherche de Dieu est consacré justement à la « docte ignorance ». Le Cusain écrit : Même si nous ignorons Dieu, toutes les choses en témoignent, parce que c'est dans la mesure où Dieu est que les choses sont[1]. Autrement dit (affirme-t-il dans ce même ouvrage) :

> comme tout ce qu'on sait, on peut le savoir d'une façon encore meilleure et plus parfaite, on ne connaît aucune chose qui soit, telle qu'elle est, connaissable en soi, de même nous ne savons pas ce que c'est que le *quid est* de Dieu, tel qu'il est connaissable en soi, et nous ne connaissons pas la quiddité ou l'essence de toutes les choses, telle qu'elle est connaissable.

1. Voir *La chasse de la sagesse*, chap. XII, éd. bilingue, trad. fr. H. Pasqua, Paris, P.U.F., 2015, p. 70-71.

Aristote dit que cette quiddité, on la cherche sans arrêt et que lui – par exemple – il la cherche dans la philosophie première, la métaphysique, mais sans jamais la trouver[1]. En effet, poursuit le Cusain, on ne peut pas connaître ce qui est antérieur à toute connaissance possible. Aussi n'est-il pas possible que Dieu, en tant qu'antérieur, soit compréhensible. C'est pourquoi, comme on ne peut pas comprendre la quiddité ou l'essence en acte ou la cause de tout ce qui a été fait, tel qu'il est connaissable en soi, à cause de son être antérieur, d'aucune chose on ne connaît la quiddité en acte, à savoir « la cause ». C'est pourquoi Dieu est plus grand que tout concept et que tout ce qui est connaissable.

Voilà donc que les philosophes poursuivant la sagesse, qui s'efforcent de « chasser » la quiddité (l'essence) des choses en ignorant la quiddité de Dieu, incapables qu'ils sont de faire connaître la quiddité de Dieu qui reste toujours inconnue, se sont donné de la peine pour rien, parce qu'ils n'ont pas eu accès au domaine de la « docte ignorance ». Seul Platon (ou plutôt, Proclus) a dit qu'il se serait étonné s'il avait pu trouver Dieu et, encore plus, si, l'ayant trouvé, il avait réussi à le divulguer (*La chasse de la sagesse* chap. XII).

Par ailleurs, le principe même de la « docte ignorance » a été puisé dans la proposition finale du *Livre des Vingt-quatre Philosophes*[2], auquel le Cusain a emprunté quelques idées et quelques concepts remarquables[3] et de source primaire.

### *L'école de Padoue*

L'autre tradition philosophique qui féconde la terminologie peu habituelle de la *Docte ignorance* du Cusain, avec son extraordinaire prégnance métaphysique et théologique, est celle de l'École de Padoue des premières décennies du XV$^{e}$ siècle, que l'on connaît peu et mal, et depuis très peu de temps.

On a déjà indiqué que Nicolas de Cues après avoir quitté Deventer et Heidelberg, en 1417 s'est établi à Padoue, où il a suivi les cours de droit canon et a séjourné, jusqu'en 1423, chez Prosdocimo Conti qui était son professeur de droit canon. Il se montrait curieux et intéressé par toutes les

1. *La chasse de la sagesse*, *op. cit.*, p. 70-71.

2. *Le Livre des vingt-quatre philosophes*, éd. F. Hudry, Paris, Vrin, 2009$^{2}$ ; nouvelle édition : P. Piacentini, Milano, Adelphi, 1992.

3. *Cf.* aussi Maître Eckhart, *Expositio libri Exodi*, Lateinische Werke, Stuttgard, Kolhammer, 1938, § 16, p. 22 ; K. Flasch, *Maître Eckhart*, Paris, Vrin, 2011, p. 174.

sciences (surtout par celles du *Quadrivium*), par les *experimenta* et par les arts divinatoires, y compris l'astrologie (ce dont témoignent ses notes de jeunesse et son petit traité d'astrologie universelle)[1]. Il a écrit aussi un essai sur la prévision de la fin du monde (située entre 1700 et 1734), la *Conjectura de ultimis diebus* (fondée non pas sur le calcul des grandes conjonctions des planètes, mais sur celui des années de la vie du Christ) et un intéressant dialogue pétri de sciences médiévales, *De staticis experimentis*.

Dans *La Réforme du calendrier*, Nicolas de Cues montre qu'il connaît très bien les œuvres astronomiques de Pierre d'Abano et, en particulier, le traité sur le *Mouvement de la huitième sphère* dans lequel les doctrines astronomiques étaient étroitement liées à l'aspect pratique de l'astronomie, c'est-à-dire à l'astrologie. Il est donc assez vraisemblable que le Cusain ait bien connu les doctrines cosmologiques enseignées à Padoue et qu'il ait suivi les débats philosophiques, métaphysiques et gnoséologiques ayant lieu dans cette Université, où les doctrines de Blaise de Parme (1350/1354-1416) – proche sous plusieurs aspects de Pierre d'Abano – avaient laissé une trace profonde. Blaise n'était plus professeur à Padoue depuis 1411, mais il a été actif à Parme, nommé prieur du Collège, jusqu'en 1416, date de sa mort, et son enseignement a été poursuivi à Padoue par son élève, Prosdocimo de Beldomandi, maître ès philosophie, mathématiques et sciences du *Quadrivium*, telles que la musique et l'astronomie, dans les années mêmes où le Cusain étudiait à Padoue. En 1418, Prosdocimo rédige un ouvrage d'astronomie sous la forme d'un commentaire de la *Sphère* de Jean Hollywood (Joannes de Sacrobosco), mais surtout il reprend la théorie des proportions exposée par Blaise de Parme dans les *Questiones de musique* et dans les *Questions circa Tractatum de motuum proportionibus* de Thomas Bradwardine – où il discutait les théories des rapports de ce maître et la configuration géométrique de l'intensité des formes des maîtres parisiens, tels Albert de Saxe et Nicolas Oresme[2]. Blaise soutenait un classement des sciences avec des argumentations amplement développées dans le Commentaire du *De anima*, dans les *Questiones physicorum*, et dans ses *Questions de logique*[3], parmi lesquelles la

1. U. Roth, « Die astronomisch-astrologische "Weltgeschichte" des Nikolaus von Kues im Codex Cusanus 212, Einleitung und Edition », *MFCG*, 27, Trier, Paulinus, 2001, p. 2-29.

2. En particulier à propos des copies manuscrites de ces questions de musique, *cf.* G. Federici Vescovini, *Astrologia e scienza. La crisi dell'aristotelismo sul cadere del Trecento e Biagio Pelacani da Parma*, Firenze, Nuove edizioni Vallecchi, 1979, p. 443-446.

3. Blaise de Parme, *Questiones super Tractatus logice Magistri Petri Hispani*, éd. J. Biard, G. Federici Vescovini *et alii*, Paris, Vrin, 2001, I, qu. 5, p. 134.

première des sciences était celle des mathématiques, bien supérieures en certitude à la théologie et à la physique. Et ceci grâce au procédé logique de la démonstration mathématique par lequel la conclusion est déduite à partir des principes premiers du raisonnement auxquels – une fois connus – l'intellect ne peut pas ne pas donner son assentiment (*assentire*). Ce procédé n'est applicable ni au raisonnement théologique ni au raisonnement physique, à cause de la difficulté du mode de l'évidence (*evidentia*) de la vérité de leurs principes[1], parce que notre intellect peut adhérer (*habere adhaerentiam*) à une vérité quelconque, seulement quand la vérité lui apparaît[2]. Et donc « en raison de leur certitude, de leur élégant mode de procéder et de l'évidence facile de leurs principes, les mathématiques sont les plus nobles parmi toutes les autres sciences »[3].

Les propositions universelles des mathématiques jouent un rôle logico-épistémologique diffèrent du rôle des propositions universelles de la physique. Celles-ci dépendent de l'induction et de la vraisemblance de la conjecture, tandis que la vérité de la proposition universelle des mathématiques est connue (*nota*) par la précision des termes (*praecise*) dont l'appréhension ne présuppose que l'attention (*advertentia*) de l'intellect[4].

Les ouvrages de Blaise de Parme avaient eu un vaste retentissement, non seulement à Padoue, mais aussi dans d'autres Universités (il avait également séjourné à Paris) et dans d'autres cercles culturels, comme par exemple à Florence, ainsi qu'il apparaît dans le récit de son élève, Jean de Gérard de Prato, l'auteur du *Paradis des Alberti*, dans lequel il relate les entretiens qui avaient eu lieu à Florence dans son jardin, le *Paradis des*

1. « Aliqua scientia est facilis quando aliqua veritas presentatur intellectui, cuius evidentia nata est causari statim ex primo principio vel aliquibus per se notis, sicut in geometria » (*Quest. de anima*, liv. I, 5, ms. BAV, Chigi, O. IV.41, f. 115va).

2. « Et ratio est quia conclusiones mathematicarum deducte sunt ex principiis primis, quibus notis terminis, intellectus non potest deassentire. Sed in philosophia naturali hoc non reperitur. » (*Quest. de anima* I,4, utrum diverse scientie proportionaliter se excedant secundum excessum obiectorum, ms. BAV, Chigi, O.IV.41, liv. I, qu 4, f. 113 rb; liv. I,5, f. 116 va).

3. « Rationes certitudinis et pulchri modi procedendi scientie matematice sunt nobiliores aliis scientiis. » (*Quest. super Tractatus*, *op. cit.*, I, 2, p.44). *Cf.* « Introduction », p. 12, n. 2, à propos de la citation d'Emeric de Campo de l'approche mathématique du Cusain et la certitude mathématique.

4. *Quest. physicorum*, ms. BAV, Chigi, O. IV.41, liv. I, qu 6, f. 234 rb, Padoue 1388; ms. BAV, Vat. lat. 2159, liv. I, qu 3, f, 66 rb, Pavie, 1397.

*Alberti*, vers 1388, au milieu d'un groupe d'amis parmi lesquels Blaise se distinguait par son savoir logique et sa doctrine mathématique[1].

Ainsi, la terminologie et les images mathématiques jouent un rôle central dans la *Docte ignorance* du Cusain, qui va les reprendre tout le long de son œuvre. On a parlé de mathématiques mystiques, de mathématiques qualitatives, de métaphysique du nombre, d'analogie du nombre, de mathématiques « par l'imagination » ou « imaginaires ». Mais on ne peut entendre vraiment et comprendre réellement la terminologie mathématique de la *Docte ignorance* qu'en reliant l'œuvre du Cusain à l'influence du contexte historique et problématique dans lequel elle prend son essor. On en constate les développements (qu'il rend originaux et féconds par son propre travail) : depuis Thomas Bradwardine jusqu'aux « calculateurs » scotistes et ockhamiens, de Cologne, à Padoue, au travers des œuvres de Nicolas d'Oresme, de Marsile d'Inghen, mais aussi de Blaise Parme, de Prosdocimo de Beldomandi et de beaucoup d'autres maîtres (voir chap. II).

### *La dissolution scolastique de la théologie comme science rationnelle*

Beaucoup d'encre a coulé sur ce sujet[2]. Nicolas de Cues est certainement au nombre de ceux qui ont contribué à cette dissolution, jusqu'à l'avènement de ce qu'on a appelé la « deuxième scolastique » de l'école de Coïmbra et de Salamanque[3].

Dans la réflexion théologique, de la fin du XIII^e^ au début du XV^e^ siècle, après les développements du scotisme et de l'ockhamisme en Angleterre, en Allemagne et à Paris, et étant donné le peu de suite qu'avait eu le thomisme au XIV^e^ siècle, Dieu ne paraissait pouvoir être atteint par aucun des instruments proposés par la métaphysique de l'être d'Aristote. Ce fut l'une des périodes les plus riches en débats sur la doctrine trinitaire de Dieu : dans toutes les écoles de théologie, on s'appliqua à comprendre l'unité et la trinité divine, cette vérité absolue de la spéculation chrétienne, en utilisant les ressources de la réflexion humaine et des techniques argumentatives, mais dans le respect de la formulation du Concile Latran IV

1. G. Federici Vescovini, « Portrait de Blaise de Parme », dans C. Angotti *et alii* (éd.), *Portraits des Maitres Offerts à Olga Weijers*, Porto, FIDEM, 2012, p. 117-126.

2. Nous nous bornons à nommer les études de C. Michalski, A. De Muralt, L. De Rjik, W. Courtenay et J. Biard.

3. M. D. Chenu, *Introduction à l'étude de St. Thomas d'Aquin*, Paris, Vrin, 1950; *id.*, « L'équilibre de la scolastique médiévale », *RSPhT*, 1940, p. 304-312 ; Paolo di Vona, *Studi sulla Scolastica della Controriforma*, Firenze, La Nuova Italia, 1968.

(1215) et de la Décrétale *De summa Trinitate et de fide catholica*. Le travail conceptuel effectué en profondeur dans les commentaires du *Premier livre des Sentences* par les maîtres les plus importants du XIV<sup>e</sup> siècle avait abouti à cette conclusion que la conception de la science élaborée par Aristote était insuffisante et incapable d'offrir un modèle propre à élucider la doctrine trinitaire, notamment à cause du principe du tiers exclu (comme on le verra en ce qui concerne le Cusain).

Les développements effectués par les scotistes, mais surtout par les ockhamiens tels que Robert Holkot – sur la distinction entre l'objet de l'acte de la science et l'objet de l'acte de la foi[1], entre la théorie de la *cognitio intuitiva* du singulier et la *cognitio abstractiva* d'Ockham (par laquelle il avait transformé le concept d'abstraction de la « nature commune » de Duns Scot) avaient dépassés la doctrine de l'univocité de l'être et donc sa prédicabilité substantielle. On avait abouti à soutenir l'impossibilité de la connaissance de l'existence de Dieu comme cause universelle et nécessaire du mouvement, *a priori* autant qu'*a posteriori*, puisqu'il est impossible qu'il soit l'objet de notre connaissance sensible. L'objet de la *cognitio* en tant qu'*intuitiva* est toujours l'existence du singulier[2].

Sur ces bases on ne pouvait que construire un savoir moral-pratique. En revanche, Thomas d'Aquin avait réussi, quant à lui, grâce à sa doctrine de l'analogie de l'être par proportion, qui réélaborait les concepts de la physique et de la *Philosophia prima* de l'être d'Aristote, à bâtir une théologie comme science rationnelle. Ainsi, la diffusion des doctrines et des logiques terministes des maîtres du XIV<sup>e</sup> siècle dans les milieux français et allemands, appliquées aux discours théologiques et métaphysiques avec leurs multiples théories des « modes » d'être et de connaître (il en est question dans l'exorde du *Compedium* du Cusain), avait-elle débouché sur la conclusion que dans le monde du devenir (*fieri*) on ne se meut que dans le cadre du singulier, du fini, du limité, du conclu, du contingent. De plus, les théories scotistes de l'intensité et de la rémission des formes, de leur latitude et de leur mesure, de leurs degrés proportionnels, des comparaisons quantitatives de leurs excès ou de leurs dépassements, avaient greffé la spéculation mathématique et physique de la vérité sur la

1. E. Obermann, *Spätscholastik und Reformation*, I, *Der Herbst des mittelaterlichen Theologie*, Zurich, EVZ-Verlag, 1965.

2. *Cf.* sur la validité scientifique de la proposition "contingent" du singulier, E. Moody, *Truth and Consequence in Medieval Logic* (*Studies in Logic and Foundation of Mathematics*), Amsterdam, North-Holland, 1954.

spéculation métaphysique et théologique sans atteindre pour autant des résultats satisfaisants pour la construction d'une théologie en tant que science rationnelle.

Cet intérêt mathématique des maîtres parisiens de théologie, par contre, s'est développé à Padoue, dans un sens strictement scientifique, à la Faculté des Arts, de Philosophie et Médecine, où elle a été appliquée à la philosophie de la nature plutôt qu'aux problèmes de la théologie. Aussi a-t-elle abouti à la théorie des proportions de Blaise et de Prosdocimo, des maximums et des minimums des formes, des « excès » ou des dépassements d'une forme par rapport à une autre. Elle est présente aussi dans la *Docte ignorance*, où le Cusain en propose une élaboration dans le domaine de la théologie, avec des buts, des issues et des conclusions d'un autre ordre. En effet, s'il est hors de doute que la vérité en tant que certaine et évidente est définissable positivement comme la « précision » (*praecisio*) mathématique, représentée selon le Cusain par le rapport d'égalité (*ratio aequalitatis*), ou l'identité de l'un avec lui-même, il reste que, en même temps, il est possible de le définir par le concept de maximum et de minimum absolus, dont on discutait beaucoup dans les commentaires de physique et de psychologie et dans les traités de la mensuration de l'intensité des formes, à Padoue, Paris, Oxford, Cologne et Heidelberg. C'est donc dans ces traditions que le Cusain puise le concept de *maximum absolu* en l'étendant à Dieu, le seul et unique vrai absolu. Mais l'autre idée qui découle de cette tradition philosophique et gnoséologique, au cas où ces notions seraient appliquées au monde de la nature, est que le maximum et le minimum de la perfection ne se trouvent jamais dans le cadre de l'univers physique, où ce qui domine est le plus et le moins. L'autre concept important de la *Docte ignorance* est précisément celui-ci : dans le monde de la nature physique, qui est celui de l'imprécision, ce sont *le plus et le moins*, le degré, l'excès qui prédominent – la grandeur qui dépasse celle qui est dépassée, leur écart ou la différence du dépassement – alors que la substance ou la réalité absolue (à savoir, le maximum absolu) est une vérité qui n'est plus susceptible du plus ou du moins et qui n'est plus dépassée par rien. Aussi, les mathématiques représentent-elles dans la *Docte ignorance* un modèle de vérité précise, dont l'absoluité vaut seulement dans le cadre du divin et non pas dans le monde physique des finis, où ce sont les vérités de précision mathématique inégales du plus et du moins qui prévalent. À notre avis, c'est dans ce sens que doivent être comprises les évaluations restrictives prononcées sur les sciences du *Quadrivium* dans la *Docte ignorance* (voir par la suite le chap. V).

Le premier livre de la *Docte ignorance* est donc entièrement centré sur le concept de Dieu : maximum absolu, indivisible, infini, précision absolue qui ne saurait être atteinte puisque, dans sa précision en tant que coïncidence des opposés, il est une vérité inaccessible à notre raison, laquelle ne saisit jamais que les différences, à savoir les excès. C'est dire qu'elle ne mesure que les écarts, ou les quantités du dépassement, les degrés, le plus ou le moins, constituant la mesure des différences entre les formes qu'elles distinguent. Par conséquent, le principe de la « docte ignorance » selon lequel l'homme peut savoir seulement qu'il ne peut pas savoir, loin d'apparaître comme étant un concept négatif, se révèle tout à fait positif.

*La connaissance par proportion*

La théorie de la proportion mathématique nous permet de mesurer la différence entre deux réalités non commensurables : les finis divisibles et l'infini indivisible, mais aussi les finis entre eux. La proportion est un rapport entre deux termes, A et B. Mais il y a aussi la proportion entre plusieurs rapports de plusieurs termes : et lorsque le premier terme est au deuxième comme le troisième est au quatrième, on a une proportion d'égalité qui par conséquent sera une proportion entre deux rapports. Dans le cas de plusieurs rapports elle sera le rapport des rapports (*proportio proportionum*). Le Cusain use du terme « rapport d'égalité » soit comme rapport entre deux (le fini et l'Infini) soit comme proportion d'autres rapports entre de nombreux termes finis (proportion des proportions).

Sur ce point, le Cusain recourt même à deux couples de termes : proportion-rapport (*proportio ratio*) et égalité-identité. Ces termes ont, d'une part, une signification technique et mathématique et, de l'autre, une signification ontologique et philosophique. Cette dernière concerne non pas les nombres, mais les êtres humains finis qui se rapportent et se mesurent selon leurs contractions par rapport au mode intellectif de l'Un, mode qui est toujours le nôtre (On le verra par la suite). La *ratio aequalitatis* ou rapport d'égalité, est la définition mathématique donnée par Blaise de Parme dans les questions sur les proportions des mouvements de Thomas Bradwardine. Autrement dit, le Cusain introduit le problème des grandeurs incommensurables. Néanmoins, dans la *Docte ignorance*, ces questions ne sont pas claires, c'est à un âge plus avancé qu'il parviendra à les éclairer, dans le *Non-autre*, où il abordera les thèmes de l'identité, de l'Un par rapport à la différence, par rapport au divers.

Aussi la signification même de l'égalité change-t-elle dans le cas de l'infini indivisible Un-trine. Néanmoins, appliquée à Dieu et aux étants créés, elle permet soit de distinguer négativement la précision absolue de la Vérité indivisible qui est la coïncidence du maximum et du minimum absolus, Dieu, soit d'établir que la précision absolue est différente par rapport à la précision connue par les degrés des êtres relatifs et finis, dans le cadre desquels ce sont les proportions d'inégalité (l'*excessum* ou l'*excedens*) et la comparaison relative des excès et des écarts qui priment. Autrement dit, elle permet de distinguer la sphère du divin de celle de l'humain, de cerner le domaine de la sagesse divine comme étant autre par rapport à celui de la science humaine. Distinguer, mais sans séparer complètement, parce que même s'il est difficile (à l'instar de tout autre discours visant à la transcendance de Dieu), ce discours est abordé par le Cusain en des termes intelligibles, selon cette vérité qui est liée au langage voire au raisonnement mathématique, lequel n'est vraiment ni mystique ni – selon nous – analogique au sens thomiste. Il s'agit de mathématiques fondées sur l'extension au divin de la théorie des proportions, de la définition de « similitude », de rapport d'« égalité » et d'« inégalité ». Ce sont des théories élaborées par la réflexion mathématique, scientifique et épistémologique de l'époque du Cusain, à propos desquelles on pourrait parler aussi de mathématiques théologiques (*cf.* par la suite chap. III et IV). Dans les *Conjectures*, ces mathématiques auront un caractère fortement symbolique, dans le sens d'une connaissance inadéquate, se mouvant dans l'altérité numérale.

*La proportion d'égalité* (ratio aequalitatis)

Nicolas de Cues développe dans la *Docte ignorance* ce concept clef important pour la compréhension non seulement de cet ouvrage, mais aussi de toute son œuvre – que l'on songe à ses écrits de mathématique théologique où il définit le caractère complémentaire à la théologie de l'arithmétique et de la géométrie, ou à ses tentatives de mettre en proportion le carré et le cercle, la corde et l'arc, c'est-à-dire des grandeurs incommensurables, ou aux proportions irrationnelles. Il s'agit de la notion de proportion en tant que « rapport d'égalité », employée pour exprimer l'unité indivisible, l'absolu, l'infini, le divin qui est la « coïncidence des opposés ». Ce concept, sur lequel le Cusain revient sans cesse fonde la possibilité de définir ce qui est immortel, divin, éternel.

La notion de l'un en tant que *ratio aequalitatis* indivisible, avait été conçue, discutée et développée par Blaise de Parme lors de ses cours à Padoue, pour exprimer le caractère immortel et l'indivisibilité de l'intellect humaine séparé du substrat matériel. En effet, Blaise de Parme élabore une doctrine originale sur la configuration des intensions (*configuratio intensionum*) des formes. La configuration concerne la mesure mathématique (ou proportion) des degrés de variation de l'intension de la forme dans le point ou dans l'instant qui sont imaginés par lui comme un *quantum minimum* divisible d'une divisibilité finie et non infinie (à savoir le point n'a pas une divisibilité à l'infini, sa divisibilité a une limite) Il s'agit d'une notion controversée de l'imagination et du fini.

Dans cette analyse, Blaise voulait établir une ontologie des configurations mathématiques des intensions des formes, en tant que qualitativement spirituelles et en tant que quantitativement (spatialement) déterminées. Ce thème investit le problème des mathématiques "imaginaires" "de la configuration géométrique" de l'intension (accroissement) ou de la rémission (diminution) de l'intensité des formes, notions principalement utilisées par Nicole Oresme dans son *De configuratione qualitatum et motuum*[1] selon une doctrine de la divisibilité infinie du continu qui est partiellement celle de Blaise[2]. Ainsi, à partir de cette œuvre d'Oresme, on légitime, par l'imagination, l'interprétation de deux plans séparés qui concernent le monde sensible et le monde intellectif et présupposent une distinction au moyen de laquelle on applique au monde intellectif improprement de manière spirituelle (ou imaginative) des dimensions qui appartiennent seulement au monde de l'espace physique (le *continuum*). Oresme lui attribue une corporéité imaginaire[3] en distinguant une corporéité matérielle selon l'extension dans toutes les dimensions et une corporéité spirituelle selon l'imagination, comme si l'intension était une quatrième dimension[4]. Par contre, la qualité et la quantité étaient considérées par

1. Nicole Oresme, *De configuratione qualitatum et motuum*, éd. M. Clagett, Madison, The University of Wisconsin Press, 1968, I, 4, p. 176. *Cf.* J. Murdoch, «*Rationes mathematicae*» *: Un aspect du rapport des mathématiques et de la philosophie au Moyen Âge*, Paris, Palais de la Découverte (Histoire des sciences, Conférence du 4 novembre 1961), 1961.

2. Blasii de *Parma Questio de intensione formarum*, éd. G. Federici Vescovini, *Physis*, XXXI, 1994, p. 433-536, en part. p. 444-453.

3. Nicole Oresme, *De configuratione, op. cit.*, p. 176.

4. *Ibid.* : «Et quamvis qualitas superficialis ymaginetur per corpus, et non contingat ymaginari quartam dimensionem, tamen qualitas corporalis ymaginatur habere duplicem corporeitatem : unam veram ad extensionem subiecti secundum omnem dimensionem, aliam vero solum ymaginatam ab intensione ipsius qualitatis».

Aristote comme des catégories essentielles et formelles du même être substantiel. À ce propos, la doctrine de Blaise diffère en développant deux notions distinctes du divisible et de l'indivisible des formes intensives, conçues non comme des formes substantielles, mais seulement comme des qualités intensives qui s'engendrent et périssent dans le temps. En formulant la question de l'indivisibilité du continu, il affirme que l'indivisible et le divisible sont étroitement corrélés, mais qu'ils sont imaginés selon la double distinction de 1) la division intellectuelle (*intellectualis*) qui est la division mathématico-arithmétique au-delà de laquelle il ne peut plus y avoir de division, à savoir la *proportio aequalitatis*, l'un, ou l'ultime minimum indivisible[1]; et de 2) la division physique ou réelle (*realis*) qui s'arrête au quantum minimum matériel corporel. C'est la division d'un substrat ayant un site (*situs*) dans le continu, à savoir le corps. En effet pour Blaise, l'âme intellective n'est pas une forme substantielle immortelle, mais un mouvement intensif d'opérations (*operationes*) cognitives, sensibles et rationnelles à la fois, actives et plus ou moins intensivement parfaites d'une âme corporelle. Dans la mesure où le corps n'a pas de parties extensives en dehors de lui-même, l'âme intellective n'a pas de division réelle, mais uniquement intellectuelle, et donc elle est un *quantum ultimum* indivisible parce qu'il est invariable et elle est exprimable par la notion de *proportio aequalitatis* ou « un », atome intellectif. Donc l'intellect conçu comme une qualité intensive (non pas comme une forme substantielle) d'un substrat corporel animé – dont il informerait "de manière non extensive" les parties –, est une qualité invariable comme l'un mathématique du rapport d'égalité. Il est, par conséquent, l'Un, l'universel, définissable comme étant le rapport d'égalité. En d'autres termes, les variations de l'âme intellective qui sont aussi sensibles, sont mesurables selon 1) une division spirituelle mathématico – intellectuelle et 2) une division réelle considérant ces variations comme inhérentes au substrat matériel corporel, c'est-à-dire à l'âme de l'homme naturel (*homo naturalis*, *physicus* ou corporel). Si on considère l'âme intellective de cet homme naturel, elle est mortelle et elle est engendrée par génération spontanée à partir de la matière première sous l'influence astrale[2]. Mais

1. *Quest. physicorum*, ms. BAV, Chigi, O. IV, 41, liv. VI, qu 4, f. 172va. *Quest. de generatione*, ms. BAV, Chigi, O.IV.41, liv. I, qu. 4, f.23va.

2. *Cf.* Blaise, *Questiones de anima*, *op. cit.* I, 8,p.79. À propos du matérialisme astrologique de Blaise, *cf.* mon *Astrologia e scienza*, *op. cit.*, p.130-146, p.385-395. Éternelle selon Blaise est seulement la matière première dans laquelle s'engendrent toutes les formes par le mouvement du firmament ou octave sphère.

lorsque l'intellect connaît mathématiquement selon la divisibilité *intellectualis*, non extensive et non physique, il est cette unité invariable, et donc il est immortel, en tant que *quantum* indivisible, (« atome spirituel » [1] comme l'appellera le Cusain par la suite dans *L'esprit*).

Il s'agit (et Hans Gerhard Senger l'a aussi souligné) d'un « atomisme » [2] spirituel qu'on peut déceler dans l'idée comparable chez le Cusain, mais qui circulait déjà grâce à cet enseignement de Blaise, pour qui l'intellect est défini en des termes mathématiques concernant la proportion d'égalité. Il est un *quantum minimum* purement indivisible. Blaise affirme que

> L'âme intellective est, par rapport à elle-même, rapport d'égalité (*ratio aequalitatis*) : ce rapport n'est rien d'autre que l'âme intellective elle-même, et j'affirme que ce rapport est indivisible [...]; donc, l'indivisible n'est ni égal, ni inégal à quoi que ce soit [3].

1. Déjà dans son *Traité de Logique*, Wycliff (éd. M. Dziewick, *Opera omnia*, vol. III, London, 1899, p. 36) avait défini l'atome comme un point indivisible, une entité métaphysique spirituelle et intelligible; Nicole Bonet (*Praedicamenta*, liv. II, *De quantitate*, *Opera*, Venetiis, 1505, f. 78v) l'avait défini comme une monade. *Cf.* G. Federici Vescovini, *Astrologia e scienza*, *op. cit.*, p. 237-241, 307; *id.*, *Teorie della luce e della visione ottica dal IX al XV secolo* (Perugia, Morlacchi Editre, 2003, p. 289), à propos de l'ontologie du point mathématique; *cf.* aussi W. Zoubov, « Walter Chatton, Gérard Oddon et Nicolas Bonet », *Physis*, I, 1959, p. 261-278.

2. *Cf.* H. G. Senger, « Metaphysicher Atomismss, Zur Transformation eines Denkmodells durch Nikolaus von Kues », dans *Ludus sapientiae*, Leiden, Brill, 2002, p. 117-140. Les maîtres qui à la fin du XIV^e siècle avaient élaboré des théories de l'atomisme, selon Zoubov (« Walter Chatton », art. cit., p. 266 *sq.*) se divisaient en deux groupes : il y avait ceux qui affirmaient que le nombre des atomes est fini (les finitistes) et ceux qui affirmaient qu'ils sont en nombre infini (les infinitistes). Les premiers se divisaient à leur tour : 1) en démocritéens (tel Blaise qui concevait les atomes comme étant composés des trois dimensions corporelles pouvant se mouvoir même selon un espace non continu, en tant que mathématiquement mesurable par la distance des corps et, par conséquent, mathématiquement vide (*cf.* G. Federici Vescovini, *Astrologia*, *op. cit.*, p. 284), et 2) en quelque platonicien, selon lesquels les atomes sont des points indivisibles spirituels comme le « pythagoricien », Walter Chatton, pour qui le continu était composé de points indivisibles en nombre *fini*. Les infinitistes pour lesquels le continu était composé de points en nombre infini étaient nombreux soit platoniciens, soit aristotéliciens : Thomas Bradwardine rapporte les thèses des finitistes qu'il veut refuser dans son *De continuo*, concl. 31, ms. Erfurt Ampl. Q 385, f. 17r-48r. (*cf.* V. Zoubov, « Walter Chatton », art. cit., p. 267). *Cf.* aussi C. Grellard, A. Robert (éd.), *Atomismus in Late Medieval Philosophy and Theology*, Leiden, Brill, 2009. C. E. Festa, « Repère pour une analyse historique des notions de *continuum* et l'atomisme au XVII^e siècle » dans E. Festa, R. Gatto (éd.), ACI, *Athomisme et continuum au XVII^e siècle*, Napoli, Vivarium, 2000, p. 31.

3. « Quod anime intellective ad se ipsam est proportio equalitatis, que proportio non est aliud quod ipsa anima intellectiva quam proportionem pono indivisibilem. Ergo talis

Bien que Blaise conçoive cet atome comme un *quantum* matériel selon sa théorie matérialiste de l'âme intellective se générant dans le corps depuis la putréfaction de la matière par le concours céleste [1], la définition de l'intellect mathématique, du fait qu'elle est dégagée de la matière physique corporelle, en assure l'universalité. Ce rapprochement entre l'atomisme intellectif des deux philosophes-mathématiciens aussi opposés dans leurs buts, ne doit pas paraître paradoxal. Selon le Cusain, ce rapport mathématique est ainsi fait qu'il exprime rationnellement l'intellect humain comme une image spirituelle de l'intellect divin – elle est un atome spirituel ou *quantum minimum* indivisible – parce qu'il est *ratio aequalitatis*, ou l'unité, l'égalité par rapport *à soi-même*, à savoir le principe unitaire de la force mathématique de raisonnement (ou force judiciaire : voir chap. V). Le rapport d'égalité, c'est-à-dire le rapport de l'un avec lui-même, exprime de cette façon l'indivisibilité et, par conséquent, est un principe indivisible et éternel abstraitement mathématique. Aux yeux du Cusain, cette idée est la seule apte à exprimer le divin, l'absolu, selon le mode mathématique du fonctionnement de notre intellect.

De plus, l'unité ou l'un, l'égalité de l'unité et le rapport ou relation (*relatio*) entre eux (à savoir le lien ou la connexion) expriment parfaitement la Trinité. Le thème de l'égalité et du rapport d'égalité pour exprimer le principe indivisible, l'Un, et par conséquent l'absolu, l'infini, l'immortel, la Trinité va traverser toute l'œuvre du Cusain, qui enrichit chaque fois son exposé d'arguments nouveaux.

proportio equalitatis est indivisibilis Modo, indivisibilis non est equalis nec inequalis alicui rei » (*Ques. super Tractactus*, *op. cit.*, qu. 5, ms. Oxford Bodleian Library misc. 177, f. 85vb-86ra (qui a des variantes plus claires par rapport à la copie de Venise, Bibl. Marciana, cod. 38 - 3383, éd. J. Biard, Paris, Vrin, 2005, p. 90). Blaise démontre sa conclusion avec cet argument : « intellectus humanus est indivisibilis. Patet quia tunc non esset totus in toto et in omni qualibet parte totius. Tertia conclusio : nulla species naturalis est vel esse subiective in intellectu. Patet quia quelibet species rei naturalis est extensa ut dicit prima conclusio ; modo extensum non potest esse subiective in indivisibili sicut intellectus ». (*Qu. physicorum*, ms. BAV, Chigi, O, IV, 41, liv. I, qu. 1, f. 226vb-227ra).

1. *Questiones de anima*, I, 8, éd. G. Federici Vescovini, Firenze, Olschki, 1974, p. 79. « Evidens est ex putrefactione hominem naturalem posse generari... Ultima conclusio quod anima intellectiva hominis sit educta de potentia materie generabilis et corruptibilis, habet quilibet de plano concedere. ... ex putrefactione sola influentia astrorum concurrente ».

## L'INFINI NÉGATIF.
## LE PREMIER LIVRE DE LA *DOCTE IGNORANCE*.
## DIEU, MAXIMUM ET MINIMUM ABSOLU, L'INFINI « NÉGATIF » ET LA TRINITÉ

La précision mathématique (livre I de la *Docte ignorance*) est, donc, consacrée à Dieu, Vérité en soi, en tant que précision impossible à atteindre par la raison apte seulement à mesurer la précision relative des excès du monde fini : Dieu, qui est non pas l'Un-nombre, mais l'Un-principe du nombre. Dieu est dès lors le maximum dans l'infinité absolue duquel coïncide le minimum[1]. À ce propos il introduit deux notions : la coïncidence des opposés et la proportion d'égalité.

Au moyen de ces notions on peut essayer de penser la vérité de Dieu en soi et aussi sa Trinité : la Trinité divine peut être définissable en tant qu'unité, égalité de l'unité et proportion d'égalité, à savoir connexion selon une élaboration théologique excluant la terminologie traditionnelle des trois personnes divines (Père, Fils, Saint–Esprit) que le Cusain jugeait trop anthropomorphique. C'est en insistant sur le thème de la vérité mathématique, qui traverse d'un bout à l'autre tout cet ouvrage et qui est présent tout le long de son œuvre, que le Cusain fait ressortir clairement le caractère positif de l'idée négative de la « docte ignorance » dans le domaine de la connaissance divine.

L'esprit humain, en effet, est seulement capable de distinguer et d'énumérer, en délimitant une chose par rapport à l'autre selon des écarts ou des excès sans pouvoir dépasser sa mesure individuelle particulière et limitée. La *mens* énumère les finis avec leurs plus et leurs moins, leurs excès, leurs degrés ; elle saisit une vérité approximative conjecturale ou approchée ; elle impose les noms aux choses en instituant les distinctions et en identifiant une chose par rapport à l'autre. C'est pourquoi la théologie positive n'est pas apte à saisir l'absolu ; elle naît de la capacité de distinguer (*discretiva*) de la raison, qui se meut dans la pluralité et dans la diversité en posant des définitions. La théologie positive affirme la vérité par la distinction et non

1. Que la perfection essentielle du maximum et du minimum des degrés des formes, pût avoir une limite au zéro degré, ou non, avait été un thème fréquemment discuté entre Oxford, Cologne, Paris et Padoue aussi par Blaise de Parme dans les *Quest. de caelo*, ms Milano, Bibl. Ambrosiana, p. 120, sup liv.I, qu. 11, dans ses *Quest. physicorum*, ms. BAV, Chigi.O.IV.41, liv. I, qu. 10 où on discute la notion d'infini à propos de la division à l'infini du *continuum* et dans la qu. 11, ff.249ra-251rb où le problème est ainsi posé « si une puissance active peut avoir une limite dans un maximum » et où il élabore sa double définition de divisible et d'indivisible qui a un terme ; *cf.* mon *Astrologia e scienza*, *op. cit.*, p. 232-237 et mes études, « *Arti* » *e filosofia*, *op. cit.*)

par l'unité et l'égalité qu'est Dieu en lui-même. Donc, ainsi que le dit aussi Hermès Trismégiste, (*Docte ignorance*, I, 24) puisque Dieu est l'universalité de tout, aucun nom ne lui est approprié, car il faudrait que Dieu soit appelé par tous les noms ou par aucun d'entre eux. Si nous appliquions à Dieu tous les noms positifs, ceux que nous attribuons aux choses du monde, nous tomberions dans l'idolâtrie parce que nous ne sortirions pas du cadre du fini, du relatif, du limité, et que nous attribuerions par là à Dieu Infini des attributs inappropriés qui ne le concernent pas, étant déduits des créatures finies.

Or, même si la théologie négative est la mieux adaptée à exprimer la vérité de Dieu, précision absolue, elle n'entraîne pas la négation ou la suppression des facultés cognitives humaines, mais elle implique le dépassement des règles de l'intellect établies par la logique et par la métaphysique, centrées sur les principes de la non-contradiction et du tiers exclu élaborés par Aristote.

L'intelligibilité de l'absoluité de Dieu est donc assurée dans la pensée de Nicolas de Cues par le concept de la vérité précise mathématique (*praecisio*), influencé principalement par les développements théologiques et cosmologiques de l'hermétisme médiéval. On ne peut en effet ramener la théologie négative du Cusain *sic et simpliciter* ni à l'œuvre de Proclus ni à celle du Pseudo-Denys car un rôle important est joué par l'influence des doctrines de Duns Scot et des écrits hermétiques, déjà sensible dans l'œuvre de Maître Eckhart[1]. La positivité de la théologie négative consiste aussi dans l'idée de la coïncidence des opposés, qui, dans la *Docte ignorance*, est développée surtout là où il est question du Christ, l'Homme-Dieu, l'unique Médiateur.

Pour mieux appréhender ce concept si complexe du Cusain, il faut toujours se rapprocher des réelles intentions du philosophe en les ramenant à sa philosophie mathématique : celle-ci est aussi une clef pour comprendre la définition de Dieu, donnée dans le premier livre de la *Docte ignorance*, mais elle est cependant un mode de compréhension qui n'est jamais adéquat. La notion de Dieu défini comme « infini » est négative « parce que toute recherche consiste en une proportion comparative, facile ou difficile. C'est pourquoi l'infini, qui échappe comme infini à toute proportion, est inconnu »[2]. Ainsi est-il l'infini négatif dans lequel l'épithète a une valeur positive : en effet, l'infini « négatif » attribué à Dieu, signifie que celui-ci est dépourvu de toutes les finitudes ou les limitations des êtres finis et que,

1. K. Ruh, *Meister Eckhart, Theologe, Prediger, Mystiker*, München, Beck, 1985.

2. *La Docte ignorance*, *op. cit.*, p. 38.

par contre, il est absolue plénitude, positivité éternelle, puissance infinie, omnipotence, *Posset* (*le Pouvoir-est*), ou avec un terme plus pertinent qu'on trouvera dans toutes ses dernières œuvres : tout simplement *Posse ipsum* (*le Pouvoir même*)[1]. Ce qui signifie que, en Dieu, toutes les déterminations opposées coïncident dans sa Puissance en Vigueur.

En effet, la notion forte d'« étant » qu'on puise dans la métaphysique aristotélicienne, qui avait été élaborée tant par la pensée chrétienne pour bâtir l'édifice de la théologie naturelle ou positive, que par la spéculation d'Avicenne et d'Averroès, est abandonnée par le Cusain, qui lui préfère une notion d'« étant » beaucoup plus faible, que, pourtant, il va abandonner à son tour, soit pour définir l'absolu en soi, soit pour saisir le fini et le créé en énonçant l'idée de l'Égalité, de l'unité infinie comme puissance de soi-même (*Posse ipsum*) et des êtres finis en tant que *posse fieri*, *posse factum* (on le verra par la suite). En fait, ce sont les images bibliques qui paraissent les plus aptes à définir ce dernier, grâce, par exemple, à l'idée de la créature en tant que similitude (*similitudo*), image, explication du modèle ou de l'exemplaire éternel et unique, qu'est Dieu : car générer, pouvoir générer de soi l'égalité avec soi, c'est la puissance suprême.

La certitude d'un Dieu maximum absolu, infini, réel, en tant qu'en lui coïncident, par-delà toute opposition, le maximum et le minimum, est indubitable; elle est absolue en soi, à l'instar du concept de vérité précise, de *ratio aequalitatis*, d'égalité, d'unité dont elle découle. Il y a une disproportion entre la proportion relative de notre pensée dans le plus et le moins et la proportion précise de la coïncidence des opposés qu'est la Vérité absolue de Dieu infini. Toutefois, comme la certitude de cette disproportion fait jaillir en même temps le principe positif de l'ignorance docte, qui est la conjecture, on aboutit alors à la conclusion, apparemment absurde, que le fondement de notre connaissance est l'ignorance : mais il s'agit d'une ignorance positive, à savoir d'une conjecture. Aussi cette ignorance n'est-elle pas vide et, loin d'être une *tabula rasa*, elle est tout au contraire, une conjecture chargée de sens. Par ailleurs, Nicolas de Cues ne veut pas, dans la *Docte ignorance*, atteindre Dieu en partant de ses manifestations ou de sa création, concernant le monde, l'homme, ou les deux, selon la manière de procéder du raisonnement *a posteriori* dont la faiblesse s'était manifestée face aux critiques suscitées au fil des discussions théologiques portant sur la théorie du mouvement d'Aristote, rapportée aux êtres, critiques menées par les écoles scotistes et ockhamiennes du XIVe siècle et

1. *La cime de la contemplation*, éd. bilingue, trad. fr. H. Pasqua, Paris, éd. Manucius, 2014, p. 116-117(4).

du début du XV<sup>e</sup>. Mais alors, pourquoi l'idée que nous avons de l'Absolu doit-elle dépasser la capacité de notre intellect, outrepasser les règles de nos principes logiques, nier le principe de non-contradiction ? Pourquoi la notion de Dieu doit-elle être transcendante par rapport au fonctionnement de notre intellect ? (On connaît la réponse donnée par l'idéalisme de Hegel dans la dialectique de la phénoménologie du *Geist* absolu).

Dans la réponse du Cusain, on trouve un autre élément fécond et important, tant du point de vue religieux que philosophique, de sa doctrine. Si notre idée de l'Absolu ne devait pas dépasser la capacité de notre intellect, si l'intellect de l'homme en possédait un concept adéquat (*adequatio rei et intellectus*) et non pas approchant, conjectural, il serait de la même nature rationnelle que l'intellect de Dieu, et comme nous ne participons pas de la perfection infinie, il s'ensuivrait que Dieu ne serait pas, lui non plus, la perfection infinie. Si nous ne reconnaissions pas les limites de notre connaissance rationnelle, qui embrasse la science des nombres, de la mesure et de la proportion relative, où pourtant elle est tout à fait valide, nous tomberions dans une erreur non seulement cognitive mais aussi morale parce qu'en ne reconnaissant pas nos limites, notre orgueil nous identifierait à Dieu. Et c'est justement dans cette arrogance mentale, dans ce délire d'omnipotence que réside le péché.

C'est ainsi que, dans la *Docte ignorance*, Nicolas de Cues justifie d'une manière philosophique, avec les instruments conceptuels dont il dispose, la transcendance absolue de Dieu par rapport à l'homme et propose une justification spéculative de la distinction entre la nature divine et la nature humaine. Le discours théologique, dont le fondement est la doctrine trinitaire, ne peut pourtant pas se passer du raisonnement logique : si on renonçait à raisonner sur elle, cela signifierait que la doctrine trinitaire serait étrangère à notre compréhension rationnelle. Il faut, en revanche, se forger un instrument logique et linguistique adéquat, pour que la doctrine trinitaire trouve sa place dans le cadre de ce que le langage humain peut formuler.

Toute la philosophie du Cusain s'efforce d'atteindre ce but. Notre connaissance n'est pas pour autant non intelligible et non exprimable : elle est tout cela, grâce aux conclusions mathématiques déduites de l'arithmétique et de la géométrie, et aussi de son ontologie de la contraction mathématique symbolique. (On le verra par la suite).

## L'INFINI PRIVATIF : L'UNIVERS.
## LE DEUXIÈME LIVRE DE LA *DOCTE IGNORANCE*.
## LA COMPLICATION ET L'EXPLICATION

### *La contraction de l'univers*

Le deuxième livre de la *Docte ignorance* est consacré à l'explicitation et à la définition de l'univers ou du monde, sur quelques concepts fondamentaux essentiels de la pensée du Cusain, à savoir, le couple de concepts complication-explication, et surtout le concept de contraction qui est central aussi bien dans cet ouvrage que dans les textes postérieurs. Le couple complication-explication est utile à Nicolas de Cues pour expliciter la concentration (*complicatio*) de tout dans l'infinité de Dieu, et pour mieux justifier une notion étrangère à l'aristotélisme métaphysique médiéval, mais familière aux discussions de l'école scotiste, à savoir celle de l'intensité des formes, donc de la possibilité d'un infini en acte nié par les aristotéliciens. Par le concept d'explication, le Cusain va essayer d'élucider la création *ex nihilo*, l'être et le non-être de l'étant par une notion positive, même si dans ses derniers ouvrages il préféra remplacer par le terme « intention », non seulement le concept d'« explication » (trop lié à des implications panthéistes), mais aussi celui d'« émanation » [1] dont il use très peu et que, dans ses derniers ouvrages, il ne semble pas affectionner. Du reste si l'œuvre de Dieu (en tant qu'expression d'un Art admirable) est la forme infinie compliquant absolument toute chose formable, toutes les formes formables ne pourront jamais l'expliquer totalement, à cause de leurs limites. Malgré les accusations de panthéisme formulées contre lui par l'aristotélicien Jean Wenck, Nicolas de Cues, par cette doctrine, rend compréhensible et s'efforce de rendre également intelligible le concept de la transcendance de Dieu liée à l'idée de la création divine.

C'est aussi au moyen du concept de contraction qu'il essaie d'expliciter la Vérité infinie en la distinguant de la vérité finie, le maximum absolu en le distinguant du maximum contracté – ou « monde ». Si le Cusain emprunte les termes complication-explication à la spéculation mathématique de l'école de Chartres du XIIe siècle, et surtout à l'œuvre de Thierry de Chartres, qui avait élaboré les théories de l'arithmétique de Boèce, le concept de contraction avait connu un développement particulier dans les

1. D. O'Meara, Plotin, *Une introduction aux Ennéades*, Fribourg/Paris, Éd. de l'Université de Fribourg/Cerf, 1992.

doctrines de l'école néoplatonicienne de Cologne, issue de l'enseignement d'Albert le Grand au XIII^e siècle. Tant dans les œuvres de Dietrich de Freiberg que dans celles de Duns Scot, le concept de *contractio* avait été largement employé dans le sens de « détermination » (*determinatio*), c'est-à-dire de concrétisation ou d'individuation ou de restriction, du commun ou du général, dans l'individu concret ou contracté. Dans l'*Opus oxoniense*, Duns Scot use de ce terme dans une acception générale semblable à celle développée par le Cusain pour définir l'univers comme étant maximal, non pas absolu à l'instar de Dieu, mais limité, déterminé, « contracté ». Nicolas de Cues recourt aussi au terme « contraction » en tant que détermination individuelle et singulière de l'inférieur par rapport au supérieur, dans l'acception qu'avaient adoptée les néoplatoniciens allemands de la fin du XIII^e siècle, dont Dietrich de Freiberg[1]. Il s'en sert beaucoup dans le *Conjectures*, mais par la suite il met de côté cette interprétation étriquée, liée au nécessitarisme néoplatonicien, qui lui paraît insuffisante pour établir la transcendance absolue de Dieu par rapport aux êtres finis, inférieurs et il va élaborer une nouvelle doctrine dans ses œuvres postérieures.

### *Les* Conjectures *et l'univers*

Les *Conjectures* apparaissent comme étant un complément du principe de la *Docte ignorance* comme l'affirme le Cusain lui-même (I, 1; II, 1, 6, 8,9; III, 1). Il s'agit toujours de l'incapacité humaine à saisir la Vérité absolue indivisible, d'où il s'ensuit que l'homme doit reconnaître que son savoir réside dans l'ignorance et accepter l'évidence d'après laquelle « toute assertion positive est une simple conjecture » (*Conjectures* I, 3). Pourtant, dans ces deux ouvrages, le Cusain présente ce savoir conjectural en l'explicitant à la lumière de deux objectifs différents : dans la *Docte Ignorance* il s'agit de parvenir à concevoir soit Dieu en lui-même comme infini absolu indivisible (par le concept de la coïncidence du maximum et du minimum en tant qu'absolus), soit le Médiateur, Jésus-Christ, soit sa création, le monde. Par contre, dans les *Conjectures*, le Cusain présente une ontologie universelle comprenant de multiples univers cognitifs, sur le mode symbolique, fortement empreinte de pythagorisme et d'hermétisme néoplatonicien. Il procède par l'intermédiaire de certaines figures mathématiques, dont l'importante *Figure Paradigmatique* des trois mondes

1. Dietrich de Freiberg, *Opera omnia*, éd. K. Flasch, L. Sturlese *et alii*, Hamburg, Meiner, 1975-1987, vol. IV, p. 345.

(*Conjectures*, I, 10) et la *Figure Universelle* (I, 14)[1] représentant (dans les mondes qu'elle renferme), la réalité entière « qui ne peut être atteinte par notre pensée que dans l'unité de l'altérité conjecturale » (*Conjectures* I, 3)[2]. Cette réalité universelle jaillit (*prodire*) de la raison infinie (*infinita ratione*). Elle consiste dans les quatre modes de la contraction quaternaire, à savoir le mode de l'intelligence, de la raison, de l'âme et des sensations corporelles. Ces figures représentent les modes divers des contractions conjecturales universelles, qui sont selon la progression des nombres en partant de leur principe, l'un, et selon la contraction de l'un dans les formes contractées inférieures. Dans ses ouvrages successifs, le Cusain va parler plutôt d'intellect que d'intelligence et d'âme (*cf.* chap. VI). Toutefois « les intelligences doivent être conçues comme étant les vertus universelles régissant les contractions des raisons qui en découlent » (*Conjectures* II, 13). Le concept de contraction exprime la descente de la connaissance de l'un dans le multiple en partant de l'intellect. Ce terme indique une détermination particulière par rapport à celle de la connaissance supérieure plus générale et universelle. Le Cusain avait employé ce même concept (tout en s'écartant de la hiérarchie néoplatonicienne) dans la *Docte ignorance* pour présenter les deux sphères incommensurables de la réalité – la sphère divine non contractée et indivisible et la sphère terrestre du monde, laquelle est contractée. Ce sont sans doute les deux livres des *Conjectures* qui ont induit Jean Wenk à accuser d'immanentisme le Cusain, qui y avait exprimé l'idée qu'il y aurait des liens intrinsèques internes aux contractions (on le verra au chap. V sur l'esprit) dont on ne trouve aucune trace dans la *Docte ignorance*.

### *La pluralité des mondes*

Dans cet ouvrage, en effet, on affirme que l'univers – notre monde naturel humain qui n'est pas celui qui va être symbolisé dans les *Conjectures* – est le maximum contracté, à savoir déterminé, à l'intérieur de limites non déterminées, qui en font quelque chose d'un, un infini « privatif » : c'est dire qu'il n'est pas infini comme Dieu (infini négatif, en tant qu'acte absolu, incompréhensible pour nous), mais que, en tant qu'absence de *toutes* les déterminations possibles, on peut le concevoir

1. J. Sfez, *L'art des conjectures de Nicolas de Cues*, *op. cit.*, p. 108-195.

2. J. Sfez, *L'art des conjectures*, *op. cit.*, p 209-220 *sq.* L'auteur nous présente une reconstruction analytique très détaillée.

comme étant « indéfini ». C'est ainsi que Descartes va l'interpréter[1] parce que l'univers est constitué d'une multiplicité de formes ou de degrés, où l'unité est contractée dans la pluralité et renvoie à des limites non encore déterminées dans leur ensemble. La notion d'infini « privatif » du Cusain a beaucoup intrigué ses exégètes, mais c'est cette interprétation qui nous paraît la plus subtile. De plus, dans l'univers, maximum contracté, on retrouve la même intelligibilité triadique du maximum absolu, avec ceci de particulier que dans l'univers contracté elle se définit selon les spécifications du concept de contraction, s'articulant en contractant, en contractable et en connexion de l'un et de l'autre. D'après la terminologie traditionnelle de l'étant d'Aristote modifiée par le Cusain selon la logique nominale des « modes » de signification intuitive (on le verra au chap. VII), on pourrait aussi la définir comme mode d'être de la possibilité, mode d'être de la nécessité et donc mode de la détermination actuelle. Un seul et unique mode universel d'être découle de ces trois modes, à savoir l'univers.

Si par le concept de contraction le Cusain rend possible l'intelligibilité d'une universalité maximale, qui pourtant, loin d'être absolument infinie à l'instar de Dieu, est une universalité contractée, il reste que, en même temps, il ne conçoit pas la détermination, à savoir la finitude, comme quelque chose d'extrêmement déterminé, de contracté selon un mode absolu, mais bien au contraire, il la conçoit comme quelque chose de contracté selon un mode indéterminé, sans limites, dira-t-il plus tard, ouvert, indéfini.

Le contracté *maximalement déterminé*, et donc contracté selon un mode absolu, est un autre concept dont le Cusain use pour distinguer l'univers monde maximum contracté selon un mode indéterminé, par rapport à l'universalité maximale contractée du Médiateur, c'est-à-dire par rapport à l'humanité de Jésus Christ. C'est ainsi qu'il peut sauver la transcendance absolue de Dieu par rapport à l'univers-monde, en plaçant au second plan son immanence dans le monde, à la différence de ce que fera Giordano Bruno le siècle suivant.

1. R. Descartes, *Lettre à Chanu, 6 juin 1647*, AT, *op. cit.*, p. 51-53 : « En premier lieu, je me souviens que le Cardinal de Cusa et plusieurs autres docteurs ont supposé le monde infini, sans qu'ils ayent jamais éste reprise par l'Église pour ce sujet ; au contraire, on croit que c'est honorer Dieu, que de faire concevoir ses œuvres fort grands. Et mon opinion est moins difficile à recevoir que la leur ; poure que je ne dis pas que le monde soit infiny, mais indéfiny seulement. »

La contraction de l'univers n'est donc pas déterminée d'une façon absolue, ce qui fait que l'univers n'a pas de limites définitives: par conséquent, le Cusain va pouvoir user du concept d'« infini privatif » pour désigner un univers qui ne serait pas renfermé dans des limites établies. Un corollaire important de cette notion va être, entre autres, l'effacement de la position centrale de la terre et l'existence possible d'autres mondes ayant d'autres centres.

C'est à cause de cette doctrine originale que Nicolas de Cues va être célébré par les spécialistes de l'histoire des sciences comme étant le précurseur de Copernic et de Galilée, c'est-à-dire du système héliocentrique. Ainsi, plusieurs de ses interprètes n'ayant pas lu directement les écrits du Cusain qu'ils ne connaissaient que par sa renommée, en ont fait, plus ou moins de bonne foi, un précurseur de Galilée.

Pourtant, il est avéré que dans ses écrits on ne trouve nulle part l'exposé d'un système astronomique suggérant la conception héliocentrique de Copernic ou de Galilée. Bien au contraire, lorsqu'il aborde explicitement ce sujet dans la *Chasse de la sagesse* (1463), Nicolas de Cues expose encore la vieille doctrine géocentrique de Ptolémée. Plutôt que de démontrer que la terre tourne autour du soleil et que celui-ci est immobile, le but du Cusain est de relativiser les confins et les limites de l'univers par rapport à l'Absolu Dieu, de rendre sa noblesse et sa dignité à la terre dont nous ignorons les confins, et par rapport à laquelle toutefois l'homme est le Géographe (*cosmographus*) qui essaye de lever ses plans et ses cartes en envoyant à travers le monde ses explorateurs[1].

En fait, Nicolas de Cues ne fait qu'appliquer et interpréter de manière très originale une autre définition théologique tirée d'une proposition du *Livre hermétique des vingt-quatre philosophes*, qui traverse une partie importante de la réflexion médiévale. Il s'agit de l'image célèbre de Dieu en tant que sphère infinie, dont le centre est partout et la circonférence nulle part, dont il déduit l'idée de la dilatation de l'univers et de l'ouverture totale de ses confins, étant donné que l'unique centre – qui est Dieu et non pas la terre – est partout et nulle part.

1. Nicolas de Cues, *Le compendium*, éd. bilingue, trad. fr. H. Pasqua, Paris, Manucius, 2014, chap. VIII, p. 74-75.

## L'INFINI CONTRACTÉ MAXIMALEMENT. LE TROISIÈME LIVRE DE LA *DOCTE IGNORANCE* : CHRIST. L'INFINI CONTRACTÉ EN MODE ABSOLU DANS L'HUMANITÉ DU CHRIST, LE MÉDIATEUR

Si l'univers-monde est défini par le Cusain comme étant l'« infini privatif » où le maximum est contracté selon un mode non absolu, il s'ensuit qu'il ne peut pas être la manifestation immédiate de Dieu. Il n'est pas possible, d'après nous, de lire la *Docte ignorance* dans un sens panthéiste, alors que l'ouvrage qui suit, *Le jeu de la boule*, développe une véritable anthropologie christologique.

D'après Nicolas de Cues, entre Dieu maximum et infini – le seul dans l'absolue unité duquel, sans aucune opposition de l'étant, le maximum et le minimum absolus coïncident en tant que proportion indivisible, ou *proportio aequalitatis* (identité en soi) – et l'univers contracté (donc fini et créé) une seule médiation intervient, celle de la nature divine du Christ. Le Christ est le Médiateur par excellence, le seul qui soit en même temps absolu et fini, divin et humain et qui, par l'unité hypostatique qu'il réalise de l'absolu et du créé, puisse permettre que la nature finie et créée réalise l'unité avec la nature absolue et incréée par sa contraction maximale (on le verra par la suite).

À quelques exceptions près, la christologie du Cusain a peu suscité l'attention de ses exégètes, davantage intéressés par les implications idéalistes et panthéistes de sa philosophie qu'aux développements religieux de sa pensée, ou aux vicissitudes politiques et ecclésiastiques de sa vie. À vrai dire, la christologie est pourtant au cœur de toute sa spéculation philosophique et les préalables théoriques en sont solidement posés dans le troisième livre de la *Docte ignorance*.

Le problème de la solution philosophique et rationnelle de l'union homme-Dieu, fini-infini va le hanter toute sa vie durant. Le concept de l'image ou similitude du Christ en tant qu'homme en nous va l'amener à développer, en 1450, dans le dialogue *De l'esprit* (*De mente*) la doctrine d'une analogie de proportion entre l'esprit humain, image de Dieu, et l'esprit divin, l'exemplaire qui néanmoins est toujours disproportionné.

CHAPITRE II

# UNE SOURCE PRIMAIRE DE LA PHILOSOPHIE DE NICOLAS DE CUES

## L'HERMÉTISME MÉDIÉVAL

Quelques-uns des thèmes indubitablement centraux de la *Docte ignorance* sont redevables, de l'aveu même de Nicolas de Cues, à certains ouvrages de la tradition doctrinale de l'hermétisme médiéval. De plus, à notre avis, ce n'est pas un hasard si c'est justement sous le signe de la renaissance du pythagorisme, de l'hermétisme, du lullisme que son œuvre a été découverte en France au début du XVIe siècle [1].

Nicolas de Cues a effectué certaines transformations spéculatives de cette tradition hermétique médiévale. En fait, le terme « tradition » est celui qui convient le mieux au caractère fluide et polyvalent des thèmes qu'on appelle « hermétiques », issus d'écoles différentes, qu'il s'agisse du néopythagorisme, du néoplatonisme, de la vision chrétienne de Lactance, du véritable hermétisme d'Asclépius ou bien même du premier Aristote et de quelques œuvres souterraines ainsi que l'a soutenu Françoise Hudry dans son édition du *Liber XXIV philosophorum*[2]. Il s'agit d'une tradition composite dont les réseaux ont été découverts récemment et mis en lumière

1. Nicolaus Cusanus, *Opera*, Parisius, apud Jacopum Badium Ascentium (Faber Stapulensis), 1514. Les citations des textes latins qui actuellement ne sont pas encore traduits en français sont données dans *l'editio minor*, Hamburg, Meiner, 2001-2002, vol. 5.

2. F. Hudry, *Le livre des XXIV Philosophes*, *op. cit.*, p. 15-27.

grâce aux études publiées par Paolo Lucentini[1], en particulier dans le volume *La tradition hermétique depuis l'Antiquité jusqu'à l'Humanisme* et dans d'autres travaux[2]. On a découvert deux aspects fondamentaux de cet hermétisme médiéval[3] : l'un est pratique, opérationnel, magique, astrologique, divinatoire ou expérimental, l'autre philosophique, spéculatif, théologique, anthropologique et cosmologique. Que connaissait Nicolas de Cues de cette tradition[4] ? Ses ouvrages démontrent qu'il en connaissait les deux aspects, même si les références à la tradition magico-astrologique[5] sont plus clairement exprimées dans ses *Sermons* de jeunesse et en particulier dans le *Sermon* de 1431, où le Cusain expose et classe les livres des arts magiques et divinatoires astrologiques définis comme étant illicites. Et il les attribue expressément à Hermès. Il écrit que « c'est lui qui a découvert les livres de divination et de prestiges sculptés dans la pierre, qu'il a transmis par la suite à ses adeptes tels que Cham et Zoroastre »[6].

En effet, dans quelques pages de la *Docte ignorance*, dans les *Dialogues sur la Sagesse* et surtout dans ses *Sermons*, Cues démontre connaître aussi assez bien la littérature magique des images[7] des divinités planétaires et de la matière première active incréée que, bien entendu, il condamne. Elle était déjà connue au XIIIe siècle grâce à la réfutation que Guillaume d'Auvergne en avait faite dans ses volumineux ouvrages *De fide et legibus*, *De universo* où il passait en revue toute cette littérature

1. *Il libro dei XXIV filosofi*, texte et trad. it. P. Lucentini, p. 52-101, Milano, Adelphi, 1999. P. Lucentini a fait une nouvelle édition de la *versio communis* du Livre déjà édité par C. Beaumker « Liber XXIV philosophorum » (« Das pseudo-hermetische Buck der vierundzwanzig Meister »), réimp. M. Grabmann (éd.), *BGPhM*, 25, Helft 1/2, 1927, p. 194-214 (texte, p. 208-214).

2. P. Lucentini, I. Parri, V. Perrone Compagni (éd.), *Hermetism from Late Antiquity to Humanisme. La tradizione ermetica dal mondo antico all'Umanesimo* (ACI, Napoli, 20-24 Settembre 2001), Turnhout, Brepols, 2003; P. Arfé, I. Caiazzo, A. Sannino (éd.), *Adorare caelestia, gubernare terram* (ACI, Napoli, 6-7 novembre 2007), Turnhout, Brepols, 2011.

3. P. Lucentini, « L'Ermetismo magico nel secolo XIII », dans *Platonismo, ermetismo, eresia nel Medioevo*, Louvain-la-Neuve, FIDEM, 41, 2008, p. 265-324.

4. P. Lucentini, « Le annotazioni di Cusano alla "Clavis physicae" », dans *Platonismo*, *op. cit.*, p. 19-48.

5. F. J. Carmody, *Arabic Astronomical and Astrological Sciences in Latin Translation*, Berkeley/Los Angeles, Berkeley and Los Angeles University Press, 1956; N. Weill-Parot, *Les images astrologiques au Moyen Âge et à la Renaissance, Spéculation intellectuelles et pratiques magiques*, Paris, Champion, 2002.

6. *Sermones* I, II, (1430-1444), R. Haubst-M. Bodewig (éd.), Hamburg, Meiner, 1977-1984, XVI, 8.

7. *Ibid.*

riche et variée, en la faisant connaître ainsi au monde chrétien[1]. Cette connaissance est bien développée par Nicolas de Cues alors qu'il reprend maintes fois avec insistance l'élucidation de la nature première en essayant de trouver une solution au problème de la nature « créée » et non pas « cause concomitante ».

Cette tradition magico-astrologique est fermement repoussée par le Cusain, même s'il la cite encore dans un autre *Sermon*[2], *Ubi est qui natus est rex Judeorum*, où il fait allusion à la conjoncture astrologique d'après laquelle les Mages d'Orient auraient été guidés vers Bethléem par la trace visible de la comète, comme l'avait soutenu Albumasar dans son *Traité des grandes conjonctions*[3]. Le Cusain suit la tradition chrétienne inaugurée par Lactance pour qui la révélation d'Hermès annonçait la venue du Christ. Marie-Dominique Chenu a affirmé qu'elle représentait le caractère édifiant d'une certaine prédication qu'il a définie, avec une expression tout à fait pertinente, *astrologia praedicabilis*[4]. Ainsi dans une étude de jeunesse, en 1421, le Cusain présente-t-il une histoire du monde qu'il expose en termes astrologiques, dans la mesure où elle est scandée par les grandes conjonctions planétaires selon la doctrine d'Albumasar. Cette histoire commence par la grande conjonction qui a précédé la naissance d'Adam et elle se termine sous l'empereur Galien. Nous savons, grâce au code Londres, BM, Harlem 3631[5], que le Cusain possédait les deux ouvrages les plus célèbres d'Albumasar, l'*Introductorium maius in scientia astrorum* et le *De magnis coniunctionibus*. Sa position critique équilibrée par rapport à ces doctrines est magistralement exposée dans son *De staticis experimentis*, où il fait allusion aux consultations astrologiques *De interrogationibus*, là où il affirme que « dans ce domaine [de la prévision astrologique] aucun art n'est possible », que celui qui possède une connaissance des jugements (*iudicium*) des astres n'est pas capable de la communiquer et que le savant ne doit pas s'adonner à ce genre de choses.

1. G. Federici Vescovini, *Le Moyen Âge magique, La magie entre religion et science aux XIII<sup>e</sup> et XIV<sup>e</sup> siècles*, Paris, Vrin, 2011, p. 65-75.

2. *Cusanus Texte, I Predigten* 2-5, éd. Koch, Heidelberg, Meiner, 1937, p. 84-86.

3. U. Roth, « Die Astronomisch-astrologische Weltgeschichte », *MFCG*, 27, 2001, p. 2-29; *cf.* Albumasar, *De magnis coniunctionibus*, ms. Londres, British Museum, ms. Harlem, 3631, ff. 1r-57r et *Secreta chimica*, ms. Harlem, 3915, ff. 58-110, copies ayant appartenues au Cusain.

4. M.-D. Chenu, « Astrologia praedicabilis », *AHDLMA*, 31, 1964, p. 62-65.

5. U. Roth, « Die astronomische-astrologische Weltesgeschichte », art. cit., p. 2-20; H. Hallauer, « Cod. Harlem 3631 und 3915 », *MFCG*, Mainz, Matthias Grünewald Verlag, 10, 1973, p. 94-103.

Dans quelle mesure le Cusain connaissait-il cette tradition astrologico-magique? On le déduit de sa *Docte ignorance* où, au chapitre XXV du premier livre, il écrit à propos de la théologie circulaire ou discursive (*sermocinalis*) en tant que théologie affirmative :

> Les païens aussi appelaient Dieu avec des noms différents par rapport aux créatures : ils l'appelaient Jupiter pour son admirable justice, Cupidon pour l'union des deux sexes, pour laquelle ils l'appelaient aussi nature. Hermès affirme que tous les êtres, animaux et non animaux, ont les deux sexes : c'est pourquoi il estime que Dieu, la cause de toutes les choses, conjuguait en lui-même le sexe masculin et le sexe féminin dont il croyait que Cupidon et Vénus étaient les explicitations [1].

Il s'agit là d'une allusion évidente à l'*Asclepius*[2], dont nous savons que le Cusain possédait un exemplaire annoté de sa propre main (dans le Code de Bruxelles, Bibliothèque Royale, 10054-56).

Ces citations du Cusain nous révèlent son érudition et ses connaissances très étendues du savoir ésotérique médiéval dont il use par son activité de prêcheur. Mais pour la compréhension des métamorphoses auxquelles il soumet ce qu'il emprunte aux textes de la tradition hermétique ou pseudo-hermétique en théologie, en cosmologie et en anthropologie, il faut se reporter aux citations soit de l'*Asclépios*[3] soit du pseudo-épigraphique *Liber XXIV philosophorum*.

En effet une partie importante de la réflexion du Cusain se développe à partir de l'interprétation de la deuxième proposition de ce Livre : « Dieu est une sphère infinie dont le centre est partout et la circonférence nulle part » laquelle renvoie à la première, que : « Dieu est la monade qui engendre la monade, qui reflète en Soi son ardeur unique. » [4]. C'est de cette lecture qu'il tire la notion première d'infini, dans la mesure où étant l'infini même, la perfection absolue, ne peut être limitée par une forme et il est énergie puissante. Et c'est peut-être aussi à cause de la citation de la règle XXIII, qui définit la connaissance comme la « docte ignorance », et de la règle XIV, d'où Nicolas de Cues a librement tiré aussi son image des pyramides croisées de la lumière et des ténèbres (dans *Les conjectures*, I, X,

1. *La docte ignorance*, *op. cit.*, I, 25, p. 105.

2. *Asclepius*, *Corpus Hermeticum*, éd. A. D. Nock, A.-J. Festugière, Paris, Les Belles Lettres, 1945, II, p. 322.

3. P. Arfé, « Ermete Trismegisto e Nicola Cusano », art. cit., p. 223-245.

4. *Liber*, prop. II, I (*versio communis*), éd. Lucentini, p. 54-56. On donne les citations dans cette nouvelle édition critique de la *communis*, éditée aussi par Baeumker, puisque l'édition de F. Hudry est différente de la *communis*.

au moyen de la figure paradigmatique des trois mondes), que la pensée cusaine peut être rapprochée sans hésitation de celle du mythique Hermès Trismégiste.

Dans la version commune de cette XXIIIe proposition[1] que nous suivons ici, on affirme : « Dieu est connu par l'esprit seulement par l'ignorance et cette définition est donnée à l'égard de l'essence ». Cette définition rappelle la XXIe proposition où on affirme que Dieu est ténèbres dans l'âme ayant repoussé (*removendo*) la lumière[2]. Dans le commentaire de la XXIVe[3] proposition, qui est plus développé que celui de la XXIe, on introduit l'image de la lumière se brisant en d'innombrables rayons, de la multiplicité desquels la clarté s'engendre dans la réalité des ténèbres. C'est ce que nous suggère, dans *Les conjectures*[4], la Figure symbolique des pyramides de lumière et de ténèbres, renfermant les divers mondes intermédiaires, dont les rayons s'entrecroisent.

Parmi les diverses rédactions de ce commentaire, il y a un texte incertain dont la signification nous paraît pourtant plausible par rapport aux connaissances d'optique de l'époque. Il y est question de la

> lumière créée qui – lorsqu'elle tombe sur une chose obscure au point de devenir une ténèbre si grande que la lumière n'a pas la force de la chasser à cause de sa forte densité – elle se brise essentiellement en d'innombrables rayons et la traverse en des formes accidentelles multipliées par la diffraction de son essence. Elle est alors clarté[5].

Il nous paraît que ce texte, a été extraordinairement réinventé par le Cusain dans sa « Figure paradigmatique » dont J. Sfez nous a présenté une reconstruction tant bien ontologique et gnoséologique qu'historique par rapport, soit aux connaissances d'optique de l'époque, soit aux probables

1. Nous préférons la version commune étant donné qu'elle a été vraisemblablement connue par la plupart de ses lecteurs depuis le XIIe siècle.

2. *Liber*, prop. éd. Lucentini, *op. cit.*, XXI, p. 94-95.

3. « Haec definitio est ad essentiam data. Lux creata sicut cadit super rem tenebrosam tantae tenebrositatis quod non sit potens lux illa purgare tenebrosum, propter sui vehementem possibilitatem, tunc frangitur lux in radiis, in maximo sui scilicet acuti et pertransit in accidentia, essentialis cum ista fractio accidentia multiplicat, et haec claritas est » (*Liber*, prop. XXIV, p. 100-101, traduite *infra*).

4. *De conj.*, I, 10, éd. cit., vol. II, p. 58-60.

5. *Cf.* n. 3 *supra*.

influences lulliennes de « la fonction manuductrice ou de guide de la figure paradigmatique de l'univers »[1].

## L'INTERPRÉTATION PHILOSOPHIQUE ET RELIGIEUSE

L'intérêt du Cusain pour l'enseignement d'Hermès est philosophique et religieux, concernant Dieu et son rapport avec le monde créé, ainsi que le suggère la comparaison étrange qu'il établit lorsqu'il écrit qu'Hermès initiait Esculape comme Denys l'Aréopagite instruisait Timothée afin que les suprêmes vérités absconses ne fussent pas révélées à tout le monde, mais transmises seulement aux intellects les plus élevés et les plus dignes. Cet enseignement coïncide avec l'enseignement du Christ lui-même. Dans l'*Apologie de la docte ignorance* le Cusain écrit :

> Si on considère les savants les plus illustres de l'Antiquité on voit que Hermès Trismégiste instruisait dans ce sens Esculape tout comme Denys l'Aréopagite instruisait Timothée. Nous savons aussi que ce même enseignement a été donné à nous par Jésus-Christ[2].

Ce qui frappe dans cette citation, c'est le rapprochement entre, d'un côté, Hermès et Denys l'Aréopagite et, de l'autre, le Christ et Saint Paul, comme si on voulait témoigner, dans le sillage de l'enseignement de Lactance, d'une continuité idéale entre hermétisme, néoplatonisme et christianisme.

Le Cusain emprunte aussi à l'enseignement d'Hermès l'idée d'une sagesse cachée, d'un Dieu *absconditus*, dont cependant la vérité « crie » sur les places, dans les marchés et dans les âmes les plus simples en transformant en ce sens le concept hermétique, à caractère élitiste, d'une révélation antique réservée aux savants. C'est un but qu'il peut viser en ayant privilégié le savoir mathématique d'après lequel la Sagesse est aussi Science. L'esprit humain saisit une vérité approximative, il impose des noms aux choses en établissant leurs distinctions et en caractérisant une chose par rapport à l'autre. À ce propos, le Cusain écrit dans la *Docte ignorance* :

1. J. Sfez, *L'art des conjectures*, *op. cit.*, p. 150 *sq.*; K. Hedwig, « Sphaera lucis. Studien zur Intelligibilität des Seienden im Kontext der mittelalterlichen Lichtspekulation », *BGPhThM* (Münster im Westfalia,), 18, 1980, p. 257-272.

2. *Apologie*, éd. lat. cit., II, p. 103.

> Tous les noms… sont imposés par un choix singulier de la raison par lequel une chose est distinguée d'une autre. Or, là où tout est un, il ne peut pas y avoir de nom propre et Hermès Trismégiste dit justement : « Puisque Dieu est la totalité des choses, il n'a aucun nom propre car, ou bien il faudrait nécessairement que tous les noms désignent Dieu, ou bien il faudrait donner le nom de Dieu à toutes les choses » car Lui-même complique dans sa simplicité l'universalité des choses [1].

À partir de ces affirmations, il développe sa riche doctrine de la théologie circulaire qui, étant positive, mais également négative, peut être appelée simplement discursive (*sermocinalis*).

Il nous paraît, par conséquent, que l'idée de l'intelligibilité de l'absolu (de Dieu en tant qu'inaccessible et saisissable seulement grâce à la « docte ignorance ») dans la pensée du Cusain, est justifiée aussi par les acquis théologiques empruntés à ce livre. L'hermétisme auquel il se rapporte tout particulièrement est celui de la tradition théologique qui avait été déjà évoquée aussi bien dans les écrits d'Albert le Grand et de Maître Eckhart que dans l'œuvre du maître scotiste anglais Thomas Bradwardine et dans la grande encyclopédie du dominicain albertiste Henri d'Erfurt, la *Catena aurea entium*[2].

La positivité de la théologie négative qui a été fondée sur l'idée de la coïncidence des opposés, dans la *Docte ignorance* est également développée, à notre avis, en partant de la définition XIV du *Liber XXIV philosophorum*.

### *La XIVᵉ Proposition : Dieu et la coïncidence des opposés*

Nicolas de Cues présente dans *la Docte ignorance* une interprétation de la XIVᵉ règle du *Liber XXIV philosophorum* où justement Dieu est conçu comme étant la coïncidence des opposés, c'est-à-dire l'opposition, sans opposition, par la médiation de l'*ens* : et cette définition d'interprétation bien controversée est au cœur même de sa spéculation. On retrouve ici le problème originaire du *Parménide* de Platon dont le Cusain possédait une copie commentée par Proclus. Il s'agit de la citation du Cusain qu'on peut lire dans le deuxième livre, chap. II de la *Docte ignorance*, que nous venons d'examiner en détail et où il écrit : « Deus est oppositio nihil mediatione

1. *La docte ignorance*, *op. cit.*, I, 24, p. 100.

2. *Cf.* p. 30, n. 3 et Henri d'Erfurt, *Catena aurea entium*, *Tabula quaestionum I-VII*, éd. L. Sturlese, Pisa, Scuola Normale Superiore, 1987, II, 1, 55 ; VI, 2, 8 ; VII, 8-33.

entis »[1]. L'Anonyme commentateur poursuit : « cette affirmation fait imaginer que Dieu est une sphère qui n'emprisonne rien d'autre dans son centre ». La *versio vetus* de cette proposition de Françoise Hudry[2] ne correspond pas à la *versio communis* et le « *nihil* » est supprimé, si bien que toute la proposition change complètement de sens par rapport à la version commune citée par le Cusain[3].

La version commune (à laquelle nous nous rapportons ici) est celle qui, à notre avis, contient à l'état de puissance presque toute la réflexion philosophique, mathématique, théologique, cosmologique et anthropologique de Nicolas de Cues puisque les termes fondamentaux de cette proposition XIV qu'il a élaborés et transformés, sont les mêmes que ceux de sa philosophie : coïncidence, opposition (des opposés), *nihl*, médiation.

Il est indéniable que les termes « coïncidence » et « opposés » peuvent faire songer à une anticipation de la doctrine dynamique[4] de la dialectique hégélienne renforcée par le couple complication-explication, ou bien même à un certain immanentisme dont le Cusain a été lui-même accusé de son vivant par l'aristotélicien Jean Wenck. Mais il s'est défendu vaillamment contre cette interprétation, comme nous le verrons par la suite.

### *Opposition-opposé*

Il faut tout d'abord chercher à mettre en lumière les métamorphoses des termes d'« opposition » et d'« opposé », ou leur signification polyvalente. Le Cusain emploie ces termes dans plusieurs sens tirés de la tradition logique de la scolastique médiévale; il ne les distingue d'une manière

1. *La docte ignorance*, II, 2, *op. cit.*, p. 118. Cette proposition se trouve aussi chez Eckhart (*Commentaire de st. Jean de la Sagesse*; *cf.* H. Wackerzapp, « Der Einfluss Meister Eckharts auf die ersten philosophischen Schriften des Nikolaus von Kues (1440-1450) », *BGPhThM*, 29/3, 1962, p. 7-12.

2. *Liber de XXIV Philosophorum*, 1re éd. : F. Hudry, Grenoble, Millon, 1989, prop. XXIV, p. 133-134; 2e éd. : Paris, Vrin, 2015, p. 181.

3. « Deus est oppositio nihil mediatione entis. Haec definitio facit imaginari Deum esse sphaeram in cuius centro nihil incarceretur. Et est continue agens sphaera divina opus divinum quo detinet nihil in suo esse aeternaliter, quo per exuberantiam suae bonitatis vocavit in esse rem quae est quasi circa centrum. Quae si ad esse actum attraihitur, stabit semper; si ad esse possibile, redibit ad nihilum » (prop. XIV, éd. Lucentini, *op. cit.*, p. 80); *cf.* ma traduction ici, p. 61.

4. J.-M. Counet, *Mathématique et dialectique chez Nicolas de Cues*, Paris, Vrin, 2002; K. Flasch, « Nikolaus von Kues, Die idee der Koincidance », dans *Grundprobleme der grossen Philosophen, Philosophie des Altertum und des Mittelalters*, Goettingen, J. Speck, 1972; *Die Metaphysik des Einen bei Nikolaus von Kues*, Leiden, Brill, 1973.

particulière que lorsqu'il spécifie que les opposés en tant que contradictoires possèdent une valeur grâce au principe de contradiction de la raison et non grâce au retranchement (*ablatio*, *subtractio*)[1] de ces opposés (voir entre l'égalité et l'inégalité) par la *vis* retranchant de l'intellect. D'après cette tradition scolastique, en effet, on désigne par le terme « opposition » quatre types d'« opposés », lesquels explicitent en général une relation d'exclusion entre des termes ou des choses : 1) l'opposition contradictoire, selon le premier principe logique excluant le troisième terme ; 2) l'opposition contraire, comme celle qui sépare le bien du mal, le blanc du noir ; 3) l'opposition privative, comme celle qui existe entre la vue et la cécité ; 4) l'opposition corrélative qui, selon Aristote, concerne le double et la moitié. Et c'est sur la troisième relation privative et sur la quatrième relation corrélation-corrélatifs que le Cusain va développer sa propre doctrine, bien différente de celle d'Aristote, de l'opposition sans opposition en Dieu des termes trinitaires opposés. Il les conçoit dans 1) un sens abstraitement mathématique et 2) dynamique, à la manière des corrélatifs trinitaires absolus de Raymond Lulle, comme une théologie circulaire, ou coïncidence absolue des termes l'un dans l'autre par une conversion réciproque absolue, même par la négation ontologique de l'être des étants qui sont les entités susceptibles du plus et du moins – donc le rien, (*nihil*) par rapport à la nécessité absolue de Dieu.

La proposition XIV du *Livre des XXIV philosophes* énoncée dans ce passage de la *Docte ignorance* est introduite ainsi par le Cusain :

> Qui peut, dès lors, en unissant dans la créature la nécessité absolue, par laquelle elle est, et la contingence, sans laquelle elle n'est pas, comprendre son être ? Car on voit que la créature, qui n'est ni Dieu ni le néant, est comme après Dieu et avant le néant, entre Dieu et le néant ainsi que le dit un Sage : « Dieu est l'opposition au néant [ou au rien] par la médiation de l'étant ».

Le Cusain la développe à propos de la créature conçue comme quelque chose qui est presque un rien, un être opposé à Dieu qui n'emprisonnant rien à l'intérieur de Soi, est le Tout (*Omnia*).

1. Cf. *Docte ignorance*, *op. cit.*, I, 7, p. 54, où le discours éclaire le mode arithmétique pour parvenir à l'identité de l'égalité avec l'inégalité : « Si vero minus fuerit, deme a reliquo quod maius est, et aequale fit » (éd. lat., vol. I, p. 28).

### *Le rien* (nihil) *et l'étant* (ens)

On peut interpréter la signification de l'expression « opposition au *nihil* par la médiation de l'étant » dans le sens où Dieu, qui n'est rien de la créature, est l'opposé de la créature (l'étant) et vice versa. Mais on peut l'interpréter aussi en affirmant que, en Dieu, rien ne s'oppose à Lui dans sa dynamique trinitaire, dans la mesure où les *dignitates* divines, identiques à elles-mêmes par le rapport d'égalité, ne sont rien de la multiplicité des étants. Cette interprétation trouve une justification aussi dans un passage du *De non aliud*[1] où le Cusain critique par la bouche d'un interlocuteur, le principe de non contradiction d'Aristote : « Le théologien Denys a vu de la même manière que Dieu est l'opposition des opposés sans opposition »[2]. En effet, avant les opposés (à savoir la multiplicité des *étants*) rien ne s'oppose à l'opposition, c'est-à-dire, à Dieu indivisible, créateur opposé aux créatures multiples (les « divers »), conçues à leur tour comme opposées les unes aux autres et par rapport à Dieu. Dans ces passages, on peut observer que le Cusain, comme il a l'habitude de le faire, emploie le même terme, en l'occurrence le mot « opposé », en le rapportant à deux réalités différentes, Dieu et les créatures, l'identique et le divers, l'autre. Donc, aussi bien le terme « opposition » que le terme « coïncidence » sont conçus dans la proposition de la brochure pseudo-hermétique avec des significations opposées, ou différentes, selon qu'on les considère comme appliquées à Dieu ou à la créature. Dans la règle citée, ces termes sont employés dans leur relation d'opposition par rapport au terme « médiation ».

### *Quelle coïncidence ?*

Aussi Dieu est-il l'opposé du néant, de la créature, du semi-être ou de l'être qui est presque un rien (comme il est écrit dans la *Docte ignorance*). Il est plénitude d'énergie et de puissance. Par conséquent, Dieu est la négation du monde des êtres qui sont presque un rien. C'est ainsi que le terme « coïncidence des opposés », en tant que des attributs de Dieu, prend des significations différentes[3]. Si les opposés sont conçus dans le sens de la théologie circulaire, comme le Cusain l'affirme dans la *Docte ignorance*,

1. *Le non-Autre. Le guide du penseur*, *op. cit.*, chap. XIX, p. 97. *Cf.* aussi *La vision de Dieu*, éd. H. Pasqua, Paris, P.U.F., 2016, chap. VI, IX, XIII, p. 65, 79, 100.
2. *Ibid.*
3. K. Flasch, *Die Metaphysik des Eines bei Nikolaus von Kues*, *op. cit.*, p. 294-318.

I, 11, il nous semble qu'on peut les rapprocher des corrélatifs trinitaires lulliens, dont l'idée est parvenue au Cusain par le biais du *De sigillo aeternitatis* d'Emeric de Campo (dont le Cusain avait une copie ainsi qu'Eusèbe Colomer l'a mis en lumière)[1]. Le Cusain affirme donc que cette coïncidence est dans l'unité, qui est, peut-on lire dans le *Non-aliud*, est « l'égalité de l'égale, c'est-à-dire l'égalité des choses égales »[2]. Dans cette phrase, la proposition hermétique définit Dieu comme identité d'énergie infinie; il s'agit, par conséquent, d'une notion qualitative différente de la notion quantitative mathématique. En fait, le Cusain avait ajouté dans un passage de la *Docte ignorance*, que

> cette identité est puissance maximale, donc la plus unie au maximum, ou la plus forte. Ces vérités sont révélées grâce à l'exemple du cercle *maximum*, et au concept de la théologie circulaire, qui est telle seulement si on la fait tourner en cercle si bien que chaque nom, exprimant ses attributs, soit vérifié réciproquement par le nom des autres dans un mode circulaire, par exemple, lorsque nous disons que la justice suprême est suprême vérité et que la vérité suprême est suprême justice, et ainsi de suite[3].

Ces expressions de la *Docte ignorance* se présentent donc comme un développement théorique de la sentence du *Livre des XXIV philosophes*, citée d'abord par le Cusain, comme *coïncidentia oppositorum*. Or, étant donné que le terme « coïncidence » a une double valeur, correspondant à la double valeur des termes opposés selon qu'ils sont rapportés à Dieu en Lui-même ou à la multiplicité des *étants*, on se trouve face à une doctrine différente. Aussi, la coïncidence des opposés peut-elle être entendue soit comme coïncidence des corrélatifs trinitaires dynamiques lulliens, auxquels s'applique la qualification de l'énergie infinie, monade d'ardeur exubérante la reflétant en soi[4] en tant que théologie circulaire; soit comme coïncidence du point de vue de la raison humaine des créatures, qui conçoit cette coïncidence des opposés sans la qualification de l'infinité, par des noms de la vérité imprécise des êtres finis. Les noms, dans le cadre rationnel, sont imprécis parce que la raison procède selon le critère de la

1. E. Colomer, *Nikolaus von Kues und Raimund Llull aus Handschriften der Küser Bibliotheck*, Berlin, W. de Gruyter, 1961; K. Reinhardt, « Die Lullus-Hanschriften in der Bibliothek des Nikolaus von Kues », dans *Ramon Llull und Nikolaus von Kues, Eine Begegnung im Zeichen der Toleranz*, *op. cit.*, p. 1-23.

2. *Le non autre*, *op. cit.*, Proposition 18 (122), p. 118.

3. *Docte Ignorance*, *op. cit.*, I, 21, p. 91-92.

4. « Deus est monas, monadem gignens in se sumum reflectens ardorem », *Liber*, *op. cit.*, prop. I, p. 54.

proportion du plus et du moins. Cet éclaircissement intéressant du terme « coïncidence » se trouve dans un passage des dialogues *De mente*, justement à propos d'une citation d'Hermès en provenance de l'*Asclepius*[1] concernant la théologie circulaire, où l'on lit :

> Tu as bien élucidé le passage d'Hermès Trismégiste affirmant que Dieu est appelé par les noms de toutes les choses et que toutes les choses sont appelées par le nom de Dieu[2].

Dans ce passage, le Cusain précise la différence entre la coïncidence des attributs en Dieu, comme les corrélatifs lulliens, et les noms imposés par la raison. Dans le premier cas, ce qui vaut pour l'un vaut aussi pour un autre sur la base de la simplicité essentielle de Dieu, et par conséquent la grandeur de Dieu est sa puissance et vice versa; la puissance de Dieu est sa vertu et il en est ainsi pour les attributs de l'essence de Dieu que nous lui attribuons lorsque nous parlons de théologie circulaire. Mais cette coïncidence des corrélatifs trinitaires est différente de celle des noms du discours commun, parce que celui-ci procède grâce à une vérité qui est plus ou moins une vérité précise, de même que les termes opposés sont tous relatifs et non précis et qu'ils ne coïncident jamais. Donc, conclut le Cusain, il ne faut pas façonner le concept de Dieu comme celui de « coïncidence » avec des termes ou des noms, qui sont susceptibles du plus et du moins, parce qu'à Dieu il faut appliquer des notions exemptes du plus et du moins. Il nous semble que ces affirmations peuvent aider à entendre comment le Cusain a développé par la suite le concept de *nihil* de la proposition du *Livre* : opposition à rien, donc coïncidence comme identité en soi en tant que rapport d'égalité.

### *La médiation en tant que participation*

Autrement dit, les entités qui se meuvent dans le cadre du plus et du moins ne peuvent être, par leur propre médiation, les médiateurs de rien en Dieu dans cette coïncidence dans l'Un qui est l'opposé de rien en tant qu'elles sont presque un rien (*Docta ignorantia*, I).

Dieu est, en tant que monade, une sphère d'énergie infinie qui, comme elle est enfermée en elle-même, est aussi Un-Tout (*omnia*). Cues parvient à élucider ces concepts difficiles dans le *De apice theoriae* (*La cime de la contemplation*), par l'élaboration de deux noms par lesquels il préfère

1. *Asclepius*, *op. cit.*, III, 20a.
2. *L'esprit*, *op. cit.*, I, 3, p. 118-119.

appeler Dieu : à savoir comme *Posse ipsum*, Pouvoir même absolu, préférable à *possest*,le Pouvoir est, énergie de puissance, exubérante par sa bonté, volonté absolue et infinie, où ceux qui comptent sont seulement les corrélatifs infinis trinitaires exprimés par les termes mathématiques d'Unité, d'Identité, de Lien, qui, selon notre esprit, peuvent se convertir l'un l'autre en tant que coïncidence de l'Un, comme *ratio aequalitatis*. En effet, lit-on ici, « il faut mettre toute la précision spéculative exclusivement dans le pouvoir et dans son apparition » [1]. Ainsi, si la multiplicité des *entités* est l'opposé du pouvoir infini de Dieu dans la proposition pseudo-hermétique, on peut détecter par anticipation l'interprétation qu'en donnera le Cusain : selon le mode mathématique cognitif de l'un, l'esprit ne connaît pas les étants que Dieu ne renferme pas (« *nihil incarceretur* » de la proposition), et ne possède que le concept de leur négation en Dieu en tant que possibilité conjecturale.

Les « modes *essendi* » ne sont rien d'autre que les « modes *cognoscendi* » de notre esprit, à savoir ses conjectures. Ainsi

> de même que l'*esprit* humain existe comme forme conjecturale du monde, de même *l'esprit* divin est la forme réelle (*conjecturalis itaque mundi humana mens forma existit, uti realis divina*) [2].

### *La médiation en tant que contraction*

Dieu est la coïncidence absolue des contradictoires opposés sans aucune médiation unifiante de la part des êtres. C'est pourquoi ce sont des termes opposés et disjoints de la raison discursive. Dans la sphère de la raison, les extrêmes sont séparés :

> Par contre, dans la sphère de l'intellect [...] nous comprenons grâce à notre vue mentale, sans aucun raisonnement, la coïncidence de l'unité et de la pluralité, du point et de la ligne, du centre et de la circonférence [3].

Cette doctrine a pu prêter à des interprétations immanentistes du genre néoplatonicien ou idéaliste, à la suite des critiques de Jean Wenk dont Nicolas de Cues lui-même avait été victime. Cues insiste sur le concept négatif de la connaissance de Dieu. Mais il doit, en même temps, essayer de

1. *Compendium* et *La cime du penseur*, *op. cit.*, 4, p. 116-117 ; 14, p. 132-133 *sq*.

2. *De conj.*, éd. lat. cit., I, 1, p. 6. Il s'agit de la première énonciation qui sera développée dans une perspective différente en 1450 dans *Les dialogues de la sagesse*.

3. *Apologia*, éd. lat. cit., p. 109.

repousser les critiques de ceux qui, à l'opposé, l'accusent de relativisme sceptique ou d'irrationalisme mystique[1].

Le Cusain le fait en exprimant son admiration pour le « grand théologien Denys » qui

> a développé un concept de Dieu qui n'est pas issu des créatures, lesquelles sont l'autre, le divers, le distinct, le plus et le moins. Elles représentent le monde de l'autre, qui est celui de la diversité, où chacun est identique à soi-même et différent de l'autre. Dieu, par contre, est au-delà de cette diversité : il est la diversité de la diversité, c'est-à-dire la négation de l'autre, donc le Non-autre. La connaissance du Non-autre n'est qu'une ignorance docte, à savoir que « Dieu est l'opposition des opposés sans opposition »[2].

Avant les opposés, c'est-à-dire avant la multiplicité, rien ne s'oppose à l'opposition, répète-t-il. Il nous semble que le Cusain élabore constamment la proposition du *Liber* en développant la théologique mystique du Pseudo-Denys, pour consolider sa propre méditation sur le concept de Dieu entendu comme Non-autre. De cette réflexion jaillit l'idée de *La vision de Dieu* et de l'œuvre tardive du *Non Autre*. Dans la *Vision de Dieu*[3], le Cusain cherche en particulier à guider les moines, auxquels le texte est dédié, vers l'obscurité lumineuse du Paradis par le franchissement du mur de la coïncidence des opposés qui nous sépare de Dieu. Il se tient au-delà du mur, dans le Paradis, où toutes les distinctions essentielles, à savoir les *entités*, sont néant : c'est le *nihil* qu'on lit dans la proposition du *Liber* cité dans la *Docte ignorance*.

La vision, dont le Cusain parle ici, n'est pas la nôtre, elle est celle de Dieu. Nous sommes son regard et plus tard[4], il ajoutera : « nous sommes ses regards intentionnels (*intentiones*) ». Mais l'homme ne peut voir Dieu dans le Paradis que dans les ténèbres de l'ignorance, entouré du mur de la coïncidence des opposés dont la porte est gardée par l'Ange, « où il n'est vu ni compliquant ni expliquant d'une façon disjonctive ou copulative »[5]. La séparation et la conjonction sont le mur de la coïncidence au-delà duquel Dieu existe complètement dégagé de toute chose pensable et exprimable :

1. *Cf.* contre cette interprétation Ch. Trottmann, « Lectures de Denys et enjeux de trois controverses, docte ignorance, théologie mystique et vie active et contemplative », dans S. Toussaint, Ch. Trottmann (éd.), *Le Pseudo-Denys à la Renaissance* (ACI, Tours, 27-29 janvier 2011), Paris, Champion, 2014, p. 93-124.

2. *La vision de Dieu*, *op. cit.*, chap. IX, p. 90-91 ; aussi chap. VI, p. 64-65.

3. *Ibid.*

4. *La cime de la contemplation*, rédigée en 1464, l'année même de la mort du Cusain.

5. *La vision de Dieu*, *op. cit.*, chap. XI, p. 92-93.

> Je me heurte ainsi à l'absurdité de créer et d'être créé, Ta création est Ton être pour nous. Créer et être créé à la fois, n'est rien d'autre que communiquer ton être à toutes les choses, à savoir le Verbe, Jésus. Appeler à l'être les choses qui ne sont pas, c'est communiquer l'être au néant. Appeler, c'est créer; communiquer, c'est être créé [1].

Au-delà de cette coïncidence, qui voudrait exprimer la coïncidence de l'homme et de Dieu en Christ, il y a Dieu infini, incommunicable et imparticipable. Aussi dans le *De visione Dei*, le Cusain élabore, par le concept de participation à la tradition de la théologie scolastique, la notion de coïncidence simultanément sur deux plans différents : l'un relatif à Dieu, coïncidence en Dieu d'identité, d'égalité, d'union; l'autre relatif à la créature. Et dans ce cas, en élucidant l'interprétation de la coïncidence de Christ homme et Dieu, il éclaire à nouveau la notion de médiation comme participation par « contraction » entre les termes opposés qu'il avait déjà énoncée dans la *Docte ignorance* d'une manière moins développée.

En effet si la notion d'« opposé » concerne des significations différentes, on peut distinguer d'un côté, le participé, l'être créé, et de l'autre, Dieu créateur imparticipable. Il ne peut pas être participé par ceux qui ne lui appartiennent pas dans la mesure où ils ne sont pas en lui : c'est ce qu'on peut lire dans le commentaire de la Proposition XIV dont il est question ici, où je veux souligner l'interprétation de la participation par le concept de création qui, dans ce livre, advient par la « Bonté exubérante de son énergie laquelle la manifeste de façon à attirer vers soi toutes les choses qui n'ont pas l'être, en le leur attribuant » [2] par elle-même. Et il s'agit d'une notion téléologique semblable à celle de Nicolas de Cues quand il affirme que ce pouvoir d'une infinie puissance « appelle » à soi les étants par sa Bonté (on le verra par la suite).

### *La participation par le mode de la contraction de l'Un*

Ainsi ce concept de « médiation », à savoir de relation entre des termes opposés, a été constamment réexaminé et réétudié en montrant l'insuffisance cognitive de ces termes tout en restant dans le cadre de la multiplicité du savoir conjectural.

Ainsi, la définition de Dieu est abordée dans le cadre d'une théologie tantôt circulaire, tantôt négative, tantôt positive mathématique, ou bien par des symboles et des énigmes en usant d'une autre acception de la notion

1. *La vision de Dieu*, *op. cit.*, chap. XII, p. 96-97.
2. *Liber*, *op. cit.*, prop. XIV, p. 80.

d'« opposés » par rapport à la « participation » des « entités multiples » (se mouvant entre le plus et le moins). Cues emploie dans cette perspective le concept d'« être contracté », en insistant sur la notion de « contraction », qui est le fondement de sa christologie et qui au cœur même de toutes ses œuvres[1]. Ici, peut-on dire que l'identité des créatures est la Filiation, à savoir, qu'elle dépend de leur participation contractée à l'Exemplaire, par le Christ, qui est comme la graine de millet dont parle l'Évangéliste. Il avait déjà affirmé – dans les *Conjectures* – que toute notre intelligence consiste dans notre participation à l'activité divine (la Toute-puissance) – c'est la filiation en tant que fils de Dieu dans notre limite potentielle ou contractée, c'est-à-dire délimitée. L'unité simple de Dieu, comment peut-elle être participée? On doit considérer cette participation comme une activité présente dans l'unité de la substance de l'âme, où l'unité imparticipable en soi coïncide avec la participabilité et cette participation est la contraction de l'intellect indivisible, « un », en chaque homme, dans le multiple, lequel – élucidera-t-il dans *L'esprit* – est une force (*vis*) intellectuelle de jugement unifiant ce multiple. Aussi, dans le monde créé, ne saisit-on jamais la précision absolue de l'identité de l'un, mais seulement celle qui est contractée. Le Cusain éclaire bien sa pensée en écrivant dans le *Dialogue sur la Genèse*)[2] que

> pour mieux représenter dans le mode plus clair l'inaccessibilité qui coïncide avec l'identique absolu dans l'assimilation du même identique (par les entités dont chacun est identique à lui-même et très opposé à un autre), est convenable (*conveniat ut sic*) – puisque l'infinité, à savoir l'inaccessibilité s'explique dans l'opposition maximale des participants aussi clairement que leur condition le permet – qu'ils participent cette même entité, en tant que forces opposées.

Il apporte, selon nous, encore davantage de précisions dans ce *Dialogue*[3] en développant la deuxième acception des concepts d'« opposé » et d'« opposition » qui valorise les opposés qui se meuvent dans leur multiplicité des divers et qui s'opposent à Lui en tant que non-identique à Lui et entre eux comme tous les êtres finis. « Puisque l'unité qui coïncide avec l'identique absolu n'est pas multipliable, parce que l'identique est aussi unité, alors le non-un, ne pouvant atteindre l'identité absolue

1. *Dialogue sur la Genèse*, *Opuscules* (1440-47 et 1459), éd. bilingue, trad. fr. H. Pasqua, Rennes, Centre de Recherche de l'Institut Catholique de Rennes, 2011, I, p. 180.

2. *Ibid.*, texte latin, p. 178 (notre traduction).

3. *Ibid.*

non multipliable, ne peut se trouver que dans la multiplicité » des identiques contractés dans le plus et le moins[1].

*La médiation christologique*

Le Cusain a largement illustré ce concept de médiation par contraction absolue dans le troisième livre de la *Docte ignorance*[2], dans lequel il a explicité la doctrine de la coïncidence maxima, infinie et finie, divine et humaine du Christ comme étant la coïncidence de l'humanité contractée d'une façon maximale absolue dans la perfection du Maximum absolu Dieu. En d'autres termes il explicite que la contraction des êtres est possible en nous par l'intermédiaire de la contraction maximale du Christ, Homme-Dieu, Maximum infini contracté selon un mode absolu infini et parce que, d'après cet Exemplaire, la présence d'une force contractée apparaît en nous, où Dieu a contracté toutes nos possibilités de se réaliser. Aussi, est-ce par la contraction maximale absolue de l'humanité du Christ dans l'infinité maximale en acte de Dieu que le Cusain présente le modèle de la notion de médiation de Christ en tant que participation contractée; il ne se lasse pas de l'élucider aussi au moyen d'autres termes comme : image, assimilation, coïncidence des opposés, rapport d'égalité, explication, complication.

En résumant cette analyse on peut conclure que de la proposition XIV du *Liber*, le Cusain tire une doctrine théologique de la coïncidence des opposés qui s'articule au moins en trois, sinon quatre significations différentes. Il s'agit, en premier lieu, d'une théologie circulaire « affirmative » mais inadéquate parce qu'elle se sert de noms qui expriment une vérité valable pour le plus et le moins, dans la disproportion de la multiplicité, et ainsi négative. C'est le cas où l'efficacité des mots est inadéquate et nous sommes alors face à une « théologie discursive (*sermocinalis*) » qu'il élabore particulièrement en un sens positif dans le deuxième livre du *De sapientia*, puis dans le *Non aliud* et pourtant déjà présenté dans la *Docte ignorance* où il avait affirmé le même sens : « Si tu dis que Dieu est vérité,

1. Et le Cusain en expliquant la notion d'assimilation poursuit : « Quand donc l'identique absolu, qui est aussi étant (*ens*), un et infini, appelle à soi le non-identique, l'assimilation surgit dans les étant multiples qui participent diversement du même identique » (*ibid.*, p. 177).

2. *La docte ignorance*, *op. cit.*, III, 2, p. 191 (201-202); L. Hedwig, *Sphaera lucis*, *op. cit.*, p. 237-255.

à lui s'oppose la fausseté; si tu dis qu'il est substance, il a contre lui l'accident. »[1].

Le deuxième mode est celui d'une théologie circulaire en tant que coïncidence des noms de Dieu en Soi, à la manière des corrélatifs trinitaires, les *dignitates* lulliennes qui se convertissent dynamiquement en la puissance infinie de Dieu. Mais une troisième notion, qui peut jaillir de cette proposition du *Liber*, est aussi celle de la théologie éminentielle du dépassement par laquelle on passe de la coïncidence des opposés à l'idée de l'opposition à la multiplicité des entités, ces « autres » qui sont le contraire de Dieu, dans la mesure où Lui est le Non-autre, comme l'opposé par rapport aux divers.

Mais la théologie du dépassement ou *tranchement* se développe aussi, quatrièmement, dans la théologie mathématique énigmatique et symbolique élaborée dans *Les compléments théologiques* et dans le *De aequalitatef*[2] par le biais de la notion de précision absolue, comme *proportio aequalitatis* exprimant l'indivisibilité trinitaire, coïncidence de l'égalité. Nous sommes face à l'idée de la coïncidence mathématique de l'égalité comme *proportio aequalitatis*, doctrine difficile à élucider, qui appelle d'autres éclaircissements (voir chap. IV).

C'est ainsi que le théologien Denys a vu, selon le Cusain dans la *Vision de Dieu*, que Dieu est l'opposition des opposés sans opposition. Avant les opposés rien ne s'oppose à l'opposition. Cette idée est aussi très importante pour comprendre la conception cusaine d'une théologie « discursive », voire circulaire symbolique (il l'écrira dans le *Béryl*) du fait même que le cercle est la figure symbolique la plus parfaite. C'est dire que, d'après le Cusain, Dieu est l'Opposition absolue, qui est nulle part la médiation de l'étant, dans la mesure où l'étant est nulle part rapport à Dieu, réalité absolue opposée à ce néant qui est l'étant.

En conséquence, la notion forte d'« étant nécessaire » est toujours refusée par le Cusain, qui lui préfère une notion d'« étant » plus faible. à propos duquel le Cusain va aussi utiliser des images bibliques, par exemple l'idée de la créature comme similitude, ressemblance du modèle ou de l'exemplaire éternel et unique, qu'est Jésus, Dieu et homme dont nous sommes l'image (on le verra au chapitre IV).

1. *La sagesse*, *op. cit.*, p. 78; *La docte ignorance*, *op. cit.*, I, 24, p. 103; I, 18, p. 83-84.
2. Cf. *L'égalité*, *Opuscules*, *op. cit.*, p. 242-289.

## L'INTERPRÉTATION COSMOLOGIQUE

Une autre idée du Cusain peut être rapprochée de trois autres règles du *Livre des vingt-quatre philosophes*, la Ire, la IIe et la XVIIIe. Il s'agit de sa conception cosmologique de la dilatation de l'univers et de l'infinité du cosmos, avec tout ce qui y est encore inconnu, laquelle prépare, au niveau conceptuel, la thèse de Copernic.

Il s'agit de la réflexion qui a été inspirée par la très célèbre première définition de Dieu comme monade « deus est monas, monadem gignens, in se unum reflectens ardorem »[1]. Chez le Cusain cette phrase est mise en relation avec la seconde proposition, la célèbre image de Dieu comme « sphère infinie et cercle, dont le centre est partout et la circonférence nulle part » en ayant des développements cosmologiques originaux. Il a avancé l'idée de la dilatation de l'univers et de l'ouverture illimitée de ses confins, dont le centre unique, non plus la terre, mais Dieu omniprésent, est partout et nulle part. Ces deux propositions sont également mises en relation, à la dix-huitième règle renvoyant ainsi à la deuxième en affirmant elle aussi que « Dieu est une sphère qui a autant de circonférence que de points »[2]. Et, plus tard, dans le *Jeu de la boule* la même sentence est interprétée sous un angle anthropologique :

> En ayant bien considéré la sentence du Sage qui disait que Dieu est le cercle dont le centre est partout, tu peux constater que, à l'instar du point qui se trouve partout dans chaque quantité, Dieu se trouve dans tous les êtres[3].

Et il nomme ici Mercure qui, à son avis, a dit justement que le sommet du monde est l'atome. Et appelle l'homme microcosme ou petit monde[4].

### *L'interprétation anthropologique*

Par ailleurs, les citations d'Hermès interprétées dans une perspective anthropologique ont été reprises et développées par Nicolas de Cues non seulement dans le *Jeu de la boule*, mais dans d'autres ouvrages, en s'inspirant également de l'*Aslepius*. En effet, dans le *Béryl*, il avait déjà défini l'homme en tant que microcosme, mais conçu dans un sens spirituel

1. *Liber*, prop. I, *op. cit.*, p. 54-56.
2. *Ibid.*
3. Cf. *Le jeu de la boule*, éd. cit., I, vol. III, p. 12.
4. *Le jeu de la boule*, éd. cit., I, p. 12 : « Summum autem atomus est, qui non est visibilis. Patet igitur Mercurius recte dixisse mundum ex se non esse visibilem quia rotundus est » ; I, p. 42.

et non naturel, contrairement à la façon dont l'avaient défini les philosophes des XIII^e et XIV^e siècles, qui usaient de ce concept dans un sens physique et médical[1]. Pour le Cusain, ce n'est pas tant l'univers qui a une structure correspondante à la complexion humaine, mais c'est l'homme qui, en étant à l'image de Dieu, est un microcosme spirituel parce qu'il est comme un dieu « second » ou un dieu « occasionnel » à l'intention de Dieu.

En effet, l'esprit de l'homme construit et reconstruit le cosmos, lorsqu'il le connaît tel que Dieu a fait qu'il soit. Il est bien vrai que cette notion de l'homme comme un dieu second, ou occasionné, est une idée hermétique, mais le Cusain l'a interprétée dans un sens tout à fait personnel, religieux, chrétien, parce que ce n'est qu'en vertu du Christ que l'homme peut se faire Dieu, en s'élevant à la maximité absolue par l'intermédiaire du Médiateur, à savoir par celui qui a uni le fini à l'infini : Jésus-Christ. Nicolas de Cues a écrit dans le *Béryl* en 1458 :

> Hermès a dit que l'homme est un dieu second. De même que Dieu est le créateur des étants réels et des formes naturelles, l'homme est le créateur des étants rationnels et des formes artificielles, qui ne sont rien d'autre que les similitudes de son intellect, comme les créatures de Dieu sont les similitudes de l'intellect divin[2].

Il est évident que le Cusain modifie dans un sens « conceptualiste » et gnoséologique la célèbre définition de l'*Asclepius* (I, 6 et I, 8). Dans *Les conjectures*, II, 14, il avait affirmé :

> En effet, l'homme est dieu, même s'il ne l'est pas absolument, parce qu'il est homme. Il est un dieu humain [...]. L'homme est aussi un monde, mais il n'est pas le tout [*omnia*] parce qu'il est homme dans le mode contracté. L'homme est un microcosme, ou un monde humain [...]. L'homme peut être dieu humain, ou dieu dans le mode humain[3].

1. Pierre d'Abano, *Lucidator dubitabilium astronomiae*, *Differentia* VI, dans G. Federici Vescovini (éd.), *Trattati di astronomia*, Padova, Esedra, 1992, 2^e éd, p. 322 et *Conciliator differentiarum medicorum et philosophorum*, Venise, 1565 (réimpr. : Padoue, Antenore, 1985), diff. 10, ff. 16rv-17rv : il développe la doctrine que l'homme est un microcosme en tant que son organisme est en correspondance naturelle avec les cieux ; il reproduit par correspondance, les formes de la voute céleste desquelles dépend sa vie en santé ou en maladie.

2. *Le traité du béryl*, éd. bilingue M. Corrieras, Paris, Éditions Ipagine, 2010, p. 18-19 (7). A. D. Nock, A.-J. Festugieres, *Corpus hermeticum*, *op. cit.*, vol. II, p. 322. *Cf.* K. Bormann, « Zur Lehre des Nikolaus von Kues von der "Andersheit und deren Quellen' Asclepius" », I, 6 et I, 8-10, dans MFCG, 10, 1973, p. 130-137.

3. *Les conj.*, éd. lat. cit., vol. II, p. 170.

C'est sans aucun doute de sa propre méditation, et surtout sur les propositions que nous avons rappelées plus haut, qu'ont jailli certaines des intuitions les plus géniales du Cusain sur le plan tant théologique que cosmologique et anthropologique et en particulier celle de la dilatation de l'univers, de l'ouverture de ses frontières. C'est justement grâce à cette antique doctrine d'inspiration hermétique que le Cusain a été célébré comme étant le représentant d'une vision moderne du monde, ouverte, excluant toute limite : Alexandre Koyré [1] dans ses études sur la révolution scientifique des XVIe et XVIIe siècles voit en lui celui qui a effectué la transition entre le cosmos fermé des aristotéliciens et l'univers infini de l'ère moderne par l'idée de la possibilité de l'existence d'autres mondes.

1. A. Koyré, *Du monde clos à l'univers infini*, Paris, NRF-Gallimard, 1966.

CHAPITRE III

# LA THÉOLOGIE

À la fin du XIV^e et dans la première moitié du XV^e siècle, tout en conservant son origine dans l'expérience de la foi commune, la réflexion théologique utilise et transforme les concepts philosophiques hérités du passé. Elle en vient ainsi à élaborer des doctrines spéculatives différentes entre elles eu égard aux différentes options philosophiques qui en conditionnent à leur tour les structures et les résultats. La théologie de Nicolas de Cues est un exemple de la singulière richesse et de la fécondité de la spéculation théologique qui suit la prolifération des différentes écoles théologiques de la fin du Moyen Âge, le thomisme, le scotisme, l'ockhamisme, le courant grégorien, le courant du nominalisme allemand et celui tout à fait particulier de l'albertisme des dominicains allemands avec ses ramifications représentées par Berthold de Mosbourg, Thierry de Fribourg Maître Eckhart, Marsile d'Inghen et Emeric de Campo, dont la pensée fut peut-être l'une des nombreuses sources d'inspiration de la philosophie du Cusain. Conscient de la diversité des autres maîtres de cette école de théologie, il ne manquera pas d'écrire dans *La filiation de Dieu*[1] : « Celui qui fréquente une école de théologie ne trouvera rien qui soit capable de le troubler dans toute la variété des conjectures ».

Sa riche production littéraire – à laquelle le Cusain se consacre seulement lors des pauses que lui octroie son intense activité vouée à la réforme morale, politique et religieuse en un temps historiquement difficile pour l'Église, l'époque des conciles de Ferrare, de Bâle et de Florence – révèle une tension perpétuelle entre la parole de Dieu et les

1. *La filiation de Dieu*, VI, éd. H. Pasqua, dans *Opuscules*, *op. cit.*, p. 116-117.

instruments conceptuels offerts par les diverses traditions doctrinales et philosophiques. Cette tension caractérisait déjà la spéculation théologique médiévale à la recherche des voies philosophiques nécessaires à l'intelligibilité de l'expérience de la foi. Pour le Cusain, ces voies empruntent des directions nouvelles et tout à fait originales.

## UNE CRITIQUE RADICALE DES FORMES SCOLASTIQUES DE LA THÉOLOGIE. LES OPUSCULES DE THÉOLOGIE

La spéculation théologique du Cusain s'exprime dans une critique radicale des formes de la théologie de l'Ecole et de la logique développée dans les Universités médiévales. La polémique de Nicolas de Cues contre le théologien Jean Wenck montre clairement sa manière différente de concevoir la théologie et son approche philosophique et logique des problèmes divins. Comme on l'a dit, il rejette l'idée de la connaissance de Dieu comme être nécessaire et comme cause substantielle. Il refuse de bâtir le concept de vérité sur le principe de non-contradiction et du tiers-exclu et n'admet pas que la connaissance soit obtenue par une abstraction de la forme et représentée comme adéquation de la chose et de l'intellect. Il nie l'importance des fantasmes sensibles pour la connaissance, valable seulement dans la sphère de la raison, qui est inférieure par rapport à la sphère de l'intellect, et il rejette le principe aristotélicien selon lequel il faut, dans la régression à l'infini, parvenir à un point d'arrêt, valorisant ainsi le concept d'infini. La pensée n'est pas encouragée à apprendre par le discours rationnel, en partant de données reçues par les sens, mais elle a en *elle-même* une vertu intellectuellement exubérante qui fait qu'elle s'élève en rentrant en elle-même et en se développant par similitude et approximation conjecturale. Ainsi, peut-on situer le Cusain dans la tradition de la pensée chrétienne (s'inspirant de la tradition qu'Étienne Gilson avait nommée « augustinisme avicennisant ») à partir de laquelle il développe le thème de l'intériorité de la connaissance : *ab intra* et non plus *ab extra* en tant qu'elle est une considération de notre intellect.

Nicolas de Cues abandonne ainsi, dans ses écrits, les procédés scolastiques de l'enseignement théologique médiéval, la *quaestio* et la *disputatio* avec leur *determinatio magistralis*. Il préfère le dialogue, la lettre de réponse, le traité, dans la rédaction de ses écrits théologiques consacrés en particulier aux thèmes de la recherche de Dieu, dès 1440/1445 (*La recherche de Dieu*) jusqu'en 1449, avant les *Dialogues de l'Idiot* de 1450 où se manifeste son tournant spéculatif. Durant cette période, il élucide la question, sur laquelle il reviendra souvent, de la filiation des fils de Dieu (1445) et de leur rapport avec Lui dans *Le don du Père des lumières* (1445/1446) où il traite de la question du libre arbitre. Il écrit aussi le *Dialogue sur la genèse; Le principe*, *L'égalité* (sur Dieu en tant qu'Un et au-delà de l'Un, en tant que Principe). En 1449, prenant la défense de sa *Docte ignorance* il écrit l'*Apologie de la docte ignorance*.

## CONTRE L'« HORREUR » DE LA CONTRADICTION

D'un certain point de vue, le Cusain apparaît comme étant déjà, sous certains aspects, un théologien proche du monde moderne, mettant en scène ses propres contradictions, alors que le Moyen Âge avait toujours tendance à les occulter. Globalement, la théologie scolastique veut exprimer une situation optimale et prétend voir le monde à travers les yeux de Dieu. Le Cusain voudrait lui aussi voir le monde conformément à la vision de Dieu (*De visione Dei*), mais il sait que c'est impossible, parce que Dieu est au-delà de notre vue et que nous ne pourrons jamais Le voir par nos propres yeux dont la vue est limitée, même si grâce aux *oculi mentis* de l'homme, qui est la mesure du monde (*mensura*) et le trait d'union entre le monde et Dieu, nos yeux sont privilégiés par rapport à ceux des autres créatures.

La culture médiévale n'a pas su justifier cette contradiction qui peut être tolérée empiriquement, mais que la théorie doit résoudre. Selon Thomas (*Quaestio quodlibetalis*, V, 2, 3) Dieu ne peut pas enfreindre le principe logique qui rend impossible « qu'une chose soit et ne soit pas, que les deux affirmations soient valables au même moment ». Même pendant les discussions du *De potentia Dei absoluta*, la réponse s'arrête, au plus tard avec Ockham, au seuil infranchissable du principe de non-contradiction. Dans les textes écrits entre 1445 et 1449, le Cusain dépasse cette vision logico-métaphysique aristotélicienne du réel. Il a le sens du caractère multidimensionnel du réel, de sa perspective infinie d'après laquelle tout peut être focalisé sous plusieurs points de vue (la connaissance par la conjecture), en en décelant inépuisablement des physionomies complémentaires Il modifie aussi les principes-clefs des philosophies néoplatoniciennes, tels que le concept de génération par émanation de l'Un, ou l'idée de l'essence de la forme. Pour cette élaboration, l'influence des concepts pseudo-hermétiques des vingt-quatre règles de Dieu est aussi importante que celle de la doctrine de la participation imparticipable de Dieu d'Albert le Grand : les créatures participent de Dieu selon leur disposition à «recevoir» sa lumière, à savoir, selon leurs contractions particulières. Ainsi, Nicolas de Cues insère-t-il aussi le mal, les monstres, les serpents venimeux, dans le schéma de la création, dans la symphonie harmonieuse appelée « monde », parce que les monstres n'ont pas été créés par Dieu, mais par notre esprit qui ne dépasse pas le niveau rationnel des distinctions et ne sait pas repérer les modes spéciaux des proportions, de l'harmonie, au niveau supérieur à celui de la raison, à savoir sur le plan de l'intellect, par la contraction mathématique de notre force intellective.

Aussi, dans la pensée théologique du Cusain, à travers certains courants doctrinaux complexes et peu étudiés, aux XIIe et XIIIe siècles, comme la logique des grammaires spéculatives et la tradition hermétique, peut-on relever la grande richesse de ses notions : l'idée de la métamorphose ininterrompue des formes symbolisées par Hermès, l'idée de la connaissance par des signes, des symboles, des ressemblances approximatives. Il faut ajouter aussi les figures emblématiques, énigmatiques, des chiffres de la transcendance qui sont des conjectures de notre esprit par rapport à l'Absolu, ainsi que la logique des modes de connaître et de signifier les êtres, et les théories de la modalité linguistique de la grammaire.

En effet, au-dessus de l'univers des contradictions – à savoir, au-dessus du monde – il y a l'Un Absolu, ou unité précise de la Vérité (le Père), proportion d'égalités (le Fils et l'Esprit) et donc «Trinité», dans une connexion d'identité indivisible, Dieu comme Uni-trine. Voilà l'objet de la théologie Trinitaire parfaite, qui – selon le Cusain – est la véritable théologie, celle de Jean : « Au commencement était le Verbe». C'est une théologie de l'écriture méta-historique, fondée sur la promesse du salut. L'Un est donc le lieu où coïncident absolument toutes les déterminations ou tous les attributs possibles et, en tant que tel, il n'est rien en soi : il n'est que pour nous, en étant l'opposé de tout. Si on lit attentivement les écrits du Cusain, on ne peut pas ne pas remarquer à quel point sa doctrine théologique de l'Un-multiplicité (*omnia*) est traversée d'un bout à l'autre par l'exigence d'un approfondissement constamment renouvelé mais qui ne saurait réussir complètement. Ainsi en va-t-il lorsqu'il affirme que Dieu, en tant qu'Un et Infini, est la coïncidence absolue des opposés, l'opposé des opposés, non pas parce qu'Il en serait la racine, mais tout au contraire parce que, en Lui, les opposés (ou les divers) ne sont rien du fait que Lui, en tant qu'infini, il est pure identité, égalité et proportion d'égalité, c'est-à-dire Unité identique, infinie, insaisissable.

## LA QUESTION DE DIEU COMME VÉRITABLE OBJET DE CONNAISSANCE

Dans ses écrits théologiques de ces mêmes années, le Cusain revient sur le concept de vérité déjà énoncé dans la *Docte ignorance* en l'illustrant par des arguments intéressants. Soit dans le dialogue *Le Dieu caché* où il est question du problème de la Vérité qui doit être connue en soi, soit dans *La Genèse* et *La filiation de Dieu*, il revient sur sa définition de la vérité : il explicite que la précision qui doit être absolue n'est pas celle qui est redevable aux mathématiques de notre raison, qui saisit seulement les distinctions des nombres, parce que la Vérité est une et coïncide avec l'Unité absolue. Nicolas de Cues refuse la doctrine métaphysique aristotélicienne de la vérité en tant que prédication substantielle de l'être par l'idée tout à fait originale de l'Un comme *Non autre*, qui nous semble une transformation de l'Un des *Eléments de théologie* de Proclus. Si dans la *Recherche de Dieu* il affirme qu'elle consiste dans l'effort de nous dégager de nos contractions limitées pour nous élever aux sphères supérieures, dans *La filiation de Dieu*, III, il souligne que « la Vérité n'est pas Dieu en tant qu'il triomphe en Lui-même, mais le "mode" de Dieu, lequel est communicable à l'intellect dans la vie éternelle ». Par cette conception, il introduit la doctrine de la vérité modalisée : « Dieu triomphant en soi, n'est ni intelligible, ni connaissable, il n'est ni la vérité, ni la vie, ni l'être, mais précède tout intelligible en tant que principe absolument un » [1]. Et le Cusain poursuit :

> je veux te faire observer que tout mouvement intellectuel trouve son repos dans la vérité objectable (*obiectabilis*) ; en dehors de cette région de la vérité ne se trouve aucune trace intellectuelle et, au jugement de la région de l'intellect, il ne peut non plus y avoir aucune autre région en dehors du ciel de la vérité qui est le mode absolu de la vérité [2].

Dès lors, nous devons bien observer que Dieu, qui est absolu et au-delà de tout existant contracté, n'est atteint par aucun procédé d'abstraction, mais selon le mode absolu. Selon ce mode absolu, les natures intellectuelles participent intellectuellement de l'imparticipable, car ce sont des forces élevées au-delà de toute contraction de la force dans la mesure où celle-ci est obscurcie dans le monde sensible. Le caractère absolu de la

1. *La filiation*, *op. cit.*, III, p. 98-99.
2. *Ibid.*

force (*vis*)[1] a ses propres modes. Sans mode, en effet, ce qui est absolu ne peut être participable. Ainsi, le caractère absolu de la force, dans la variété de ses modes, manifeste les différentes forces qui y participent. Il y a donc différents modes de l'absolu (*modi theophanici*), de manière telle que tous les esprits déliés, qui participent diversement de l'unique force, ne sont autres que la force absolue participée selon différents modes.

Nicolas de Cues transforme ainsi la vérité substantielle objective en possibilité en tant qu'« objectable ». Il en vient ainsi à élaborer deux concepts très importants : l'un est le concept relatif à Dieu, comme « objet » de vérité en tant que mode notionnel de notre esprit (*notionaliter*), ce qui bouleverse toute la doctrine de la science théologique scolastique fondée sur le concept de Dieu comme vérité substantielle, objectivement réelle. L'autre est le concept relatif à l'intellect humain conçu comme possibilité de connaissance, sans analogie avec l'intellect divin en soi, qui s'écarte de la tradition scolastique aristotélicienne : la vérité est un point d'énergie dans notre esprit qui la complique (co*mplicat*), la contient en tant que puissance, ainsi que le Cusain va l'expliciter maintes fois dans ses écrits.

Dans la *Docte ignorance* il avait commencé par énoncer une définition de la vérité comme précision de la proportion mathématique, dont le point de départ est la raison humaine. La connaissance devait pouvoir atteindre la vérité absolue, à savoir la précision indivisible que l'on peut retrouver dans la proportion d'égalité, mais qui est interdite à la raison, car celle-ci ne mesure que ce qui est distinct, divisible, ce qui est susceptible de plus et de moins, grâce à son principe de non-contradiction. (Il n'avait pas encore développé le thème du mode de l'un de l'intellect du dialogue de *L'esprit*).

Le critère de vérité de notre pensée, qui est la précision mathématique *praecissima* qu'elle n'atteint jamais dans le monde fini, marque ainsi la différence entre la vérité de notre connaissance finie et la connaissance de l'infini absolu, pour laquelle un autre principe devrait valoir : celui de la coïncidence des opposés. Ces principes énoncés dès 1440, le Cusain va les développer jusqu'à la fin de sa vie en recourant aussi à des élaborations linguistiques différentes telles que « Non-autre », « identité », « proportion d'égalité », « pouvoir », qui ne sont rien d'autre que d'ultérieurs savoirs approximatifs ou conjectures.

Mais, comme le critère de vérité consiste dans la précision absolue de la proportion, l'attribution (*additio*)[2] à nos discours du terme « infini » en tant

1. *La filiation*, *op. cit.*, p. 112-113.

2. Le Cusain emploie souvent les termes des opérations contraires de l'addition (*additio*) ou de la « soustration » (*ablatio*) arithmétique. Cette dernière est la suppression de toute

qu'absolu et indéterminé (donc inconnu) les rend nuls. Cela signifie que l'attribution aux termes de nos raisonnements du terme « infini » est une « considération » de l'infinité par négation[1]. Par conséquent, cette adjonction ne peut être saisie par notre raison qui comprend seulement la limitation de ses termes. Aussi la notion de vérité sera-t-elle élaborée selon l'idée des différentes possibilités de notre connaissance par la doctrine de la contraction du mode du sens, de la raison et de l'intellect et également au-delà, dans leurs dégagements. Il s'ensuit que, si Dieu n'est pas atteignable en Lui-même selon le mode de l'intellect qui est celui de l'Un (comme on pourra le voir dans *La filiation de Dieu* et dans le *Non-autre*), néanmoins, nous avons cette possibilité qui est la seule et la plus élevée qui nous soit donnée : notre possibilité « d'assimilation » par la contraction, ainsi qu'il l'explicite dans le chapitre III de *La filiation de Dieu*.

La vérité philosophique, qui est le propre de l'homme, n'est rien d'autre que notre « mode » cognitif selon lequel Dieu se communique. Ainsi, les modes ne sont-ils que les « considérations » de notre esprit subjectif où Dieu se révèle. À ce propos, il faut souligner que le terme « considération » de notre intellect, souvent employé par Nicolas de Cues pour désigner notre connaissance, renvoie à une terminologie qui remonte à la traduction latine du *De anima* d'Avicenne, où il a été introduit[2] pour expliciter les « considérations » de la connaissance des sciences physiques, naturelles, mathématiques. Celles-ci se distinguent de la métaphysique (ou philosophie divine) seulement sur la base d'une « considération » cognitive et non pas d'une subalternation ontologique, parce que l'être est commun à toutes les sciences et qu'il ne les distingue pas. Pour Avicenne, toutes les sciences n'ont qu'un seul *subiectum* (à savoir l'être, l'*esse*). Le changement apporté par la philosophie du Cusain sera que ce fondement commun sera le résultat de notre synthèse mentale qui est l'un ou l'unité.

Aussi, la distinction des sciences particulières, telles que la physique et les mathématiques, n'est pas possible à cause de l'univocité de l'être, mais elle est possible par les considérations diverses de diverses dispositions (*dispositio*) du même substrat (*subiectum*) qui est toujours un.

altérité et de toute diversité mathématiquement réduite à l'un, par l'activité mathématique intellectuelle (*vis*) dans laquelle sont toutes les choses de manière une (voir *La filiation de Dieu*, *op. cit.*, III, p. 102-105).

1. *Apologie*, *op. cit.*, p. 118 (47-49)

2. Avicenne, *Liber sextus naturalium*, *Lexique*, éd. S. van Riet, Louvain-la-Neuve/Leiden, Peeters/Brill, vol. X, 1983, p. 187.

Cette doctrine de la connaissance comme considération de notre intellect avait été largement développée dans l'enseignement du nominaliste Marsile d'Inghen, dans son commentaire parisien au *De anima* d'Aristote ainsi que dans ses *Lectures* sur les *Sentences* à Heidelberg qu'il acheva en 1394, en sagace interprète des doctrines de Jean Buridan selon lequel, par la logique de la supposition naturelle (*suppositio naturalis*) des termes dans la proposition, on connaît la chose singulière existant dans la perception sensible grâce à la cognition intuitive (*intuitio*). Aucune « abstraction » d'une forme essentielle non existente empiriquement (la *natura communis*) n'est possible, contrairement à ce qu'avait pensé Duns Scot; Marsile d'Inghen, lui, avait établi la séparation de la sphère de l'être de celle du connaître. Les universaux, les concepts ne sont que des noms, des images en tant que signes de notre esprit. Aucun discours sur Dieu n'a une validité cognitive : il nous semble que le Cusain partage lui aussi cette doctrine antiréaliste.

Mais la théologie ne peut pas être seulement une question de noms sans aucun autre contenu de vérité, en dehors de tout contenu moral. Elle est aussi intellective, parce que l'authentique vérité objective est l'apaisement de tout mouvement intellectuel visant à atteindre la quiétude éternelle de la lumière de Dieu. Ainsi, les termes absolus de Dieu, tels que « entité », « déité », « bonté », « vérité » ou même « vertu » et d'autres encore, ne sont-ils pas des noms de Dieu, mais expriment les divers modes intellectuels de Dieu qui, Lui, n'est pas nommable[1]. C'est la voie empruntée par le Cusain pour modifier et adapter à la transcendance chrétienne les doctrines hiérarchiques des philosophies émanationnistes néoplatoniciennes. Dieu n'est pas l'Un, « mais il est le principe au-delà de l'Un et du mode qui, dans l'Un et selon le mode de l'Un, se révèle participable »[2]. On comprend ainsi pourquoi Dieu en soi ne peut être saisi par aucun procédé d'abstraction, mais seulement par les efforts de dégagement ascensionnel des contractions. C'est dire qu'il peut être atteint selon les participations limitées et circonscrites des créatures diversement contractées. On ne peut saisir ceci qu'en allant de l'avant, grâce au dégagement des contractions exprimant les délimitations individuelles.

1. *La filiation de Dieu*, *op. cit.*, IV, p. 110 (78)-111.
2. *Ibid.*

## LA THÉOLOGIE ANTHROPOCENTRIQUE. LE VERBE

Par conséquent, les rapports Dieu-homme-monde change radicalement dans la théologie du Cusain, parce que Dieu, imparticipable, vérité absolument précise en soi, se manifeste spontanément comme lumière dans son Verbe : un Verbe qui « réverbère » la divinité. Et par la similitude qui nous rapproche, nous aussi nous pouvons « réverbérer » cette lumière dans la mesure où nous sommes ses contractions finies et limitées. Aussi la théologie du Cusain n'est-elle plus théocentrique, mais anthropocentrique, non pas parce qu'il aurait substitué l'homme à Dieu mais parce que, grâce à la similitude avec le Verbe-Christ, l'homme est conçu comme étant le centre actif, le protagoniste du drame religieux et de l'effort humain pour atteindre le divin, qui s'élance vers les mystères suprêmes et inaccessibles – la mort et la résurrection du Christ – et qui essaie de mettre de l'ordre et de l'harmonie dans le monde. Grâce à la spéculation du Cusain, on assiste au passage du concept d'une science objective de Dieu à celui d'une connaissance « subjective », selon une conception christocentrique assez particulière de l'esprit humain. La méthode de la théologie cusaine n'est pas la méthode syllogistique démonstrative ou rationnelle fondée sur la réfutation, elle procède par symboles et figures mathématiques en empruntant la voie méthodique de la *Docte ignorance*. Celle-ci est la synthèse des opposés, des contraires ou des contradictoires, par la jonction de la théologie négative et de théologie positive aboutissant à une théologie éminentielle de la coïncidence absolue des opposés en Dieu, par-delà les oppositions, selon une interprétation tout à fait originale et personnelle du Cusain de la théologie mystique de Denys, qui selon lui était le plus grand des théologiens.

C'est justement par le changement de la théorie de la connaissance de l'homme et par la valorisation de son importance dans l'économie de l'univers que l'approche des problèmes de la théologie change radicalement. Si l'homme est un microcosme, la *copula mundi*, c'est parce qu'il est l'image de Dieu, la *similitudo Dei*, par l'intermédiaire du Christ.

Grâce à la doctrine du Cusain, on parvient à un humanisme christologique, où le Christ signifie une médiation privilégiée qui rend compréhensible pour nous la transcendance de Dieu dans un univers où tout est système de signes, de symboles, de figures énigmatiques. De même qu'aux siècles précédents, avant Duns Scot, la connaissance dépendait de la réalité et de la dignité de l'objet ontologique (Dieu), à l'âge moderne la vérité de la connaissance dépend du procédé ou de la manière dont elle est obtenue et du niveau de certitude qu'on a atteint. Le Cusain, qui est le premier à effectuer ce tournant, envisage aussi d'une façon radicalement nouvelle les rapports entre philosophie et foi, argumentations théoriques et textes scripturaux, parce que, en partant de la force mathématique de notre esprit, du fait que nous sommes une similitude de l'esprit divin du Christ, notre Exemplaire, l'homme-Dieu, nous pouvons nous efforcer d'atteindre de plusieurs façons le Principe infini, maximal et minimal, imparticipable en soi mais participé par les créatures selon les modes de leur liberté expliqués par leurs contractions.

Nous avons déjà souligné que le concept de contraction est central dans la spéculation théologique du Cusain en usant de cette notion dans une vision générale du réel, de type néoplatonicien, divisé en quatre degrés différents et la conçoit comme étant une détermination, une limitation, une individuation de l'ordre supérieur dans l'ordre inférieur. Alors qu'il l'avait déjà développé amplement dans *Les conjectures* (1441-1444) selon une théorie nécessairement hiérarchique des contractions des trois univers du supérieur dans l'inférieur (et *vice-versa*), Nicolas de Cues va revenir, dans ses traités théologiques (1440-1449), sur ce thème de la diversité des contractions pour l'expliciter dans les êtres individuels en le rapportant aux textes bibliques de la création où il introduit la notion de libre arbitre ou de possibilité de la possibilité (*fieri*) dans les individus créés. Il reviendra encore sur le thème de la contraction dans ses Dialogues de l'*Idiot*, en 1450, en élucidant clairement une doctrine de l'homme centrée sur ses possibilités de connaissance. Cette doctrine conçoit l'homme comme étant un point d'énergie de possibilités cognitives compliquant en lui-même, selon ses quatre contractions, le pouvoir compliquant de Dieu, point de lumière, dans la mesure où son image est compliquant (*complicans*) ou contenant dynamiquement toutes ses possibilités. Mais le Cusain revient sur ce « point de force » cognitive dans le *Complément théologique* en soulignant à nouveau l'idée centrale de son anthropologie, à savoir l'idée d'une insuffisance de l'être de la créature dont il avait déjà affirmé qu'elle était « privée de l'être » [1], « presque un néant »). Dans le *Complément théologique*, il affirme : « Le créateur a fait deux choses (*duo*), à savoir le point (l'*esprit*) et la proximité du néant » (« Creator duo fecit, scilicet prope nihil, punctum ») [2]. Ainsi, chez les créatures, l'entendre précède l'être et chaque

1. *La docte ignorance*, *op. cit.*, II, 3 : « Esse rei non est aliud ut est diversa res, sed eius esse est abesse », éd. lat. cit., vol. I, p. 28.

2. *Le complément théologique*, dans A. Bormann, D. Riemann (éd.), *Opera omnia*, vol. X/2a, *Opuscula*, II, Fasc. 2b, chap. IX, Hamburg, Meiner, 1994.

créature entend Dieu selon sa libre participation, issue de la disposition ou aptitude de celui qui reçoit le don du Père de la lumière. Par conséquent, les créatures sont des libres arbitres cognitifs, des possibilités, dont la diversité concernant leur connaissance dépend des conditions de leurs natures contractées ou de leurs individuations.

Grâce à cette contraction, chaque créature est une sorte de perspective sur le tout dont elle a, dans une mesure non éminente, l'infinité des aspects, lorsqu'elle s'élève jusqu'à la contraction de la vision intellectuelle. Cette ouverture, cette dilatation, fait que chaque partie du cosmos se rapporte au tout conformément au mode de la proportion qui, tout en étant relative (selon le plus et le moins), est toutefois proportion ou correspondance et, par conséquent, harmonie. Ainsi, le monde se manifeste-t-il dans toute la splendeur de son harmonieuse beauté dans les perspectives idéales de notre esprit.

Mais, comment l'homme se situe-t-il lorsqu'il veut parvenir à la connaissance de Dieu ? Quelle est la forme de théologie la plus proche de la conception du Cusain, pour qui Dieu est caché (*Deus absconditus*) et se révèle d'autant plus qu'il se cache et se cache d'autant plus qu'il se révèle ?

## LA THÉOLOGIE MYSTIQUE OU DE LA COÏNCIDENCE DES OPPOSÉS

D'un bout à l'autre de l'œuvre du Cusain, depuis la *Docte ignorance* jusqu'à *La cime de la contemplation* écrit peu de temps avant sa mort, les formulations de la théologie changent continuellement, mais leurs significations sont fondées largement (comme on l'a dit et comme on le verra plus loin) sur une interprétation positive, spéculative et intellectuelle de la théologie mystique de Denys.

L'œuvre de ce dernier, citée à maintes reprises dans presque tous les écrits du Cusain, est exposée tout particulièrement dans le chapitre XIV du *Non-autre* (*De non aliud*), où il est question aussi de la nouvelle traduction latine de l'œuvre du Pseudo-Denys par Ambroise Traversari. Nicolas de Cues ne l'interprète pas dans le sens d'une théologie « affective », ou de la simple volonté, qui s'abîmerait dans la lumière comme dans *Le miroir des âmes simples* de Marguerite Porete[1]. Les concepts de la théologie de

1. Marguerite Porete, *Le miroir des ames simples*, éd. R. Guarnieri, *Il movimento del libero spirito*. Roma, Edizioni di storia e letteratura, 1965, p. 521-563. *Cf.* S. Piron, « Marguerite entre les béguines et les maîtres », dans F. Field, E. Lerner, S. Piron (éd.),

Denys, tels que le Cusain les a réélaborés, reflètent une méditation philosophique rationnelle, même logique, assez articulée et complexe. On peut donc dire que le Cusain bascule d'une conception de la théologie de la transcendance, ou du dépassement, éminentielle, centrée sur le concept de la docte ignorance, à une théologie discursive (*sermocinalis*), élaborée dans son âge avancé, de la coïncidence absolue des opposés, des contradictoires en Dieu infini, en même temps qu'il élabore le concept d'une théologie symbolique ou un concept de mathématiques "spéculatives" qui continue à l'inspirer durant toutes les phases de son activité. Cette dernière doctrine est fondée sur l'idée d'un certain type de mathématiques non rationnelles, mais spéculatives ou symbolico-théologiques, interprétable « dans le miroir et dans l'énigme ». Cette conception est le fondement de la théologie figurée ou énigmatique du Cusain qui interprète ainsi la théologie mystique de Denys. (On le verra par la suite dans le chapitre IV sur l'esprit mathématique).

Il la considère comme étant une théologie éminentielle par sa logique du dépassement de la raison, en partant du concept fondamental de la coïncidence absolue des contradictoires lorsqu'on aboutit à la fin des raisonnements, qui est la négation du principe logique de la raison. Cependant, il ne s'agit pas d'un anéantissement mystique de la raison, même si Nicolas de Cues ne fait pas appel à la sphère rationnelle, mais à la sphère intellectuelle. Il s'agit d'une opération de l'intellect qui résout les distinctions des attributs posés par la raison dans la synthèse intellectuelle finale du raisonnement mathématique (la *ratio aequalitatis*). Autrement dit, il veut sauver la transcendance absolue de Dieu, du Créateur par rapport à la créature en tant que négation du monde et de ses contradictions, grâce à un discours rationnel. Mais, dans le même temps, il attribue à la créature toute sa validité dans la diversité du monde terrestre, qu'il ne renie pas : « Si tu te demandes pourquoi dans le monde sensible il y a tellement de contrariété, réponds-toi que c'est afin que les opposés unis ensemble resplendissent davantage, et que la science dont ils sont l'objet, soit unique »[1]. Cependant, le Cusain oppose la théologie à la science qui appartient au monde. L'homme entre dans le monde seulement pour chercher Dieu, que pourtant il ne peut pas trouver à partir d'une précision imparfaite, parce que celle-ci lui fait connaître seulement les choses dans leurs distinctions individuelles, à savoir les créatures. Toutefois, la

*Marguerite Porète et le* Miroir des âmes simples, Paris, Vrin, 2013, p. 69-101 (en particulier p. 88-99).

1. *Dialogue sur la Genèse*, dans *Opuscules*, *op. cit.*, I, p. 178-179.

théologie est la science *maxima et minima*, car elle est au-dessus de toute affirmation ou de tout nom, qu'il soit concret ou abstrait, tel que déité, entité, divinité. Ainsi les négations sont-elles vraies et les affirmations inadéquates : la négation est le principe de l'affirmation[1].

Dans l'*Apologie de la docte ignorance* le Cusain écrit, en se référant à la théologie négative de Denys, que les véritables théologiens tels que Denys, mais aussi Avicenne et Al-Gazali, ont élaboré une théologie négative en délivrant et libérant Dieu de tout nom singulier et universel, dans le sillage de saint Paul qui a dit : « on ne sait pas qui on prie »[2]. Par contre, la science se sert de la logique et du principe de non-contradiction : l'homme s'en sert parce que la logique nous est donnée par nature comme notre raison. Ainsi, le discours rationnel se meut-il nécessairement entre les termes à *quo* et *ad quem*, en appelant « termes contradictoires » ceux qui sont opposés entre eux :

> Aussi sont-ils des termes opposés et disjoints de la raison discursive, car dans la sphère de la raison les extrêmes sont séparés [...]; par contre, dans la sphère de l'intellect [...], on comprend par la vue mentale, sans aucun raisonnement, la coïncidence de l'unité et de la pluralité, du point et de la ligne, du centre et de la circonférence[3]

par un mouvement de *transcensus* du principe de non-contradiction. Le Cusain va donc insister, dans *La vision de Dieu* (1453) sur l'idée que Dieu est au-dessus de la coïncidence des contradictoires car il est l'opposition, à savoir la négation, des opposés en tant que *Non-autre*, conformément à son interprétation de la théologie négative de Denys. Selon sa pensée, c'est ce qu'Aristote n'a pas compris[4], parce que la raison ne parvient pas jusqu'à ce qui précède la raison et que, par conséquent, ne peuvent pas y parvenir les techniques, les arts et les sciences qui dans leur ensemble, sont un produit de la raison. Le nom négatif du "non-autre", dont il se sert ici, paraît une interprétation de la théologie négative ou mystique de Denys, qui se révèle dans cette œuvre comme étant une anticipation des thèmes du traité cusain, le *Non Autre*, qui lui est postérieur.

Ainsi dans *La vision de Dieu*, Nicolas de Cues revient encore une fois au sujet cher à la théologie mystique : la tension entre Dieu, lumière infinie, silence et obscurité, et le vacarme des êtres finis, est exprimée en des

1. *Le principe*, dans *Opuscules*, *op. cit.*, Prop. 34, p. 318-319.
2. *Apologie*, éd. lat. cit., vol. I, p. 108-109.
3. *Ibid.*
4. *Ibid.*, p. 109.

termes qui indiquent aussi bien l'opposition que la relation d'amour entre le visage de Dieu et la créature, d'après celle que M.-D. Chenu a appelée « *theologia orientalis* ».

En effet en traitant du thème du visage de Dieu le Cusain reprend un sujet interdit par la théologie officielle des siècles précédents : celui de la *visio facialis*, de la vision frontale, la contemplation immédiate de Dieu en laquelle consiste la vision béatifique, le bonheur de l'homme. Il s'agissait d'un sujet controversé et débattu pendant plus d'un siècle, avec des pics particulièrement acérés entre 1325 et 1335, pendant les pontificats de Jacques Duèse (Jean XXII) et de Jacques Fournier (Benoît XII). Il y avait eu de longues diatribes qui avaient fini par déboucher sur la solution de Benoît XII, en 1335, avec la *Constitutio benedictus Deus*[1]. Ces discussions avaient abouti à la condamnation, en 1329, de la doctrine de l'*abditum mentis*, ou vision béatifique, de Maître Eckhart, fondée sur une conception tout à fait particulière de la divinité du Christ, qui semblait dégagée de la Trinité : on atteignait la vision béatifique en contemplant le seul modèle divin, celui du Christ, en s'y immergeant en lui[2] dans une sorte d'anéantissement.

Nicolas de Cues reprend ce sujet sans craindre de s'aventurer sur le terrain miné d'une théologie mystique qui aurait pu aboutir à des thèses immanentistes alors qu'en fait, c'est justement ce qui lui a été reproché par Jean Wenck. Il s'en défendra dans l'A*pologie de la docte ignorance*, (1449) et dans le *De non-aliud* (1462), en se rapportant à l'*Epître à Gaius*[3] de Denys et en affirmant que « la parfaite ignorance est la connaissance de Celui qui est au-dessus de toutes les choses connues ». Sa lumière éblouissante apparaît à nos yeux comme une « *caligo tenebrarum* », dans une ténèbre obscure très profonde (*tenebra profundissima*) qui nous rend aveugles[4]. La théorie négative de la coïncidence des opposés ou des contradictoires est ainsi le pendant spéculatif de la théologie mystique et aboutit dans les derniers ouvrages de Nicolas à la théologie du transcensus mathématique fondée sur l'idée de l'infini indivisible, qui est l'identité à soi-même, le *Non-autre*. Celui-ci est le terme linguistique au moyen duquel le Cusain donne une nouvelle explicitation de l'intellect en tant que spéculatif.

1. Ch. Trottmann, *La vision béatifique. Des disputes scolastiques à sa définition par Benoît XII*, Rome, École française de Rome, 1995.

2. *Ibid.*, p. 328-330.

3. *Du non autre*, *op. cit.*, chap. XIV, p. 83.

4. *Cf.* aussi *La vision de Dieu*, *op. cit.*, chap. VI, p. 68-69.

En fait, la doctrine du *Non-autre* met en évidence l'idée, – qui n'a pas été bien comprise par ceux qui soutiennent que Nicolas de Cues serait pré-hégélien – que la coïncidence des termes opposés ne veut signifier aucune dialectique, aucun mouvement logique des opposés, aucun discours à l'intérieur de la coïncidence dans l'infini. Toutefois, on ne peut pas non plus interpréter la théologie du Cusain comme une théologie affective (ce qui est aussi arrivé) parce qu'il soutient qu'il s'agit d'une théologie du transcendement, un transcendement qu'il s'efforce d'expliciter à l'aide de symboles mathématiques, soit dans le *De Beryllo*, soit surtout dans son ouvrage important *Le complément théologique des compléments mathématiques* et dans les articulations linguistiques des termes transcendantaux du *Non-autre*, ou du terme *Posse* de *La cime de la contemplation*. En effet, il faut lire l'ensemble de ces ouvrages pour comprendre aussi l'idée, sur laquelle le Cusain va insister pendant ses dernières années, de la toute-puissance infinie de Dieu où tout coïncide. Toutefois, pour pouvoir la comprendre, notre raison doit s'efforcer de recourir à la logique du dégagement d'après laquelle les contradictoires peuvent coïncider, dans la mesure où ils s'annulent, dans la mesure où ils sont « rien » en soi-même. Loin d'aboutir à la négation mystique de la raison, elle fait appel aux degrés supérieurs de l'esprit, à la sphère de l'intellect, capable grâce à sa « contraction » intellectuelle, de concevoir l'indistinct, c'est-à-dire l'Un. Le Cusain écrit dans la *Filiation de Dieu*[1] :

> L'Un est ce que tous les théologiens et les philosophes ont essayé d'exprimer dans la variété des modes. [...]. Ce qui pourtant ne signifie pas qu'il y a plusieurs théologies : elle est « une », et donc il n'y a qu'une seule et même théologie.

Peut-être s'agit-il de l'idée d'une théologie « *variorum sectarum consona* » dont parle aussi Emeric de Campo dans son *Centheologicum, tractatus continens centum theologias* (Cod. *Brux.*, 11571-11575, ff. 1r-174r), interprété par le Cusain comme une théologie discursive (*sermocinalis*)[2] des noms divins.

1. *La filiation*, *op. cit.*, chap. V, p. 114-115.

2. *Cf.* Jean de Gerson à propos de la théologie *sermocinalis* dans *De duplici logica*, P. Glorieux (éd.), *Œuvres complètes*, Tournai, Desclée, vol. III, 8, 1962-1973. Cf. *Sur la théologie mystique*, texte et trad. M. Vial, Paris, Vrin, 2008, p. 54, 64-68.

## La théologie « unitive » ou « une » en tant que circulaire

La théologie *une* est l'expression des diverses formes de la théologie de l'Un ineffable : aussi la figure de la théologie est-elle le cercle, parce que les noms qu'on attribue à Dieu (comme « angle », « carré » ou bien « bonté », « justice ») se confirment l'un par l'autre, circulairement et que, par conséquent, en Dieu la justice suprême est aussi la vérité suprême et vice versa, ce qui vaut aussi pour tous les autres noms. La théologie dans son ensemble est comme un cercle où toutes les choses sont les noms de l'« Un » seul, grâce à la circulation infinie des discours dans l'Un infini absolu et imparticipable. Il s'agit là d'une autre interprétation de la théologie mystique des noms divins clairement explicitée aussi dans un passage du deuxième livre des *Dialogues de l'Idiot, La sagesse* (on le verra plus loin) en tant que théologie discursive[1].

En fait, la théologie discursive ne coïncide pas parfaitement avec la théologie circulaire ou unitive selon laquelle ce qui vaut pour un attribut vaut aussi pour un autre, comme lorsqu'on dit, sur la base de la nécessité et de la simplicité infinie de Dieu, que la grandeur de Dieu est la puissance de Dieu et, vice versa, que la puissance de Dieu est sa vertu, et ainsi de suite pour tous les autres attributs de l'essence de Dieu que nous lui conférons. Mais déjà dans la *Docte ignorance* le Cusain avait remarqué : « si tu dis que Dieu est vérité à lui s'oppose la fausseté, si tu dis qu'il est substance, il a contre lui l'accident »[2]. Ainsi cette théologie discursive des noms divins se transforme-t-elle en une théologie circulaire de la coïncidence des noms en Dieu, à la manière des corrélatifs trinitaires, les *dignitates* lulliennes qui se convertissent dynamiquement dans la puissance infinie de Dieu. Ainsi y a-t-il de subtiles différences entre la théologie discursive, qui ressort des noms divins de Denys, et la théologie circulaire de nos termes finis dans le plus et le moins, sur lesquelles se fonde ce qui distingue la doctrine du Cusain de la théologie mystique des noms divins de Denys. Sur cette théologie circulaire repose la théologie « unitive » qui vaut pour la Trinité et non pour nous, alors que la nôtre est plus proprement la théologie discursive soit négative soit positive, comme le Cusain le souligne dans les passages des dialogues II de *L'idiot*, *La sag*esse[3].

1. *Les dialogues de l'Idiot, La sagesse*, II, éd. biling. H. Pasqua, Paris, P.U.F., 2011, p. 78-79.

2. *La docte ignorance*, *op. cit.*, I, 24, p. 102 ; *Apologie*, *op. cit.*, p. 113.

3. *La sagesse*, II, *op. cit.*, p. 78-79.

## LA THÉOLOGIE DE LA CRÉATION DE DIEU PAR LA PARTICIPATION DES CRÉATURES EN TANT QU'ASSIMILATIONS

Le Cusain élabore son important concept de création, déjà évoqué dans la *Docte ignorance*, en vue d'éclairer la conception qu'il se fait de la participation de l'étant (*ens creaturae*) à Dieu, et cela en invoquant le concept dynamique de l'assimilation (*assimilatio*), des dispositions des récepteurs, surtout dans ses courts traités théologiques, *Le don du Père des lumières*, *La filiation de Dieu*, *la Genèse* et aussi un peu partout dans ses œuvres postérieures. Cette doctrine est issue d'une élaboration approfondie du concept de « participation » qu'Albert le Grand avait définie « participation selon l'aptitude de la matière », à savoir la disposition à recevoir du Père le don de la lumière chez ceux qui le reçoivent. Et, selon Nicolas de Cues, ces dispositions s'expliquent dans les contractions des êtres conçus selon l'échelle néoplatonicienne et pythagoricienne quaternaire de la sphère corporelle, de l'âme, de la raison, de l'intellect (nous l'avons déjà rappelé à propos du traité *Les conjectures*). Elles expriment le mode de leur participation à la lumière inaccessible et imparticipable en soi de Dieu, participation selon leurs différentes sphères de contraction, à savoir selon leurs possibilités, en lesquelles consiste leur liberté de participer dans l'altérité à la vérité telle qu'elle est. Ces lumières contractées ne sont rien d'autre que les créatures en tant que conjectures, à savoir des vérités proches ou éloignées de la lumière absolue selon leurs contractions différentes.

La diversité de la contraction (c'est-à-dire des conditions du mode différent de recevoir la lumière par le récepteur, autrement dit du mode de sa participation) est ramenée à la libre disposition à recevoir le don du Père de la lumière, à savoir son illumination que nous recevons ainsi selon notre libre arbitre. C'est par ce don que chacun participe plus ou moins à cette lumière selon les quatre contractions citées (qui sont autant de limitations), si bien que, ou on s'élève jusqu'à la sphère intelligible qui est la plus haute, ou bien on reste dans la sphère sensible, qui est la plus basse. Mais on ne pourra avoir la vision de Dieu qu'en se dégageant des quatre modes de contraction ou de participation limitée. Ainsi les créatures ne sont-elles des entités que dans la mesure où elles participent, selon ce mode contracté, de l'unité absolue à laquelle elles cherchent à « s'assimiler » en se libérant de la contraction. C'est alors que l'entité est réductible à l'Un dont participent toutes les choses, chacune selon son propre mode. Ainsi, la création a-t-elle eu lieu selon le mode d'après lequel toutes les choses sont parvenues à l'être par la participation de la force infinie qui se révèle dans le mode de la connaissance de l'Un « selon le mode grâce auquel elle est diversement participable : à savoir, selon le mode du participé et non pas de l'Un en soi, ou « auto-un » (*autounum*) » [1].

La création est donc cette assimilation au Créateur grâce à la suppression (*ablatio*, *privatio*) des limites contractées des créatures par rapport à l'Un. Et on définit mieux la créature par le concept d'« assimilation » que par celui de l'« *ens* », de l'« étant » ou de l'« être » dont les théologiens usent le plus fréquemment.

Par conséquent, on peut dire que la création (ou genèse) est l'assimilation, par dégagement, à l'entité absolue, qui est l'Un. Elle est l'Identique qui, en identifiant, appelle à soi le néant, qui est le non-étant. Celui-ci émerge dans son retour à l'entité absolue, qui est l'Identique, en s'assimilant à lui, c'est-à-dire en se rendant semblable à l'identité absolue. Et cette suppression de toutes ces limitations, de toutes ces diversités est précisément la *theosis* [2] qui est la résolution des diversités de tout dans l'un : en effet, Dieu est justement l'Un en qui toutes les choses sont transférées dans la modalité de l'un (*uniter*), afin que toutes les choses soient ce qu'elles sont. Et c'est dans l'intuition intellectuelle que coïncident l'Être un dans lequel sont toutes les choses, et l'être, toutes les choses dans lesquels est l'un (« esse unum in quo omnia, et esse omnia in quo unum ») [3].

De cette façon Dieu ne se participe pas lui-même, sinon par notre intuition intellectuelle; il est imparticipable, parce qu'il précède le nôtre « un » et que Dieu infini en soi n'est pas l'un selon le « mode » de l'intellect, il est au-delà de cette possibilité cognitive. Néanmoins, les choses Le participent selon le mode de l'Un et c'est selon leur participation à cette unité, à savoir, selon le don du libre arbitre, ou des possibilités individuelles de chacun, que s'engendrent les étants finis. Aussi, pour le Cusain, les créatures sont-elles essentiellement des libres arbitres, des vertus ou des activités contractant en elles-mêmes les diverses possibilités de connaître Dieu. Les créatures ne sont des créatures que dans la mesure où elles tendent à devenir semblables, à « s'assimiler » à l'intelligibilité divine. Cette intelligibilité absolue, qui est l'intelligibilité de Dieu, est la quiddité. En tant que telle, elle repose exclusivement dans l'esprit inaccessible de Dieu, et par conséquent nous ne la saisissons jamais, parce que la créature est aussi l'intention, inconnaissable pour nous, de son Auteur, qu'est Dieu. La cause de l'intention divine est la manifestation : autrement dit, c'est dans les créatures que Dieu manifeste son intention que nous ne

1. *Le principe*, *op. cit.*, p. 294 (8).
2. *La filiation*, *op. cit.*, chap. III, p. 104-105.
3. *Ibid.*

connaîtrons jamais. La créature est l'intention inconnaissable pour nous, de son Auteur qui est Dieu.

C'est ainsi que l'Intellect Créateur, par l'intermédiaire du Verbe, a eu l'intention de Se manifester Lui-même. Il est toutefois difficile de remonter, en partant des signes, à savoir des créatures, jusqu'à l'« intention » de l'Intellect Créateur. À ce propos, le Cusain évoque l'exemple, très pertinent, du monde comparé à un livre écrit par la main de Dieu en caractères grecs, indéchiffrables pour un allemand qui voit les signes, mais en ignore l'essence, voire la quiddité.

Aussi est-il clair que, pour le Cusain, Dieu comme vérité objective est conçu non pas « entitativement » ou substantiellement, mais dans la mesure où Il est une notion de notre connaissance qui doit toujours être dépassée par la soustraction de toutes les limitations ou de toutes les contractions des créatures. Cependant Il se manifeste et communique spontanément sa lumière par le don de la grâce apportée par la rédemption du Christ, selon la parole du Verbe. Il a donné cette lumière parce qu'il souhaite qu'on le cherche et qu'on l'appréhende. Les philosophes païens ont prétendu pouvoir le trouver à l'aide de la seule raison, en ignorant l'apport de sa Révélation, qui est le don du Père des lumières, à savoir la grâce du salut. Par l'intermédiaire du Christ, notre Exemplaire, il y a en chacun de nous une force contractée, comparable à la graine de millet ou de sénevé dans un champ, dans laquelle Dieu a contracté toutes les possibilités de se réaliser par l'intermédiaire des créatures.

## LA PARTICIPATION
## COMME EXPLICATION DE FORCES CONTRACTÉES OPPOSÉES

L'unité simple de Dieu, étant incommunicable, comment peut-elle être participée ? On doit considérer cette participation comme une force – écrit-il – présente dans l'unité de la substance, où l'unité imparticipable coïncide avec la participabilité, et cette participation est la contraction de l'Un (qui est en soi incontracté) dans le multiple. Aussi, dans le monde créé ne saisit-on jamais la précision absolue, l'identité de l'Un incontractable, mais seulement celle qui est contractée. Mais la contraction présuppose aussi la complication et l'explication. Les choses ne sont en Dieu que complicativement, selon le mode intuitif, elles s'expliquent donc hors de Lui selon leurs contractions. Le Cusain avait mieux éclairé sa pensée en écrivant, par une phrase à tiroir[1], que « l'infinité à savoir l'inaccessibilité plus lumineuse, s'explique par l'opposition extrême des entités qui la participent avec autant de clarté que leur condition tolère ». Ils (les entités participantes) participent de l'infinité elle-même (à savoir l'inaccessibilité) selon une participation de forces extrêmement opposées que seulement la raison peut atteindre, car elle distingue, divise et proportionne.

Dans le troisième livre des *Dialogues de l'Idiot*, *L'esprit* (1450), le Cusain éclaire encore ce concept d'explication en le rapportant à notre esprit en tant qu'image et le concept d'explication de l'esprit de l'homme est ici intégré avec celui d'assimilation, puisque par l'image de la complication absolue, qui est l'esprit infini, notre esprit a la force grâce à laquelle il peut s'assimiler[2]. Aussi

> si nous appelons esprit infini cette divine simplicité, elle sera l'exemplaire de notre esprit. Si nous appelons totalité de la vérité des choses l'esprit divin, nous dirons que notre esprit est la totalité des « assimilations » des choses, au point qu'il est la totalité des notions. La conception de l'esprit divin est la production des choses. Si l'esprit divin est une entité absolue, sa conception est la création des étants, et la conception de notre esprit est l'assimilation des étants[3].

C'est en lisant ces pages célèbres du *De mente* de Nicolas de Cues que Ernst Cassirer a vu en lui le fondateur de la philosophie moderne, celui qui aurait découvert le fonctionnement originaire de l'intellect humain, du principe unitaire de la connaissance constitué par l'activité de l'esprit en tant que mesure (*mens = mensura*)[4] du monde ambiant. Notre esprit est conçu comme étant le créateur des nombres et des proportions mathématiques. Le Cusain ramène les étants réels aux étants conceptuels, dont l'essence (ou quiddité) nous est inconnue, car elle repose dans la puissance inscrutable de Dieu. Aussi, la sphère mentale mathématique est-elle la seule valable pour nous parce que nous en sommes les inventeurs. Dans les ouvrages de Cues, on observe une véritable exaltation de la pensée mathématique humaine : dans le *Complément théologique*, il écrit : rien n'est plus

1. « Nam – cum ad clariorem inattingibilitatem quae cum Idem absoluto coincidit melius repraesentandam-, entia in assimilatione ipsius Idem quorum quodlibet est idem sibi ipsi et alteri valde oppositum, conveniat ut sic : infinitas (seu inattingibilitas) in maxima oppositione partecipantium – quanto citius patitur condicio participantium – explicetur », *La Genèse*, *op. cit.*, p. 178 (la ponctuation est la mienne).

2. *L'esprit*, *op. cit.*, I, 4, p. 126-127.

3. *Ibid.*, I, 7, p. 152-153.

4. *Ibid.*, I, 3, p. 122-123.

noble que la pensée mathématique. Mais il ne faut pas oublier, à l'instar de ceux qui adoptent apparemment l'interprétation de Cassirer, que c'est en développant sa notion d'exaltation de l'esprit humain en tant qu'« image » du Christ que le Cusain parvient à cette conception positive de la connaissance humaine. Selon lui, c'est par l'intermédiaire du modèle du Christ que l'esprit humain est similitude de Dieu et donc créateur comme l'esprit divin, sauf que l'esprit de l'homme crée des étants qui ne sont pas réels mais seulement conceptuels.

Les *Dialogues de l'Idiot sur la sagesse* entre un illettré (*l'Idiot*) et un orateur (*l'Orateur*), centrés sur la révélation de Dieu comme sagesse « criant dans les rues »[1] marquent un tournant important dans la spéculation du Cusain. Cet ouvrage, tout en gardant intacte l'idée de l'imparticipabilité de la Vérité comme précision absolue, développe grâce à l'élaboration de la théologie du Verbe, à savoir du message du salut, une conception positive aussi bien de la connaissance que de la révélation de la Vérité absolue se manifestant comme sagesse publique en dehors des livres et des écoles, parce que la semence dont elle est issue (à savoir le Christ) est dans notre esprit et tout autour de nous.

## LA THÉOLOGIE DYNAMIQUE

Notre esprit est, en effet, à l'image de Dieu. Cependant la façon dont le Cusain conçoit l'esprit de l'homme comme similitude de Dieu n'est plus celle, statique, des penseurs médiévaux, pour qui l'homme était l'image de Dieu. Par contre, dans la pensée de Nicolas de Cues, l'esprit humain comme image de Dieu de la tradition biblique, est défini par un concept dynamique, lié à la conception néoplatonicienne de la forme comme dynamisme, à savoir d'un processus d'assimilation à Dieu par le dégagement de la contraction de ses limites.

Le Cusain développe cette doctrine grâce à une réflexion dont la racine se trouve déjà énoncée dans les *Conjectures*. L'assimilation est un procédé dynamique reposant sur la vertu de la contraction ternaire et quaternaire de l'esprit : sensible, animée, de la raison, de l'intellect[2]. C'est par la connaissance que l'esprit se rend semblable à sa substance en s'assimilant à l'intelligibilité du Créateur. C'est un concept que le Cusain a déjà développé dans *Le don du Père des lumières* en partant de la notion

1. *Dialogue de L'Idiot, La sagesse*, I, *op. cit.*, p. 40-41.
2. *Les conjectures*, éd. lat. cit., vol. II, I, 2, p. 12 ; I, 4, p. 18.

d'assimilation de Dieu qui se donne. L'assimilation à Dieu, qui est identification, est création dans le sens où Dieu, en identifiant, appelle à soi le néant, à savoir le non-étant. Aussi, comme l'identique n'est pas multipliable, toute identification se trouve-t-elle dans l'assimilation, à savoir dans la similitude, selon un rapport incommensurable. L'assimilation de la créature est la coïncidence de la descente de l'identique dans le non-identique avec la montée du non-identique dans l'identique[1]. Il reviendra sans cesse sur cette coïncidence incompréhensible pour s'employer à l'éclaircir, car l'éternité qui a été donnée, n'a été reçue que de manière contractée[2].

Le Cusain conserve donc fermement quelques concepts fondamentaux des philosophies néoplatoniciennes (dont celui – central– du dynamisme des formes) par l'intermédiaire de sa doctrine métaphysique de la complication, de l'explication, de la contraction et de l'assimilation[3] des êtres à Dieu. Mais, c'est avec autant de fermeté qu'il tient à préciser quelles sont les limites de ces théologies néoplatoniciennes de l'Un, car (et il ne se lasse pas de le répéter) Dieu est au-dessus de l'Un et des modes de l'Un, en tant que coïncidence absolue des opposés au-delà de ces mêmes opposés. Il n'est pas nécessité, mais toute-puissance. Les modes de la connaissance de l'un ne sont pas "les modes divins" de Dieu en soi en tant que Dieu n'est pas contractable (il l'a déjà affirmé dans la *Docte ignorance* et il sera mieux défini comme le Pouvoir absolu, insaisissable, incontractable dans son absoluité).

Ainsi, la théologie – comme Nicolas de Cues va l'écrire – est la science de Dieu conçue par l'esprit comme infini, « précédant » toutes les autres sciences, donnée par négation. Dans les *Dialogues de l'Idiot sur la sagesse*, centrés sur la révélation de la sagesse, le Cusain, alors qu'il reprend de la *Docte ignorance*, son idée de la connaissance négative, cherche ici à trouver une médiation entre la doctrine de la connaissance de Dieu par la négation (théologie négative) et une notion positive, tout en sauvant toujours la transcendance absolue et la coïncidence des opposés en Dieu. En comprenant pourquoi il avait été accusé d'hérésie, le Cusain écrit dans l'*Apologie de la docte ignorance* :

1. *Le don du Père des lumières*, III, *Opuscules*, *op. cit.*, p. 138-139 (106). *La filiation*, III, *Opuscules*, *op. cit.*, p. 101-102 (68).
2. *Le don du Père des lumières*, *op. cit.*
3. *La genèse*, *op. cit.*, p. 176-177 (149-150).

> Comme de nos jours, la secte qui domine est celle des aristotéliciens croyant que la coïncidence des opposés est une hérésie, alors que son affirmation est le début de l'ascension de la théologie mystique, ceux qui ont été acheminés sur cette voie insipide, repoussent la mienne qui – après le rejet d'Aristote – va s'élever beaucoup plus haut que lui [1].

La voie empruntée par le Cusain est toujours celle de la recherche de Dieu (*De quaerendo Deum*) qui est la vue intellectuelle de la lumière de sa révélation et la voie de cette recherche a un parcours circulaire.

## LA VARIÉTÉ DES MODES DE LA THÉOLOGIE ET LA THÉOLOGIE « UNE »

Le Cusain part de l'idée que Dieu le Père a donné à tous, par le don du Salut du Christ, ce qui est nécessaire pour l'atteindre, c'est-à-dire pour se sauver : c'est *notre* théologie, mais elle jaillit de *Sa* lumière. L'erreur des philosophes de l'antiquité – il ne cessera de le répéter – c'est d'avoir jugé que Dieu était soumis à la nécessité, alors qu'il est toute-puissance, puissance absolue, à savoir le pouvoir supposé dans tout ce qui peut être. Les théologiens et les philosophes ont essayé d'exprimer Dieu selon une grande variété de modes, surtout selon le mode de l'Un. Autrement dit, l'Un est ce que tous les théologiens et les philosophes ont essayé d'exprimer par la variété des modes. Zénon, Parménide, Platon et d'autres en contemplant l'Un l'ont exprimé dans leurs divers modes, conjecturaux et approximatifs [2]. Et bien que leurs modes de dire soient contraires et apparemment incompatibles, ils se sont efforcés d'expliciter le même Un, placé de manière inaccessible au-dessus de toute contrariété : les uns négativement, d'autres affirmativement, d'autres encore dubitativement [3]. Ce qui ne veut pas dire – affirme le Cusain – que la théologie ne soit pas unique. Il n'y en a qu'une, et une seule, qu'il s'agisse de celle qui nie, de celle qui affirme, de celle qui doute, de la théologie disjonctive qui affirme une chose et en nie une autre, de la théologie unitive qui connecte affirmativement les opposés ou qui négativement néglige tout à fait ces mêmes opposés connectés. La théologie « une » est l'expression des divers modes selon lesquels on considère l'Unité ineffable [4] de l'Un-Trine. C'est ainsi

1. *Apologie*, éd. lat. cit., p. 103-104.
2. *La filiation*, *op. cit.*, V, p. 114-115 (83).
3. *Ibid.*
4. *Ibid.*

que le Cusain s'exprime dans l'opuscule théologique sur la *Filiation de Dieu*. Nous cherchons à saisir cet Un ineffable dans les diverses formes de la théologie parce que nous le présupposons déjà, si bien qu'Il ne nous est pas tout à fait inconnu.

Ainsi qu'il l'avait déjà indiqué dans la *Docte ignorance* et dans les écrits postérieurs où il avait énoncé l'idée de la « théologie mathématique », l'autre aspect important de sa pensée théologique est le présupposé que la connaissance du Divin est possible. Elle est donnée dans l'idée de vérité mathématique, qui consiste dans la notion de la « certitude » (*certitudo*) qui ressort de la précision de notre raisonnement mathématique. Nous sommes renvoyés à la notion d'une connaissance par proportion, d'une précision, dans le cas de Dieu, qui est absolue et qui nous est inconnue parce que nous, nous vivons et agissons dans le cadre de la proportion relative. En effet, si nous appliquions le concept de proportion entre Dieu infini (qui est l'inconnu) et le fini (qui nous est connu) nous aboutirions à une disproportion entraînant un écart majeur. C'est ainsi que le Cusain, par cette inflexion mathématique qu'il donne à sa doctrine, en vient à affirmer que Dieu doit être cherché aussi dans le connu, à savoir dans la sphère de notre esprit, qui est celle de la connaissance conjecturale, ou de la proportion mathématique du fini.

## La théologie mathématique et les nombres transcendants

Le Cusain élabore deux concepts concernant les mathématiques, qui jaillissent l'un et l'autre de notre esprit en tant que moyens utiles pour la compréhension de Dieu. L'un est celui des mathématiques symboliques ou spéculatives, fondées sur l'imagination intellectuelle, qui semble ressortir d'une logique extrinsèque à la pensée des mathématiques rationnelles des âmes sensibles des êtres finis. Par le premier concept, nous concevons Dieu en tant que Vérité comme précision absolue, exprimant une plus grande unité par rapport aux nombres rationnels et en tant qu'indivisible, où le maximum et le minimum coïncident : il s'agit des mathématiques théologiques ou imaginatives qui sont le miroir des figures théologiques ou par transcendement.

Nicolas les élucide à l'aide des figures géométriques, telles que l'arc et la corde, dont nous voyons que par leur mouvement circulaire elles s'identifient : ainsi le carré s'identifie avec la circonférence, l'Unité avec la Trinité, en se dégageant de leurs contractions. C'est en 1453 que le Cusain écrit *Le complément théologique*, une œuvre qui présuppose soit les démonstrations données dans les *Transmutations géométriques*, soit les arguments des *Compléments* arithmétiques et des *Compléments des mathématiques*[1]. Dans le *Complément théologique*, il développe cette idée qui est l'une des constantes de sa pensée : les mathématiques et leurs figures sont le miroir privilégié du divin. Il s'agit cependant d'un miroir énigmatique, où les figures mathématiques ne sont que des symboles capables d'exprimer l'incompréhensible coïncidence en Dieu de toutes les figures contraires comme « dans l'approximation la plus lumineuse ». Les symboles mathématiques nous permettent de transcender la similitude. On ne peut enquêter sur les réalités spirituelles que par l'intermédiaire des symboles, qui sont les images instables et changeantes d'un modèle inaccessible. En fait, au-delà de la progression naturelle des nombres dans la sphère rationnelle, il y a la possibilité d'une sphère symbolique ou énigmatique des nombres intellectuels que Nicolas de Cues avait déjà énoncée dans *Les conjectures*[2]. Les nombres rationnels sont ceux qui sont doués de précision proportionnelle et qui, par conséquent, expriment une proportionnalité. Par les mathématiques intellectuelles (lit-on dans les *Compléments mathématiques*), grâce à la méthode du dégagement des limites, les nombres irrationnels n'expriment aucun rapport de proportion, mais, en relation aux nombres rationnels, ils expriment une plus grande unité dans la mesure où ils expriment la coïncidence de toutes les proportions des nombres dans la *ratio aequalitatis* ou un indivisible. Le Cusain appelle ces nombres « irrationnels » et « transcendants », bien qu'il ne parvienne pas à la découverte des nombres transcendants des mathématiques d'aujourd'hui[3].

Le deuxième concept est celui des mathématiques rationnelles, rattachées aux sciences du *Quadrivium* boécien : arithmétique, géométrie, astronomie et musique (on le verra au chapitre suivant).

1. *Des compléments arithmétiques. Des compléments mathématiques*, éd. bilingue J.-M. Nicolle, *Les écrits mathématiques*, Paris, H. Champion, 2007, p. 127, 231.

2. *Les conjectures*, éd. lat. cit., I, 4, 9, vol. II, p. 16-45 (40) *sq.*

3. M. Caveing, *La constitution du type mathématique d'idéalité chez les Grecs*, III, *L'irrationalité dans les mathématiques grecques jusqu'à Euclide*, Lille, Presse Universitaire du Septentrion, 1998 (4e éd.).

## LA THÉOLOGIE DE JEAN. LA THÉOLOGIE PARFAITE

Les symboles mathématiques sont privilégiés parmi tous les autres, parce qu'ils sont les plus stables par rapport aux symboles sensibles, et les plus certains par rapport aux autres images. En effet, Dieu a créé le monde avec le nombre, le poids et la mesure et, par conséquent, le nombre est l'exemplaire symbolique des choses et leur raison expliquée. Les étants mathématiques sont les plus intelligibles parce que leur matière n'est pas sujette à d'importantes altérations. En tant que discipline fondée sur le concept de précision, l'égalité mathématique est la seule à pouvoir exprimer la quiddité et la « théologie de Jean », qui est la théologie parfaite, à savoir la théologie trinitaire[1]. Le Père est l'égalité et l'indivisibilité antérieure à l'altérité, le Fils qui est égal au Père, est la proportion d'égalité d'où jaillit la connexion qui est l'identité de l'égalité. C'est pourquoi il y a le principe du principe : c'est la théologie de Jean qu'aucun philosophe n'a voulu reconnaître. Le principe du principe est le principe imparticipable, qui est l'éternité où il y a le principe du principe[2]. C'est la transcendance du Père, mais en même temps, c'est le principe un et trine qui est l'éternel même, imparticipable mais communicable par sa création.

## LA THÉOLOGIE PAR ÉNIGMES

Dans le *Pouvoir-est*, le Cusain écrit que si l'on pouvait voir le principe des mathématiques dans sa pureté, on le verrait un et trine. En effet, la véritable science théologique est par énigmes, infiniment supérieure à la science syllogistique de la secte aristotélicienne. On peut aussi saisir le transcendement des figures mathématiques au travers de la lentille déformante du béryl, une pierre précieuse au travers de laquelle, en énigme et comme dans un miroir, on peut voir l'Invisible. Nicolas de Cues consacre à ce sujet l'intéressant traité *Le béryl* (1458) très riche en citations tirées soit de certains anciens, Anaxagore, Pythagore, Platon, Aristote, Plotin, Parménide dans le commentaire de Proclus, Hermès Trismégiste, Eusèbe, tant des Pères de l'Église, comme saint Augustin, le Pseudo-Denys, le maître Albert le Grand, que des philosophes Avicenne, Averroès, Isaac Israël, Avicébron. Il les cite pour rappeler leur conception de Dieu comme

1. *Le béryl*, *op. cit.*, p. 60-61 (42).
2. *Ibid.*, p. 60 (42) ; *L'égalité*, dans *Opuscules*, *op. cit.*, p. 282-283 (33) *sq.*

cause, principe, forme-formante, source (le *Fons vitae* d'Avicébron), volonté :

> Et toutes les choses que disent Platon, Aristote ou qui que soit d'autre ne sont rien d'autre que ce que le béryl et l'énigme te montrent, à savoir que la vérité accorde l'être à toutes les choses au moyen d'une similitude d'elle-même [1].

Le Cusain nomme souvent Albert le Grand, surtout dans le chapitre [2] où il cite sa doctrine de l'aptitude *materiae* qu'il traduit par le terme technique *dispositio*, disposition, que l'on ne peut pas paraphraser.

Le béryl est une pierre qu'on taillait pour fabriquer des verres à lunettes. Il s'agit donc d'un outil permettant à qui s'en sert de voir ce qu'il ne pouvait voir avec ses yeux. *Le béryl* du Cusain, en étant en même temps concave et convexe, reçoit et renvoie la lumière. Il est aussi un miroir en tant que pierre brillante blanche et transparente ayant justement une forme concave et convexe. De même que celui qui ne voit pas bien a besoin de lunettes, la pensée humaine a besoin d'une aide suffisamment pratique (*praxim sufficientem*) pour, en partant de l'énigme (*ex aenigmate*), atteindre la vision dans toute sa hauteur : « in omni altitudine possit pertingi » [3]. Cela advient si on regarde un béryl intellectuel avec les yeux de l'intellect où les images sont vues selon les règles géométriques de l'optique des transformations par la réfraction et la réflexion des miroirs ; lesquelles nous permettront aussi de voir la coïncidence des figures finies, comme le triangle et la surface dans une harmonie supérieure, celle de l'indivisible.

Les mathématiques énigmatiques sont un exemple excellent de mathématiques symboliques servant de complément et de subside. Cette doctrine est amplement élucidée à nouveau dans le *Complément théologique* où le Cusain explicite comment la théologie est représentée par les compléments mathématiques grâce à la force des symboles des mathématiques qui rendent possible le transcendement des vérités rationnelles au-delà de la coïncidence des contradictoires. Il affirme que les problèmes mathématiques et la façon de les traiter ont une utilité transcendante dans les argumentations théologiques, parce que dans les figures du cercle et du triangle, aussi bien que dans les notions de rectitude et de circularité appliquées à Dieu, on trouve le complément de ce que nous pouvons savoir : c'est dire que la différence des finis, de la mesure et du mesuré, est égalité ou

1. *Le béryl*, *op. cit.*, p. 32-33 (18) et p. 46-47 (30).
2. *Ibid.*, p. 46-47 (30).
3. *Ibid.*, p. 12-13 (I).

coïncidence en Dieu. L'opposition en Dieu, où elle est nulle, peut aussi être définie comme coïncidence en tant que rectitude de l'égalité infinie[1]. Il n'y est pas circulation des figures dans le Trinité puisque la théologie mathématique est une théologie circulaire seulement au sens où, lorsqu'on dessine des figures limitées comme un polygone, le mathématicien contemple prodigieusement l'exemplaire infini du cercle, et lorsqu'il trace un triangle, il ne voit pas le triangle sensible, mais celui qui est libre de toutes les contractions quantitatives. La contraction ou la délimitation des créatures vaut pour le tout constitué par l'univers d'ici-bas, mais ne vaut pas dans la réalité divine, qu'est la Trinité, où l'unité n'est pas contractée comme le tout est contracté dans les parties, ou comme l'universel est contracté dans le particulier. Aussi, tout ne coïncide-t-il pas en Dieu, seuls les attributs divins en tant que infinis coïncident dans l'infini et par conséquent il y a coïncidence de l'unité infinie et de la Trinité infinie. Le mystère chrétien, le paradoxe Dieu-homme-Jésus-Christ, est le fondement de toute la réalité, qui par conséquent n'est pas l'étant substantiel d'Aristote. Aussi, les mathématiques sont-elles la science la plus proche de la théologie, et elles peuvent en être le fondement symbolique.

## La théologie spéculative de l'intuition mentale

Le Cusain écrit que c'est dans les figures mathématiques de notre esprit qu'on peut voir comme dans un miroir vivant les figures théologiques dans l'approximation la plus lumineuse, à savoir par similitude et par proximité. Et dans cette opération intuitive s'accomplit notre esprit spéculatif, qui explicite la vérité de la théologie spéculative. C'est dans ce sens que Nicolas de Cues écrit plusieurs opuscules sur la quadrature du cercle en y cherchant un soutien aux vérités théologiques par la géométrie, en particulier dans le traité *Les compléments théologiques* où il définit l'esprit spéculatif. Cependant, l'activité spécifique de l'esprit consiste aussi à mesurer et à peser, ce dont il est question tout particulièrement dans le livre IV des *Dialogues de l'Idiot sur la sagesse*, *Les expériences de statique*. Ici, le Cusain souligne aussi bien l'importance des connaissances arithmétiques concernant le poids et la mesure de toute la réalité environnante que

1. *Le complément théologique*, *op. cit.*, chap. XIII. À l'élucidation du concept de rectitude en tant qu'égalité qui concerne l'intelligence théologique de la Trinité il a consacré aussi le traité *L'égalité* où il renvoie à l'aide même de la vision énigmatique du béryl qu'il avait longuement exposé l'année précédente (1458).

l'exigence d'une élaboration plus articulée des diverses sciences du *quadrivium* boécien en l'enrichissant de nouvelles disciplines comme la musique, la statique, l'optique.

Cependant ce qui intéresse par-dessus tout le Cusain est le passage de l'esprit purement rationnel mathématique à l'esprit spéculatif de la coïncidence des opposés. C'est dans ce traité des *Compléments théologique* représentés dans les *Compléments mathématiques* (chap. II), qu'il définit l'esprit spéculatif comme étant la conclusion mathématique d'un raisonnement, lequel abouti à la coïncidence de l'opposé, parce que la rectitude coïncide avec la circularité, du fait que l'unique mesure est, pour les deux, l'infini.

L'application de la notion d'infini aux définitions mathématiques aboutit à la coïncidence de la ligne droite et de la circonférence, au principe selon lequel la vérité est inaltérable comme précision absolue ne recevant pas le plus et le moins en tant qu'identité. L'application du terme « infini » au sujet dont on parle amène le discours de Nicolas de Cues à soutenir une affection ou attribution d'identité au sujet de la proposition, inconcevable pour la logique de l'être prédicatif ou de la prédication substantielle d'inhérence du prédicat au sujet, et aussi pour la théorie terministe de la *cognitio intuitiva*. Il s'agit d'une notion qui définit l'existant singulier selon la « supposition naturelle » [1] des termes sujet et prédicat dans la proposition de Jean Buridan, alors qu'elle paraît possible d'après une théorie linguistique des règles de la signification de la grammaire. Le terme précis que Nicolas de Cues emploie à propos de cette affectation de l'infini aux noms opposés est le terme *additio*, « ajout ». Il écrit :

> lorsque « infini » est ajouté (*additur*) à un terme, par exemple lorsque l'on dit « science infinie », cet ajout [infini] agit dans le terme en excluant sa limite de telle façon qu'on peut avoir l'intuition mentale que ce que signifie la limitation donnée par un terme (*dictio*), à savoir le terme limité par un autre terme, est l'infini, ce qui n'a pas de terme [2].

1. J. Biard, *Logique et théorie du signe au XIVe siècle*, Paris, Vrin, 1989, p. 188-192; G. Federici Vescovini, *Astrologia e scienza, op. cit.*, p.78-85; L. M. De Rijk, « The Development of "Suppositio naturalis" in Medieval Logic », *Vivarium*, IX, 1971, p. 71-107; XI, 1973, p. 43-78.

2. « Quando infinitas additur termino, ut cum dicitur infinita scientia, non aliud eius additio agitur interminum quam removere terminum, ut id quod significatur terminatum per dictionem seu terminum terminatum, intueatur mentaliter infinitum seu interminatum »(*Compl. théol., op. cit.*, chap. IV).

Par conséquent, on peut comprendre que l'opération de l'addition de l'infini aux noms opposés saisie par l'intuition mentale amène à la privation des limites d'où viennent la diversité et l'opposition des noms. Nicolas de Cues l'affirme clairement en proposant une interprétation originale lorsqu'il critique Aristote parce qu'il avait exclu non seulement la relation, mais aussi la privation (*privatio*), car il avait bien compris le rôle positif joué par la privation pour la coïncidence des contraires[1]. Et c'est pour cette même raison qu'il reproche à Aristote de ne pas avoir accepté la validité d'un tiers principe qui aurait affaibli le principe premier de non-contradiction.

De la *Docte ignorance* (1440) au *Complément théologique des figures mathématiques* (1453), le Cusain reste fidèle pour l'essentiel à la conception des mathématiques spéculatives théologiques et symboliques, qui n'établissent pas des figures substantielles, des étants de raison, mais qui énoncent de purs concepts intelligibles, dégagés de toutes les contractions rationnelles et sensibles. Mais le fondement de ces symboles mathématiques est le concept, pas du tout symbolique, d'indivisibilité ou de proportion d'égalité ou de vérité dans la précision mathématique selon l'attribution de l'infini et tant qu'Un et Identité. Le concept mathématique de la vérité comme précision absolue est le présupposé fondamental de la spéculation théologique du Cusain (*cf.* chap. V) et elle assure malgré tout à sa doctrine de la connaissance une conception de la vérité comme être notionnel (*esse notionaliter*). Il s'agit d'une doctrine approfondie dans le *De mente*, qu'il explicite encore clairement dans le *Complément théologique,* où il répète que notre esprit crée les notions, ou les concepts, qui sont les mesures des choses environnantes, en en étant la source comme un point contenant (*complicans*) la proportion mathématique rationnelle (il l'appellera l'un-atome dans *L'esprit*).

Dans le *Complément* le Cusain présente une autre activité de notre esprit, celle de l'intuition mentale, en enrichissant cette doctrine de la connaissance : « La vérité dans laquelle l'esprit a l'intuition de toutes les choses est la forme de l'esprit même (*mens*) ; grâce à elle, la lumière de la vérité est dans l'esprit »[2]. Mais il ajoute :

1. *Le béryl*, p. 60 (42), p. 68 (48).
2. *Le complément*, *op. cit.*, chap. II.

néanmoins, l'esprit a l'intuition de la vérité par laquelle il a l'intuition de soi-même et de toutes les choses seulement dans la connaissance du « pourquoi il est » (*quia est*) et non pas de ce qu'il est (*quid est*) [1].

On peut déceler dans ces passages la manière différente dont Nicolas de Cues conçoit l'intuition de notre esprit : celle des sciences rationnelles par la proportion qui représente la science du monde et celle de l'intuition intellectuelle par le mode de l'un qui s'efforce de saisir la coïncidence des opposés en Dieu indivisible, infini et absolu.

## La théologie du présupposé ou la théologie suffisante de la théologie discursive

Dans l'*Apologie de la docte ignorance*, le Cusain écrit qu' « ils sont tous aveugles ceux qui, très nombreux, se vantent de posséder la science de la théologie » [2]. Presque tous ceux qui se consacrent à l'étude de la théologie se dirigent vers les enseignements positifs et leurs formes, en croyant être des théologiens lorsqu'ils savent parler comme ceux qu'ils ont choisi pour leurs maîtres. Or, le but de la science – dit le Cusain – est caché en Dieu et, par rapport à Lui, la science de ce monde n'est qu'insanité. Il avait eu des mots très durs aussi dans les *Conjectures* contre l'orientation des « théologiens modernes » qui soumettent Dieu aux lois de leur raison. Il avait affirmé également que lorsque nous parlons de Dieu en hommes rationnels, nous soumettons Dieu aux lois de la raison, au point d'affirmer à propos de Dieu certaines choses, d'en nier d'autres, et de lui appliquer disjonctivement les opposés. Voilà à peu près l'orientation de tous les théologiens modernes qui parlent de Dieu avec leur raison. Les adeptes de cette école affirment beaucoup de choses qui sont dépassées par l'intellect et par la vision de l'Unité au-dessus de l'intellect et de la raison.

Cependant, il serait erroné de croire que le Cusain a élaboré, grâce à sa notion de la « docte ignorance », une théologie négative voire plus généralement mystique, ou bien qu'il ait fait preuve de scepticisme. En effet dans les années de sa maturité, autour de 1450, il développe la notion d'une théologie indéniablement positive, qui émerge clairement aussi dans les opuscules théologiques déjà cités, *La recherche de Dieu*, *La Genèse*, *La filiation de Dieu*. Il y a établi, par sa christologie, les fondements d'un

1. *Ibid.*
2. *Apologie*, *op. cit.*, p. 101-102.

concept positif, religieux, de la théologie et de la recherche théologique sur la révélation biblique de la foi, à savoir, sur l'idée de la graine de la sagesse à l'intérieur de nous par l'illumination du Verbe de Dieu, Jésus, qui est le présupposé de ce qu'on cherche. Mais elle parle aussi en dehors de nous, « dans les rues et sur les places ». Il développera cette doctrine l'année qui suit la rédaction de ces opuscules théologiques, en 1450, dans les *Dialogues de l'Idiot sur la sagesse*.

C'est ici que le Cusain écrit qu'il s'agit de la sagesse que tout le monde peut constater et qu'il élabore explicitement l'autre concept positif concernant la théologie déjà énoncé dans ses opuscules, à savoir le concept de la théologie du présupposé ou théologie suffisante, ou encore théologie discursive. Celui qui cherche présuppose toujours ce qu'il cherche alors qu'il ne présuppose pas « pourquoi » il cherche : il s'agit là d'un haut mystère. Tous ceux qui cherchent le savoir supposent que la science soit celle par laquelle tout savant est savant. Or, la sagesse éternelle se savoure dans toute œuvre. Ainsi, crie-t-elle dans les rues, parle-t-elle dans le livre du monde écrit par le doigt de Dieu et non pas dans les livres des bibliothèques. Elle est délice dans chaque chose délectable, elle est beauté dans chaque chose belle.

Mais la vie la plus heureuse est celle de l'intellect, et le désir le plus joyeux est le désir intellectuel. L'assouvissement de ce désir est le but de l'intellect et consiste dans le désir de vie immortelle, grâce auquel on savoure déjà par avance la sagesse éternelle. Néanmoins, comme on ne désire rien qui serait absolument inconnu, dans chaque désir d'une vie immortelle il y a l'immortalité de la vie, et ce désir est comme le fer qui est attiré par l'aimant. Dans le fer, il y a naturellement un certain avant-goût de l'aimant, lequel est comme le Christ qui, par l'attraction qu'Il exerce sur nous, nous attire vers le Père. Le Cusain puise cette image si prégnante du Christ qui, comme un aimant, nous attire vers l'immortalité, dans un passage d'Albert le Grand, ou l'attraction spirituelle du Christ est comparée précisément justement à celle de l'aimant. Mais le Cusain veut développer ici sa théologie positive *sermocinalis* ou théologie du présupposé, qui a été rendue possible grâce à la révélation du Christ et à l'étincelle divine placée dans chaque homme. Il affirme par conséquent que tout questionnement sur Dieu présuppose la question, c'est pourquoi on doit dire que dans tout questionnement sur Lui, la question Le présuppose. En fait, Dieu est signifié dans chaque signification des termes, bien qu'on ne puisse pas vraiment Le signifier.

Le Cusain développe aussi ce thème de la théologie du présupposé dans plusieurs ouvrages de sa maturité, tels que *La paix de la foi*, *Le pouvoir-est*, et *Le complément théologique*, mais surtout d'une manière claire et brillante dans le dialogue *La sagesse*. C'est à ce propos qu'il reprend le thème des formes de la théologie : la théologie du présupposé (*praesuppositum*) est appelée aussi théologie suffisante, et les deux sont liées à d'autres définitions de la théologie, discursive et circulaire. La première est fondée sur le raisonnement selon lequel toute question sur Dieu présuppose la question elle-même, ce qui fait que si on se demande si Dieu est, on présuppose l'être (à savoir, que Dieu est). Aussi, Dieu est-il le présupposé absolu de toutes les choses, quel que soit le « mode » du présupposé. Dieu devient ainsi la Facilité Absolue à propos de laquelle la réponse coïncide avec la question, même si dans la théologie du présupposé il ne s'agit pas d'une réponse exacte, mais d'une réponse inadéquate, la question elle-même étant inadéquate. Celui qui cherche, présuppose toujours ce qu'il cherche, sans présupposer pour autant le pourquoi de sa recherche. Il s'agit là d'un autre mystère – affirme-t-il – découlant sans doute de l'idée que Dieu le Père a donné à tous, avec le don du salut, ce qui suffit pour l'atteindre. Aussi, ne savons-nous jamais ce que Dieu est dans sa précision absolue et, par conséquent, soit nous employons tous les noms (théologie affirmative) soit nous n'en employons aucun, en partant du principe qu'aucun nom ne Lui est approprié (théologie négative). Aussi bien les discours de la théologie positive que ceux de la théologie négative, constituent la théologie discursive. Elle est la théologie qui reconnaît la validité des discours sur Dieu et nous amène à Dieu par la force des paroles, tout inadéquates qu'elles soient. C'est pourquoi « la suffisance des vérités difficiles » est ramenée « à la facilité des façons dont on formule les propositions sur Dieu » [1]. Nicolas de Cues propose ici à son interlocuteur quelques exemples par lesquels il explicite son idée de la théologie sermocinale, laquelle est la théologie facile et suffisante du présupposé. Aucune chose difficile n'est plus facile que la spéculation sur les choses divines – dira-t-il à son interlocuteur, le savant, l'homme de lettres, l'Orateur :

> Dans la théologie discursive, c'est-à-dire là où nous reconnaissons la validité des discours à propos de Dieu et nous n'excluons pas complètement l'efficacité des mots, tu as ramené la suffisance des vérités difficiles à la facilité de la manière dont on formule les propositions les plus vraies sur Dieu – Extraordinaire facilité des choses difficiles. Je comprends maintenant que le fait d'établir la ligne comme étant infinie entraîne

1. *Dialogue de l'Idiot*, *La sagesse*, II, *op. cit.*, p. 76-77, p. 78-79 *sq.*

> clairement toutes ces conclusions : c'est dire qu'elle est l'exemplaire, la précision, la rectitude, la vérité, la mesure, à savoir la justice, la bonté et la perfection de toutes les figures représentables au moyen de la ligne droite [1].

Il nous a paru que ce long passage tiré du troisième livre des *Dialogues de l'Idiot sur la sagesse*, le *De mente*, résume et renferme dans le concept de théologie discursive ou de théologie du présupposé, tous les concepts concernant la théologie élaborés précédemment par le Cusain. Celui-ci, loin d'abandonner les significations et la force des mots, envisage de donner une efficacité positive à tous les discours théologiques, en les dépassant selon sa propre doctrine des signes (ce qu'on peut lire dans l'un de ses derniers écrits, le *Compendium*, où on retrouve les pistes des grammaires spéculatives, comme on le verra au sixième chapitre).

1. *Dialogue de l'Idiot, La sagesse*, II, *op. cit.*, p. 76-77, p. 78-79 *sq.*

CHAPITRE IV

# UNE PHILOSOPHIE DE LA MATHÉMATIQUE : LES DEUX MATHÉMATIQUES ET L'ESPRIT

## UN CHANGEMENT DE PARADIGME DE LA PENSÉE PAR LE RECOURS AUX CONDITIONS QUE L'HOMME DÉCOUVRE EN RÉFLÉCHISSANT À SA SITUATION DANS LE MONDE

La présence dans la philosophie de Nicolas de Cues de deux concepts généraux concernant les mathématiques, qui tantôt se croisent, tantôt gardent leur indépendance réciproque (depuis la *Docte ignorance* et les *Conjectures* jusqu'au *De mente*, au *De mathematicis complementis* au *De mathematica perfectione* et surtout au *Complément théologique*) est indéniable, quoique son interprétation soit controversée. L'élaboration par le Cusain des concepts traditionnels des mathématiques aboutit à une philosophie originale des mathématiques, influencée aussi par un hermétisme et un pythagorisme ésotérique, comme nous l'avons montré.

Il s'agit tout d'abord du concept traditionnel du *quadrivium* de Boèce, dont Nicolas de Cues traite en plusieurs endroits, notamment dans la *Docte ignorance* et dans les *Conjectures*. On est là dans le domaine des mathématiques médiévales, fondées sur la doctrine des proportions et sur le principe logique de non-contradiction, lequel selon le Cusain ne saisit que le plus et le moins de la réalité environnante et n'aboutit qu'à une connaissance mathématique rationnelle. Mais, il y a aussi des mathématiques irrationnelles fondées sur une logique différente : celle du *transcensus*, c'est-à-dire du dépassement ou de la dissolution des figures limitées voire contractées dans leurs limites, dans la coïncidence des opposés par l'exactitude absolue du rapport d'égalité qui est l'un. L'un est proposé dans divers modes :

mathématique, ontologique, linguistique. Dans le premier mode 1) cette coïncidence est l'identité mathématique du rapport d'égalité, A est A ou l'un est l'un. Dans le second 2) ontologique l'un de cette identité a la signification de l'unité ontologiquement dynamique des contractions des opposés, en tant que divers dans l'altérité des finis, et incontractable dans l'égalité absolue du *Posse* de Dieu (on le verra par la suite). Dans les *Conjectures,* il s'agit d'une théorie tétrarchique qui pouvait aboutir à une forme de panthéisme dont il fut accusé par Jean Wenk et elle a été fortement repoussée et transformée par le Cusain (cf. *La filiation*, *La Genèse*, *L'esprit*, *Le compendium*). Mais le Cusain introduit aussi le mode 3) verbale du langage de l'« autre » : A n'est rien d'autre que A. Selon ce mode, l'un est conçu dans le cadre des significations linguistiques de l'identité et la différence du Non-autre, conformément au développement de la logique cusaine qui nie la nécessité de l'exclusion du « troisième terme » (*tertium non datur*). D'où le développement d'une logique de la négation du « troisième principe » que le Cusain interprète sur le mode euristique. Dans le *Béryl* il revient au troisième principe en critiquant Aristote et tous les philosophes qui se sont accordés avec lui, qu'il accuse d'avoir nié la vérité nécessaire de l'affirmation d'un troisième terme : « Aristoteles concordando omnes philosophos [...] tertium principium utique necessarium non attingerunt »)[1]. Aussi, dans toutes ses œuvres s'est-il employé à éclairer la nécessité du troisième terme selon cette doctrine originale de la coïncidence des opposés, conçue comme rapport de l'égalité. Cette affirmation d'un tiers principe signifie aussi la négation du principe de non-contradiction puisque la chose (*res*) n'est pas la chose en tant qu'être nécessaire, mais elle est la possibilité (*fieri*) d'être faite (*factum*) (à savoir définie comme une chose possible d'une manière ou de l'autre (*ad utrumlibet*) (on verra cela explicité par la suite dans *La cime de la contemplation*). Cette idée relève de sa métaphysique qu'on peut définir même comme une ontologie du possible d'être possible (*fieri*).

On y retrouve une équivocité qui présente une grande difficulté pour ses interprètes. Dans le langage mathématique euclidien et dans celui de la logique aristotélicienne[2], l'affirmation que l'Un est l'Un et *tertium non*

1. *Le béryl*, *op. cit.*, p. 60 (42), p. 68 (48).

2. Au Moyen âge, la définition de proportion rationnelle et irrationnelle d'Aristote était connue à travers le commentaire *des Analytiques seconds* de Themistius, par lequel fut transformée la notion abstraitement mathématique de Euclide dans la logique substantialiste d'Aristote (*cf.* Themistius, « Paraphrases of the Posterior Analytics in Gerard of Cremona's Translation », éd. J. R. O'Donnelly, *Medieval Studies*, XX, 1958, p. 256). Des transformations de ces questions de la proportion et du rapport de proportion des proportions furent apportées

*datur*, est le principe qui confirme le principe de non-contradiction, mais si on conçoit la proposition de la *ratio aequalitatis* que « l'Un est l'égalité de l'Un » selon une prédication de la catégorie de la quantité[1], on introduit un troisième terme qui est l'égalité en tant que relation dynamique, la connexion (tout le monde connaît les difficultés de la notion métaphysique aristotélicienne de la quantité géométrique en raison de sa réduction à la qualité du continuum) qui est une extension physique infiniment divisible et non un nombre *discretus* de l'arithmétique.

En outre, nous avons vu que, en considérant les propositions concernant Dieu comme infini opposé aux finis et coïncidence des opposés, une telle coïncidence dans l'unité infinie de Dieu est conçue par le Cusain dans un rapport de privation de toute affection possible. Les propositions contenues dans *La vision de Dieu* et dans le *Non-autre* concernant le dépassement du mur de la coïncidence des opposés nous paraissent très claires quant aux affirmations du Cusain : aucune dialectique logique conçue comme médiation entre des termes qui seraient opposés en Dieu n'est possible.

J'entends tout d'abord souligner que les deux logiques mathématiques – l'une rationnelle, l'autre intellectuelle – sont des conjectures de l'esprit visant à saisir la vérité absolue, centrées toutes les deux sur la notion de *ratio aequalitatis*, qui est le mode mathématique signifiant l'indivisibilité de Dieu, maximum absolu et infini en tant qu'identité de l'Un infini avec le même Un-infini. Le Cusain en a élaboré une approche originale dans les *Dialogues de L'Idiot sur la sagesse*, tout particulièrement dans le troisième dialogue de cette œuvre *L'esprit* de l'année du Jubilé 1450.

Mais quelle est l'origine de cette richesse d'idées mathématiques chez le Cusain ? En fait, on peut définir sa philosophie comme une théorie mathématique qui est une métaphysique de l'esprit, à l'origine d'une conception originale de la pensée conçue comme activité rationnelle se manifestant exclusivement selon le mode mathématique scientifique et artistique. La connaissance négative de la pensée est réévaluée, même si elle n'atteint pas, selon le mode supérieur (*le transcensus*) de l'intellect

au Moyen âge par les grands mathématiciens arabes, tel que Ametus (Thebit ben Quarra, IX^e siècle) duquel était connu au Moyen âge son *Epistula de proportione et proportionalitate* dont parle aussi Blaise de Parme. *Cf.* G. Federici Vescovini, *Astrologia e scienza*, *op. cit.*, p. 443-447. *Cf.* E. B. Plooij, « Euclid Conception of Ratio and his Definition of Proportional Magnitudes as Criticized by Arabian Commentators », Rotterdam, Hengel, 1950, réimp. dans F. Sezgin, *Mathematic and Astronomy*, Frankfurt am Mainz, Institut of History of Arabic-Islamic Sciences, vol. 19, 1998, p. 167-243.

1. L. Brunschvicg, *Les étapes de la philosophie mathématique*, Paris, Alcan, 1912.

(dans la *vis* synthétique de l'unité de l'un), l'infini, l'Un indivisible en soi (*quidditas*). La pensée contient, en tant que « point ou atome spirituel » concentrant (*complicans*) en soi la force (*vis*) d'unification de l'intellect – (il l'appelle *vis judiciaria*) – toutes les formes de pensée diversement contractées. Elle a une force extraordinaire tout en étant bâtie sur la logique du principe de non-contradiction des êtres finis. Elle est capable, par son énergie constitutive originaire, de créer des notions telles que les « mesures » ou les « nombres », qui nous donnent la connaissance rationnelle du monde dans la proportion.

En fait, le Cusain s'est efforcé de démontrer qu'il existe deux niveaux de la connaissance, tous les deux étant contenus ou compliqués dans la pensée : c'est ce qui découle de sa doctrine des contractions diverses de la raison et de l'intellect.

La pensée complique les formes de connaissance contractées et, en tant qu'esprit de contraction rationnelle, elle crée des notions telles que les nombres et les proportions du monde environnant (lequel acquiert ainsi sa beauté ordonnée), alors que, en tant que contraction intellectuelle, la pensée réalise (*explicat*) aussi le processus du dépassement des limites des définitions des êtres finis par l'unification accomplie par les opérations des mathématiques symboliques. Cette doctrine est développée, soit dans *L'esprit* où le Cusain énonce sa nouvelle idée de l'architecture de la pensée fondée sur les nombres, les poids et les mesures, soit dans ses traités de mathématique symbolique, par le dégagement de l'un (*ablatio*). Dans *L'esprit* il élucide l'idée déjà ébauchée dans *Les conjectures*, que nos concepts sont créés par notre esprit, comme les êtres sont créés par l'esprit divin en éclairant la doctrine que cette création est l'œuvre de notre esprit mathématique, en tant que mesurant le monde environnant, comme Dieu est le créateur des êtres.

En abordant ce sujet, il se mesure à l'un des thèmes les plus complexes auxquels sa pensée s'est appliquée, car il touche aux thèmes essentiels de sa spéculation qui, loin d'être toujours la même, n'a jamais cessé de se modifier depuis la *Docte ignorance* jusqu'aux *Dialogues de l'Idiot sur la sagesse* et surtout jusque dans ses écrits tardifs, le *Non-autre*, le *Compendium*, *La cime de la contemplation*, où sa doctrine a gagné en complexité et en articulations différentes. Tous ceux qui abordent ces ouvrages sont frappés par la richesse singulière des exemples, des figures, des raisonnements mathématiques ou pseudo-mathématiques qu'ils contiennent.

## LES MATHÉMATIQUES DANS LA TRADITION DE LA DISCUSSION SCOLASTIQUE DU XIIIe ET DU XIVe SIÈCLE À BOLOGNE ET À PADOUE

Le Cusain a puisé à de nombreuses sources d'inspiration. C'est à propos de l'une des définitions centrales de la spéculation de *La Docte ignorance* (à savoir celle de la sphère dont le centre est partout et la circonférence nulle part) que les éditeurs de la première édition critique, en 1937, avaient déjà remarqué que soit cette définition, soit celle du principe même de la « docte ignorance » sont des propositions mathématiques d'origine pseudo-hermétique. Par ailleurs, non seulement *La Docte ignorance*, mais aussi les derniers écrits de la maturité du Cusain, nous paraissent enracinés, par leur inspiration mathématique, aussi bien dans une tradition savante hermétique-néoplatonicienne que dans un type d'enseignement scientifique assez proche des connaissances du jeune Cusain, acquises pendant les années de son apprentissage à l'Université de Padoue. Là, il avait suivi ses études de droit. À la Faculté des arts et de philosophie, l'enseignement était assuré par le célèbre mathématicien et astronome Blaise Pelacani de Parme qui avait affirmé dans ses enseignements sur les proportions du mouvement et sur la physique d'Aristote que la *proportion* ou *ratio aequalitatis* signifie l'indivisibilité de l'intellect qui est "un" en tant qu'atome, parce qu'il est le *quantum minimum* dernier indivisible de la connaissance au-delà duquel on ne peut aller, comme nous l'avons fait remarquer dans les chapitres précédents.

À l'Université de Padoue, Blaise avait beaucoup œuvré dans le sens de la théorisation d'une épistémologie de type mathématique, d'après laquelle la vérité *ex suis terminis* est fondée sur le concept de « précision » et qui jaillit de la notion du rapport d'égalité, et elle ne peut être saisie que par les sciences mathématiques. Le Cusain ne fait que greffer (selon une tradition déjà inaugurée par les écoles s'inspirant des dernières doctrines de Duns Scot, d'Ochkam, de Marsile d'Ingen) les spéculations mathématiques de l'*intension* (*intensio*) et de la *rémission* (*remissio*) des formes[1], des minimums et des maximums proportionnels, des degrés des formes, sur les spéculations théologiques, lesquelles, par contre, dans l'école de Padoue n'avaient été développées qu'en un sens mathématique et dans la physique de l'univers naturel ou *philosophia naturalis* En fait, à Padoue, aussi bien les théories mathématiques de la proportion des mouvements que les démonstrations de statique (*De ponderibus*) de Blaise

1. A. Maier, *Zwei Grundprobleme der scholastichen Philosophie*, Roma, Edizioni di Storia e Letteratura, 1952.

et celles de musique de son élève Prosdocimo, étaient largement suivies. Mais, c'est le Cusain qui les élabore presque entièrement dans un sens théologique, même si dans le quatrième dialogue de l'*Idiot*, *Les expériences de statique*, il applique aussi la doctrine de la mesure des poids au milieu terrestre conformément à l'idée de l'utilité pour la vie de l'homme du calcul du poids de tous les éléments de la nature. On peut supposer que c'est bien grâce à cet enseignement mathématique, suivi par lui dans le milieu scientifique de Padoue, que le Cusain eut l'idée, qu'il développe dans *La docte ignorance*, d'un concept de la vérité qu'il déduit de la certitude de la démonstration mathématique – et non des règles des *Analytiques*[1] –, et cela, par la déduction ontologique de l'être universel et nécessaire en tant que tel.

Dans *Le Pouvoir-est*, un ouvrage de sa maturité, le Cusain élucide très clairement sa conception globale de la science mathématique, qu'il situe à l'intérieur du classement aristotélicien traditionnel des trois sciences spéculatives (ou théoriques) de l'enseignement médiéval : métaphysique ou philosophie première, mathématique et physique.

D'après l'interprétation la plus commune de cette doctrine des sciences spéculatives par les commentateurs d'Aristote[2], ce classement n'avait pas donné aux mathématiques (astronomie, optique, géométrie solide) un statut bien défini qui leur fût propre, car elles avaient été interprétées comme étant des sciences « intermédiaires » (*scientiae mediae*) entre la métaphysique et la physique du continuum ; elles avaient obtenu un statut indéterminé par rapport aux deux premières[3], étant donné la difficulté de cette doctrine. Les savants médiévaux, tel le philosophe physicien et médecin Pierre d'Abano (ou de Padoue), en suivant la paraphrase de la traduction de la *Métaphysique* d'Avicenne, avaient appelé ces trois sciences des « modes » de la connaissance spéculative, en les distinguant de ceux de *l'Ethique* : le mode divin ou essentiel (la métaphysique), le mode mathématique (ou doctrinal) et le mode naturel (physique). On avait jugé que les concepts mathématiques de ce classement aristo-

1. Texte connu dans le XIII^e et XIV^e siècle par l'interprétation du commentaire de Robert Grosseteste *Commentarius in "Posteriorum analyticorum libros"*, éd. P. Rossi, Firenze, Olschki, 1981.

2. Aristote, *Metaphysique*, VI, 1, 1026a 8-10, 13-16 ; *Physique*, II, 2 194a 7-12.

3. Pour l'arithmétique et la géométrie, *Physica*, II, 2, 194a 7-12 ; *Metaphysica*, XI, 3 1061a 28b 3 ; *Metaphysica*, V, 13, 1021a 7-21. *Cf.* mon travail, *Studi sulla prospettiva medievale*, *op. cit.*, p. 214-217. Pour l'astronomie, voir mes recherches dans R. Rashed, J. Biard (éd.), *Les théories de la science de l'Antiquité à l'Age Classique*, Leeuven, Peters, 1999, p. 237-257 et, pour l'optique, *Le teorie della luce e della visione, op. cit.*

télicien étaient « abstraits » de la matière sensible et du mouvement, du fait qu'ils persistaient en eux-mêmes en tant que formes essentielles et réelles, ontologiquement parfaites. Par exemple, lorsque l'averroïste Thaddée de Parme[1], qui en 1318 enseignait les Arts, la philosophie, et la médecine à Bologne, commente l'ouvrage le plus célèbre de l'astronomie médiévale (plus connu même que le *De caelo* d'Aristote), à savoir la *Theorica planetarum* attribuée à Gérard de Cremone, il conçoit les vérités mathématiques dans le sens du réalisme des formes mathématiques, abstraites et divines, en aboutissant ainsi à une singulière *contamination* entre son aristotélisme averroïste et le platonisme mathématique du *De lineis, angulis et figures* de Robert Grosseteste. D'après une autre tradition scientifique faisant appel à l'enseignement d'Avicenne[2], l'essence même des mathématiques découle d'une « considération » de notre intellect qui les formule intellectuellement selon son propre processus cognitif.

C'est justement à cette deuxième conception élaborée aux siècles antérieurs, issue de l'interprétation du classement des sciences d'Aristote par Avicenne[3], qu'on peut rapprocher – selon nous – plusieurs des conceptions du Cusain. Celui-ci reprend quelques doctrines d'Avicenne, qu'il cite maintes fois, et adopte la distinction fondamentale de la métaphysique entre le savoir ou la sagesse (*sapientia*) concernant le divin qui ne peut être atteint en soi et la science (ou les sciences) physique(s). Le Cusain, cependant, s'engage dans la voie d'une transformation radicale de cette interprétation des classements des sciences (y compris aussi les mathématiques et la métaphysique) entre le savoir concernant le divin transcendant, dont l'essence ne peut jamais être atteinte en soi, et la science

1. G. Federici Vescovini, « La classification des mathématiques d'après le Prologue de l'Expositio super "Theorica planetarum" de l'averroïste Thaddée de Parme (Bologne 1318) », dans J. Hamesse (éd.), *Programmes de Cours et techniques d'enseignement dans les Universités médiévales*, Louvain-la-Neuve, FIDEM, Turnhout, Brepols, 1994, p. 137-182; *id.*, « L'exorde de l'arithmétique de Boèce », dans *Boèce, la chaine des savoirs*, A. Galonnier (éd.), Louvain/Paris, Peeters, 2003, p. 57-71 et *id.*, *Medioevo magico, La magia tra religione e scienza*, Paris, Vrin, 2011, p. 311-315, p. 366-370.

2. Pierre d'Abano, *Lucidator dubitabilium astronomiae* (*astrologiae*), *Differentia I*, dans *Trattati di astronomia*, *op. cit.*, p. 106-151 et « Introduction », p. 64-66; H. Hugonnard-Roche, *L'œuvre d'astronomie de Thémon Juif, Maître parisien du XIV<sup>e</sup> siècle*, Genève, Droz-Minard, 1973.

3. J. Jolivet, « Classification des sciences arabes et médiévales », dans *Perspectives médiévales et arabes*, Paris, Vrin, 2006, p. 175-194; H. Hugonnard-Roche, *La classification des sciences de Gundissalinus et l'influence d'Avicenne*, dans J. Jolivet, R. Rashed (éd.), *Études sur Avicenne*, Paris, Vrin, 1984, p. 41-75.

ou les sciences physiques, par rapport aux doctrines fondamentales de sa philosophie en tant que « docte ignorance ».

## LE TOURNANT GNOSÉOLOGIQUE DES *DIALOGUES DE L'IDIOT SUR LA SAGESSE* (1450)

La sagesse, dont il est question dans ces dialogues, se transforme parce qu'elle se révèle dans le monde par les possibilités cognitives de notre esprit que le Cusain définit comme étant le « lieu de la proportion du monde ». Il s'agit d'une attention toute nouvelle tournée vers le monde où la connaissance mathématique de l'esprit humain est métaphysiquement réévaluée, dans la mesure où Nicolas de Cues affirme que notre pensée est une puissance originaire, une force assimilatrice concréée (v*is assimilative concreata*) à l'image de Dieu, créatrice de la connaissance du monde, qui contient potentialement (*complique*) celui-ci dans sa science de la mesure (*mens mensurans*) ; il est intellect « un » se faisant le « lieu du monde et la proportion » des choses[1].

La gnoséologie du Cusain se transforme, en devenant une doctrine de la puissance mathématique *compliquante* de notre esprit en tant qu'il est créé par Dieu à l'image de sa révélation dans l'humanité de Jésus-Christ. En ce sens, l'humanisme du Cusain est chrétien et hétéronome, dépendant de la création de Dieu. Ainsi, à notre avis, le Cusain ne peut-il pas être défini comme étant le précurseur du criticisme kantien ni de l'idéalisme hégélien : dans cette perspective, on négligerait toute sa spéculation religieuse, qui est fondamentale. Il est pourtant vrai qu'on est ici en présence d'un nouveau tournant de la doctrine de la connaissance du Cusain, qui sera poursuivi par le tournant linguistique de ses derniers ouvrages, tels que *le De non Aiud*, le *Compendium* et surtout *La cime de la contemplation*, à savoir par sa philosophie de l'Un et par son renoncement à l'être au profit du *Posse ipsum*. Nicolas de Cues affirme que la science en général n'est que la science des signes par lesquels les hommes peuvent signifier dans le mode du connaître les modes de l'être (voir plus avant chap. VII). Les signes sont tous sensibles et ils désignent les choses dans les noms imposés,

1. *L'esprit*, *op. cit.*, chap. VI, p. 138-139 : « Quando unum dicis intellectum aperis quomodo sit rerum productio ac quomodo proportio est locus orbis seu regio formae » (Quand tu appelles « un » l'intellect, tu montres comment se réalise la production des choses et comment la proportion est le lieu du monde ou la région de la forme).

soit par convention soit par nature, selon un processus perceptif-rationnel grâce auquel le signe désigne l'objet.

## LA PERCEPTION RATIONNELLE DE LA PENSÉE DANS LES SIGNES DES NOMBRES

Dans le dialogue de *L'esprit* le Cusain introduit cette doctrine des signes mathématiques et y reviendra à la fin de sa vie dans le *Compendium* en l'éclaircissant selon un point de vue différent.

En effet, pour le Cusain toutes les formes, les espèces et les qualités sont des signes et non des formes ontologiques abstraites. Toutefois, comme il va le souligner, le signe privilégié entre tous est celui de la quantité, dans la mesure où les signes de la quantité ne sont pas dans les objets sensibles en soi et pour soi, mais seulement par accident, « étant donné que, s'il ne peut pas y avoir de qualité sans la quantité, le contraire n'est pas vrai ». Cependant, lorsqu'on connaît quelque chose par le signe de la quantité, on ne connaît pas encore le connaissable en soi, lequel est l'inconnaissable se rapportant à la précision absolue de l'égalité infinie qu'on ne peut pas atteindre en soi, mais seulement par accident dans la distinction de l'altérité. Mais si on lui enlève la grandeur et la multiplicité, en soi et pour soi, l'esprit ne connaît plus rien. En fait,

> puisqu'aucune chose n'est de la même quantité ou qualité qu'une autre et que d'une chose quelconque singulière il y a une quantité singulière, la quantité n'est pas quelque chose de général dans la réalité (*in re*), mais dans la connaissance, c'est-à-dire dans l'espèce ou le signe [1].

Il s'ensuit que notre connaissance mathématique est fondamentale, tout en étant modale, c'est-à-dire qu'elle n'est jamais absolue, mais toujours relative par rapport au plus et au moins de nos modes de connaissance, et de cette manière elle s'inscrit toujours dans le mouvement cognitif de notre esprit. Les nombres sont les formes générales et universelles d'une connaissance privilégiée : en tant qu'ils sont les signes naturels des choses singulières qu'ils désignent, ils sont des figures, des images. Ils ne sont pas des formes formantes, mais des formes informantes : elles informent les choses naturelles et, par conséquent, elles peuvent atteindre le plus et le moins, parce que ceux qui sont « informés », sont susceptibles d'augmentations et de diminutions. Il ne s'agit pas encore d'espèces ou de

1. *Complementum*, *op. cit.*, chap. V, p. 56-57.

signes déterminés, mais de signes indéterminés[1]. C'est bien du nombre que découle la détermination : par exemple du nombre trois, lequel en soi ne reçoit pas le plus et le moins, et se distingue du nombre dix. Ces nombres qui représentent la « détermination » de notre connaissance, le Cusain va les appeler espèces « notionnelles » ou intellectuelles compliquées dans notre esprit[2] (à savoir : concentrées dynamiquement).

## LA PHILOSOPHIE DU NOMBRE DANS *L'ESPRIT*

La philosophie du nombre de Nicolas de Cues reprend les concepts communs des mathématiques médiévales, dont il propose cependant des interprétations assez originales tirées des sources néoplatoniciennes-hermétiques[3]. En effet, il modifie aussi bien le réalisme mathématique pythagoricien que le réalisme mathématique platonicien du *Timée* dans le sens d'une métaphysique de l'« un-monade » en tant que force visant à la concentration (*complicatio*), dont la figure est le point compliquant l'un qui concentre tout (*complicat*), d'où s'« expliquent » les autres figures et les nombres. L'« un-monade » signifie, d'un côté, Dieu et, de l'autre, l'esprit humain à son image. L'unité absolue est une force infinie en acte : c'est la force compliquant de la « monade » qui est l'infini en acte, Dieu. Alors qu'Aristote avait exclu cette notion, au Moyen Age les scotistes des XIIIe, XIVe et XVe siècles avaient admis un infini dans la durée ou dans la succession et avaient discuté la notion d'un infini *in vigore*[4]. Pour le Cusain – qui accepte cette dernière idée –, c'est la forme d'énergie « compliquante » (le *Posse-ipsum*), qui donne l'être selon ses modes de nous connaître et par son amour, ce n'est pas l'être qui donne la forme.

Nicolas de Cues explicite sa position par rapport au pythagorisme mathématique dans un passage du traité *De mente* (chap. XV) dans lequel il définit son double concept du nombre d'où jaillit, par la suite, sa double élaboration des la pensée mathématique, et pas seulement à l'égard de son utilisation en théologie. Elle est immortelle par sa connaissance du nombre. En tant qu'exemple et paradigme il avait défini le nombre dans les

1. *Complementum*, *op. cit.*, chap. V, p. 54-55.

2. *L'esprit*, *op. cit.*, chap. II, p. 106-107 ; chap. VII, p. 152-153.

3. Voir *infra* chap. II.

4. *Cf.* A. Maier, *Diskussion über des aktuel Unendlich in der ersten Häfte des XIV Jahrhundert*, dans *Ausgehendes Mittelalters*, I, Roma, Edizioni di Storia e Letteratura, 1964, p. 41-86.

*Conjectures* (où il avait développé sa philosophie du nombre symbolique). Dans *le De mente*, il le présente comme étant la seule connaissance vraie que les hommes puissent avoir du monde ambiant en tant qu'image[1] de cet exemplaire. La connaissance du nombre est la seule connaissance vraie des hommes.

Le nombre de notre esprit est l'image du modèle (*exemplar*) de l'esprit de Dieu en tant qu'« Un », au commencement duquel il n'y a pas l'un en tant que nombre, mais l'Unité infinie, qui n'est pas un nombre, mais le principe de notre pensée. Ainsi, le nombre en tant que tel découle de l'Un qui est le principe de notre intellect qui est principié. Il n'est pas le mode de Dieu qui est sans principe (cf. *Le principe*). Le nombre « un » exprime le « mode » de ce qui commence, il est le symbole même du commencement, qui s'exprime par les figures énigmatiques de la géométrie, comme la figure paradigmatique des trois mondes (le monde de la lumière, le monde des ténèbres et le monde intermédiaire). Nicolas de Cues en a longuement parlé dans les *Conjectures*[2]. Pourtant, explique-t-il, le nombre dont les pythagoriciens ont traité n'est pas celui de notre esprit, lequel distingue, mesure, définit, recherche la raison ou les proportions du monde de la nature. Les pythagoriciens ont eu, cependant, le mérite de ne pas concevoir le nombre seulement comme le nombre mathématique : bien au contraire, ils ont parlé « symboliquement » du nombre qui procède de la pensée divine, dont le nombre mathématique est l'image. Aussi, notre esprit est-il à l'esprit infini de Dieu ce que le nombre de notre esprit est au nombre divin. Donnons à ce nombre notre nom, qui est notre esprit, et occupons-nous du nombre en tant qu'œuvre de notre esprit. Il s'ensuit que le nombre de notre esprit est la règle de la vérité : et cette règle est la précision des rapports mathématiques qui est la *proportio aequalitatis*, en tant qu'elle est l'« Un ». Il est le seul nombre valable pour saisir aussi bien la vérité absolue que la vérité concernant le milieu naturel du plus et du moins, il est la forme notionnelle de notre esprit. Il apparaît donc que les mathématiques sont un mode de savoir privilégié à l'intérieur du classement traditionnel des sciences spéculatives donné par Aristote par rapport aussi bien à la physique qu'à la métaphysique, laquelle devrait – sans y réussir – saisir l'essence, à savoir la quiddité (*quidditas*) des choses. Néanmoins, même si

1. Sur notre connaissance intellectuelle du nombre en tant qu'image, en particulier de l'Exemplaire (Dieu-*Verbum*) qui est l'égalité maximale (*aequalitas praecisissima*), cf. *Dialogues de l'idiot*, I, *La sagesse*, *op. cit.*, p. 64-65, et ici chap. III, p. 94.

2. *Les conjectures*, *op. cit.*, n. 85 et 87.

cette précision n'est jamais saisie dans son absoluité, nous en avons l'idée tout en étant nous-mêmes des esprits de précision contractée.

Donc, la philosophie des mathématiques du Cusain s'articule essentiellement autour du concept de vérité comme précision qui est le *ratio aequalitatis* et du concept du fonctionnement mathématique de notre esprit.

## LA PRÉCISION PROPORTIONNELLE CONTRACTÉE

En fait, d'après Nicolas de Cues, par-delà toute spéculation à propos du nombre comme la spéculation symbolique et énigmatique inspirée par un certain courant du pythagorisme, ou comme les mathématiques rationnelles de Boèce décelant dans le monde de la nature la proportion et l'harmonie de sa beauté, le nombre est notre œuvre, parce que le nombre définit le mode de l'activité de notre connaissance qui se meut dans la proportion. Notre esprit est par son essence même, un nombre se mouvant par soi-même (*numerus se movens*)[1]. Mais comme notre nombre fini n'atteint pas la précision absolue d'identité (la *ratio aequalitatis*) de l'infini, le concept de « précision contractée » de la vérité de notre esprit est mieux adapté par rapport à la vérité de la précision absolue de Dieu (laquelle en tant que « vérité infinie », est incontractable (*incontrahibilis*).

Cette affirmation signifie que la vérité se contracte – ou se rétrécit – dans les nombres sensibles, rationnels ou intellectuels, mais non en Dieu (*cf.* tout spécialement *De conjecturis*, I, 1, 2 *sq.*). Néanmoins, dans le *De mente*[2], le Cusain, pour définir son idée de l'esprit, élabore le concept de point de concentration – ou complication (*complicatio*) – d'énergie, à côté de celui de contraction, et il donne l'exemple de la pointe de diamant bien aiguisée, (« exemplum acutiei diamantis »)[3] qui montre que plus son angle est aigu et simple, plus les choses se reflètent en lui.

Le préalable de cette conception est que l'Unité infinie qu'est Dieu est le point de puissance contenant (*complicans*) tout dans sa toute-puissance, Monade en acte. Il est notre modèle et nous sommes ses images. Ainsi, rayonne-t-il dans notre esprit selon nos visions, lesquelles sont nos possibilités cognitives exprimées par les proportions contractées de notre esprit selon le plus et le moins. Ils "expliquent" la variété des proportions par rapport à celle de l'Un de l'Unité divine.

1. *L'esprit*, *op. cit.*, chap. VII, p. 150-151.
2. *Ibid.*, chap. III, p. 118-119.
3. *Ibid.*, chap. V, p. 136-137.

En énonçant la doctrine de la diversité des proportions mentales de l'un – par rapport à celle de l'Egalité divine – qui découle de sa théorie du mode de la contraction dans les degrés de la connaissance, déjà présentée dans ses *Traités théologiques* – le Cusain revient, dans le *De mente*, sur la relation Dieu-créature par le biais du mode de participation contractée. Il éclaire ce point en invoquant la doctrine des différentes proportions rationnelles des esprits, selon laquelle les participations cognitives diffèrent en fonction des diverses contractions de leurs connaissances proportionnelles, par rapport à eux-mêmes selon le plus et le moins, et par rapport à l'unité absolue de Dieu, coïncidence des opposés : cette variété des proportions vient des contractions numériques de l'unité des puissances de notre esprit, celles sensibles, celles de l'âme, de la raison et de l'intellect. C'est au moyen du concept de contraction « proportionnelle » que le Cusain approfondit l'explication qu'il avait proposée dans ses traités théologiques quelques années auparavant, où il avait réélaboré l'idée d'Albert le Grand [1] d'après laquelle les êtres contractés participent de Dieu selon leur « disposition » individuelle à recevoir sa lumière.

Dans *L'esprit*, le Cusain approfondit ce concept de contraction comme étant la « disposition à recevoir la lumière » en relation au résultat final de cette illumination. Il déclare que la disposition de la contraction de l'esprit vise la perfection, à savoir l'unité, et qu'en l'atteignant elle devient une forme de connaissance en tant que *habitus* – ou habitude – une acquisition stable, consolidée par la répétition de ses opérations, une perfection acquise toujours à perfectionner.

La notion d'*habitus*, c'est-à-dire de l'acquisition stable consolidée par l'exercice habituel de la connaissance des choses, nous fait comprendre la différence entre la théorie cusaine de la connaissance intellective et celle de la forme substantielle intelligible ontologiquement nécessaire (*quidditas*) des aristotéliciens [2]. Aucune adéquation entre la *res* et l'intellect n'est possible. Notre pensée, en tant que contraction proportionnelle (semblable à un intellect *in habitu* ou *adeptus* des certains interprètes de l'âme intellective d'Aristote du XIIIe et du XIVe siècles) – donc sans la perfection d'une forme de connaissance substantielle – atteint des connaissances

1. R. Haubst, « Albertus, wie Cusanus ihn sah », dans G. Meyer, A. Zimmermann (éd.), *Albertus magnus doctor universalis (1280-1980)*, Mainz, M. Grünewald Verlag, 1980, p. 167-194.

2. Tout le monde connait les argumentations très développées de saint Thomas contraires à la doctrine de l'intellect en *habitus* qui ressortaient des querelles sur l'immortalité de l'âme du XIIIe siècle de l'interprétation averroïste et des alexandristes (Alexandre d'Aphrodise) de l'âme intellective.

mathématiquement certaines, mais limitées : c'est pourquoi elle est contingente. Par conséquent, notre connaissance n'est qu'une contraction du divin en nous, selon la diversité de ses dispositions proportionnelles par rapport à l'unité de la pensée divine. Mais la notion d'unité cognitive est commune aussi bien à la *mens* de l'homme qu'à celle de Dieu, même si la première en tant qu'image est contractée alors que la *mens* divine (l'exemplaire) est *incontrahibilis* : ce qui signifie que l'être humain se constitue par sa propre pensée et que, dès lors, il est presque divin. Le Cusain (dans le *Béryl*[1], VI, 7 et *Conj.*, II, 14) en citant Hermès, appelle l'homme un « second dieu » (*deus secundus*) et justifie cette dénomination en se référant à la créativité de la pensée humaine en tant que l'image du modèle de l'esprit de Dieu son exemplaire. Il revient de ce fait à l'idée centrale de son anthropologie religieuse : « De même que Dieu est le créateur des entités réelles et des formes naturelles, l'homme est le créateur des entités rationnelles et des formes artificielles ».

Par cette définition de la connaissance humaine proportionnelle – dont la précision est imparfaite en raison des différents niveaux de sa possibilité de contraction (ou de disposition à dépasser ses limites) – comme *habitus* et non comme forme substantielle, Nicolas de Cues introduit l'idée que la connaissance est une acquisition continuelle et continuellement perfectible à l'égard de la précision absolue de Dieu. Ainsi, définit-il la pensée humaine comme une possibilité sans limite de progression cognitive.

## LA RÉALITÉ EST UNE TOTALITÉ CONÇUE COMME ÉTANT LE RÉSEAU DE RELATIONS DES CONTRACTIONS PROPORTIONNELLES DES ÊTRES FINIS

En présentant ainsi la possibilité de connaître de notre esprit, Nicolas de Cues nous suggère que la réalité est conçue comme étant une totalité, à savoir un système de relations que l'on comprend seulement à partir de Dieu comme unité, telle que l'unité qui resplendit dans les contractions de notre esprit. Dieu en tant qu'unité est le principe de la connaissance et constitue l'idéal de la science visé par l'homme, idéal qui consiste dans la précision de l'unité absolue que l'homme retrouve en lui-même en tant qu'esprit, mais sur le « mode » contracté de l'intellect qui est l'un qui a un principe. Notre esprit n'est pas l'Un sans principe, à savoir l'un de cette Unité qui est Dieu sans principe ou absolue. (Il est le Principe sans principe, comme il était dit dans le *Principe*). L'un, c'est le mode de notre intellect.

1. *Le Béryl*, *op. cit.*, p. 18-19 (7) ; *Les conjectures*, éd. lat. cit., II, 14, vol. II, p. 170.

Celui-ci n'est pas le « mode » de Dieu, qui ne peut pas être contracté, puisqu'il n'y a dans le Divin aucun mode contracté comme tous nos modes[1].

Cette théorie de la pensée comme contraction proportionnelle de l'Un doit être soulignée tout particulièrement. Elle est, en effet, un préalable à plusieurs argumentations de la philosophie du Cusain sur les sujets les plus divers, en particulier, concernant les connaissances mathématiques en tant que telles et les mathématiques théologiques, lorsqu'il essaie de démontrer la quadrature du cercle, la transmutation du carré et du triangle en cercle, ou de la courbe en ligne droite, par sa logique du dégagement ou privation (*ablatio*), des contractions cognitives, qui sont toujours des déterminations des limites en figure courbe ou en ligne droite. En effet les démonstrations symboliques sont possibles parce que la transmutation peut être explicitée par le concept de contraction. Ainsi, le carré serait la contraction symbolique du cercle. C'est-à-dire que la définition du carré n'exprimerait que les limites de sa détermination en tant que carré si bien qu'en dépassant la détermination quantitative de cette contraction en un carré, on atteindrait l'égalité du cercle. Dans ce cas, le périmètre du carré se dégagerait de sa contraction finie qui consiste dans sa définition par ses propriétés en tant que carré. Et ainsi il coïnciderait avec la circonférence du cercle. La méthode du *transcensus* ou *ablatio* appliquée aux démonstrations mathématiques se fonde donc sur le concept de la contraction des figures géométriques et sur le dépassement des limites des définitions rationnelles respectives. Le Cusain applique à la réflexion théologico-métaphysique les règles des démonstrations géométriques en les dépassants, conformément à sa logique, par la « privation » des déterminations opposées.

Pourtant, cette doctrine n'a rien de radicalement négatif : il ne s'agit pas de l'anéantissement mystique de la raison ni par contre d'utiliser ce vocabulaire selon les paradigmes de la dialectique de la division du *Sophiste* de Platon ou de la dialectique de l'*Aufhebung* hégélienne.

## L'ASSIMILATION DE L'ESPRIT PAR LA CONTRACTION DU FINI À L'UN

Comme nous l'avons déjà noté, pour Nicolas de Cues, l'esprit humain est une force assimilatrice comme Dieu est une force entificatrice. Il insiste maintenant sur ce nouveau concept en l'explicitant par le recours à sa conception de la contraction. En tant qu'explications contractées de la *mens* mathématique, les notions mathématiques, qu'elles soient

1. *L'esprit*, chap. V, p. 132-33. Même concept aussi dans *La filiation*.

symboliques ou rationnelles, dépendent étroitement des différents concepts contenus dans les proportions contractées de la pensée. Il s'ensuit que cette dernière est une « assimilation à l'unité par dégagement des différentes contractions proportionnelles » des notions. Il s'agit là de l'un des éléments les plus significatifs de la gnoséologie du Cusain, qui modifie essentiellement la relation entre le sujet et l'objet de la connaissance, entre la transcendance et l'immanence. En concevant nos connaissances comme des pensées diversement contractées, Nicolas de Cues soutient qu'il n'existe pas une seule pensée : les animaux aussi pensent, même s'ils le font selon le mode particulier de la contraction correspondant à leur animalité – ce qui est remarquablement moderne. Il appelle ce mode « assimilation »[1]. L'esprit a une telle force d'assimilation que

> dans la vue s'assimile aux choses visibles, dans l'ouïe aux choses audibles, dans le goût aux choses qui ont le goût, dans l'odorat aux choses qui ont une odeur et dans les sens aux choses sensibles, dans l'imagination aux choses imaginables, dans la raison aux choses rationnelles[2].

En effet, dans chaque pensée il y a une force et un mode particulier de contraction par assimilation à son modèle, ce qui la distingue de l'esprit divin qui n'est pas contracté parce qu'il est le modèle de l'atemporalité infinie. L'objectivité n'est qu'un mode de notre pensée – de ses élaborations rationnelles – parce que Dieu nous est inconnu en tant que vérité en soi (objectivité substantielle) : la vérité objective, n'est pas Dieu triomphant en lui-même, – il avait éclairé dans la *Filiation de Dieu* – elle est le mode grâce auquel Dieu est communicable dans la contraction intellectuelle de la pensée. Il s'ensuit que la pensée est un principe en soi se mouvant soi-même (*se movens*) parce qu'elle est une force, ou une activité d'assimilation à l'Unité, qui est le nom le plus approprié de tous les noms de Dieu. Et, dans la mesure où elle est finie, la pensée créée à l'image de Dieu, connaît par la similitude et par l'assimilation cognitive à Dieu.

Aussi, toutes les formes – même les plus basses – tendent-elles à s'assimiler à la plus haute. La plus haute s'assimile à Dieu selon le mode intellectif de l'Un. La connaissance de la pensée humaine, dès lors, n'est

1. Maître Eckhart avait déjà parlé de l'assimilation spirituelle dans ses *Sermons* latins, mais aussi comme un processus biologique dans un sermon allemand (cf. *Sermons allemands*, n. 108, trad. it. L. Sturlese, Milano, Bompiani, 2015). Il est fort probable que le Cusain le connaissait.

2. *L'esprit*, *op. cit.*, chap. VII, p. 153.

fondée ni sur l'abstraction ni au sens de l'adéquation de la chose (*res*) et de l'intellect, ni selon la conception imitative platonicienne de l'exemplarité[1].

Le Cusain affirme : « L'esprit divin crée en concevant, le nôtre assimile les notions en concevant et en produisant des visions intellectuelles ». L'esprit divin est une force entificatrice (*vis entificativa*), notre esprit une force assimilatrice (*vis assimilativa*). Par cette force d'assimilation innée en tant que concréée, le Cusain dit que « l'esprit tire de lui-même les formes des choses » (« *Mens a se exserit rerum formas via assimilationis* »)[2].

## L'ESPRIT EST FORCE (*VIS*) INNÉE (*CONCREATA*) DE JUGEMENT

De ce qui précède, on peut conclure que la pensée est conçue comme étant une force, une énergie ou une puissance active (*viva substantia*), une énergie innée (*concreata*) chez l'homme, capable de la sorte d'établir des proportions, des relations mathématiques, des concepts, des notions. Nicolas de Cues affirme :

> Notre esprit n'est pas le principe des choses, il n'établit pas les *essences* (*essentiae*) des choses « sed est principium suarum operationum quas determinat et in sua virtute omnia notionaliter complicantur » (mais il est le principe des ses operations qu'il détermine et dans sa force toutes les choses sont potentiellement contenues comme des notions)[3].

Notre esprit peut être appelé : harmonie, composition d'identité et de différence, entéléchie, nombre se mouvant soi-même. Tous ces noms indiquent que l'esprit juge de toute l'harmonie, il produit lui-même des notions et ainsi se meut comme un nombre vivant et distinct qui procéderait par lui-même à la production des distinctions. Voilà donc que l'âme est un nombre se mouvant soi-même, un certain nombre divin (*quidam numerus divin*), parfaitement proportionné et apte à refléter l'harmonie divine, contenant dynamiquement (*complicans*) tout ce qui peut se dire de plus beau à ce sujet[4]. Aussi, peut-on affirmer que « bien qu'il soit nombre presque divin, l'esprit est cependant nombre en tant qu'il est une unité simple tirée de sa force d'unification du jugement. Il est « unitas simplex ex

1. *L'esprit*, chap. III-IV, p. 118-130.
2. *Ibid.*, chap. VII, p. 148-149, p. 152-153.
3. *Ibid.*
4. *Ibid.*, p. 150-151.

sua vi numerum suum exerens » [1] puisque la proportion qu'il y a entre les œuvres de Dieu et Dieu est celle qu'il y a entre les œuvres de notre esprit et l'esprit lui-même[2]. Il existe aussi un rapport de proportionnalité entre notre esprit et l'esprit divin qui, comme le Cusain l'avait affirmé dans la *Docte ignorance*, est un rapport disproportionné en tant qu'il n'est jamais une précise identité. Néanmoins, dans *sa force* de jugement, dans son énergie contenant (*complicans*) dans le mode potentiel des notions, la pensée est créatrice de deux plans, le plan des proportions rationnelles naturelles concernant le monde proprement scientifiques et fondées sur la *proportion* de la raison, et le plan du divin, de l'intellect, des mathématiques théologiques et énigmatiques contenues également dans la puissance des modes de notre pensée qui est la notion logique d'identité. Ces deux plans ont un point de convergence unitaire dans la force (*vis*) de la pensée, compliquant sa capacité de jugement (*vis judiciaria*)[3] dans la notion mathématique d'unité synthétique du rapport d'égalité de l'indivisibilité de l'Un.

Ces articulations de la théorie de l'esprit de Nicolas de Cues nous livrent aussi une indication importante sur la transformation – entre le Moyen Age et l'époque moderne – du concept de « sujet connaissant » et de celui de « moi ». En effet, en s'écartant de la métaphysique substantialiste du Moyen Age, à supposer qu'on efface de sa philosophie sa marque chrétienne, le Cusain ouvre la voie à l'idéalisme moderne. Il suffit de remarquer l'importance des concepts de « limite » et d'« illimité » qu'il réévalue et qui, à quelques exceptions près, étaient foncièrement étrangers à la pensée médiévale. L'infini négatif sans définition (Dieu) n'est pas une limite, mais il est une plénitude de puissance, *Possest*, ou mieux encore, *Posse ipsum*. C'est ainsi que Nicolas de Cues va l'appeler dans sa dernière œuvre (*La cime de la contemplation*) et cette idée trouve une application féconde dans la conception de l'esprit comme lieu de la forme mathématique qui nous donne la connaissance du monde. On ne décèle dans sa doctrine aucune innéité des idées comme chez Descartes ni aucune théorie de la réminiscence de type platonicien. Bien que Nicolas de Cues affirme que nos concepts sont des similitudes, à la manière d'un calque sur un modèle divin donné, sa théorie de la connaissance par assimilation n'a rien de traditionnel. Mais, dans la mesure où la pensée a une capacité ou une

1. « Il est une unité simple qui tire par sa force son nombre », *L'esprit*, *op. cit.*, chap. VII, p. 148 *sq*.

2. *Ibid.*, chap. VII, p. 150-151.

3. *Ibid.*, chap. IV, p. 128-129.

force (*vis*) innée –ou concréée– elle contient (*complicans*) dynamiquement toutes ses notions. Elle est toujours dans un mouvement continu de mesures et de calculs. Ainsi, elle est créatrice de formes, de notions, de proportions et de figures au sein desquelles elle concilie les oppositions et les désaccords du monde naturel dans une harmonie supérieure, jaillissant de sa capacité. La capacité de la pensée apporte au Cosmos l'ordre et la beauté, elle est à l'origine des arts, des inventions, des sciences puisque « la proportion est le lieu (*locus*) (la matière non physique) du monde ou la région de la forme »[1]. Toutes les choses sont donc assimilées à « l'architectonique » mathématique de la pensée, elles sont rendues semblables aux notions intellectives et représentent notre idée du monde. Innée, ou concréée, par rapport à sa pensée, notre connaissance n'est qu'une capacité de jugement (*vis judiciaria*)[2], c'est-à-dire une force apte à juger, synthétiser à définir, à distinguer, par laquelle elle attire, s'approprie, assimile à elle-même toutes les formes, aussi bien les formes naturelles et sensibles que les formes rationnelles, qu'elle ramène à une harmonie supérieure. Les attributs de la pensée, selon le Cusain, en font un sujet originaire, fondateur, constitutif[3] de la connaissance, même si le fondement en est encore religieux dans la mesure où la *mens* est *l'imago Dei*, dans la personne du Christ, du *Logos*. L'idéalisme de Nicolas de Cues est christologique parce que sa doctrine de la pensée, comme principe cognitif en soi, – qui est autonome en tant que *se movens* par soi-même et qui est une *vis* engendrant tout de sa force – néanmoins il est un esprit créateur seulement de notions *notionaliter* et non capable de la force qui donne l'être ou non entitative (*non enter*), comme celle de Dieu qui a créé les êtres. Il développe ici au niveau gnoséologique les affirmations négatives de la *Docte ignorance* à propos de l'être, qui n'appartiennent pas à l'homme fini puisque son être est ontologiquement un non-être, ou presque un non-être en tant qu'être *deficiens*. Et cette idée est explicitée aussi par l'idée que l'esprit est l'œil et le miroir réfléchissant du divin. En conséquence, l'esprit est le reflet du divin mais doué d'une simplicité qui est lui propre.

La conception réaliste des idées de Platon est entièrement modifiée. Les idées ne sont plus les modèles réels archétypaux et stéréotypiques de l'apparence du réel. Les catégories aristotéliciennes – qualité, quantité, temps, mouvement, lieu succession, instant, etc. – n'expriment plus les

1. *L'esprit*, *op. cit.*, chap. VI, p. 138-139.

2. *Ibid.*, chap. IV, p. 128-129.

3. *Cf.* E. Cassirer, *Le problème de la connaissance dans la philosophie et les sciences des temps modernes*, I, *op. cit.*

formes essentielles des choses, leur réalité ontologique, mais des formes notionnelles. Dans les *Dialogues de l'Idiot sur la sagesse* la connaissance n'est plus conçue verticalement comme dans *Les conjectures*, le Cusain la représente toute concentrée dans la force mathématique de la pensée humaine. Ainsi, les idées sont-elles des nombres, des signes, des instruments descriptifs et compréhensifs qui jaillissent de l'esprit humain et non pas des moules appliqués aux choses d'où on peut les extraire. Le Cusain énonce cette conception du signe avec la métaphore du monde écrit avec des signes aussi obscurs (pour tous) que les caractères grecs le sont pour un allemand, en ajoutant qu'il lui faudra beaucoup d'effort pour en comprendre la signification profonde, pour saisir l'Esprit ou l'Art de celui qui l'a écrit. Cet Art divin est la « quiddité » qui nous échappe toujours (*Genèse*, IV) parce que nous saisissons seulement ses « modes » qui sont ses mesures, ses signes multiples, comme il l'éclaircira à nouveau dans le *Compendium*, en élucidant la question.

Mais pourquoi est-ce seulement dans notre esprit que nous pouvons retrouver l'Art du Bâtisseur du monde, tout en l'ignorant? Ce qui fait la particularité des formes formées, dans la mesure où elles explicitent l'existence de la Forme formante qui en a fait des étants, c'est qu'à leur tour elles sont des formes formantes puisque l'âme est, en tant que mouvement par soi même, selon l'expression du *Jeu de la boule*, « inventive des arts et des nouvelles disciplines scientifiques »[1]. Les formes formées sont des centres de formation : il s'ensuit que l'une des caractéristiques des formes est justement de manifester le même procédé qui les a formées. Par conséquent, en ce sens, la forme de l'esprit humain est la contraction des formes du formateur et, dans ses connexions dynamiques, elle le déclare. L'homme est le premier collaborateur de Dieu pour donner ordre et harmonie au monde. Dans la pensée du Cusain, on constate l'idée de cette collaboration et de cette solidarité des formes dans leurs contradictions et leurs divisions que – écrira-t-il dans *La paix de la foi* – l'on ne pourra jamais éliminer complètement. Il reste cependant que, d'après le Cusain, l'homme a la capacité d'intervenir positivement dans le monde parce que son esprit est dépositaire d'un trésor enfoui dans les sciences mathématiques et mécaniques qu'il sait maîtriser.

1. « Anima est vis inventiva artium et scientiarum novarum. In motu illo inventivo novi non nisi a seipsa moveri potest » (*Le jeu de la boule*, Livre I, éd. lat. cit., vol. 3, p. 30-31).

## L'HOMME ARTISTE ET PEINTRE

Aussi, la pensée en tant que raison est-elle la forme qui distingue les raisons et les raisons sont les formes qui se distinguent entre elles selon leurs diverses contractions mathématiques des sens, de la raison et de l'intellect. C'est ainsi que la force de notre pensée construit, par l'intermédiaire des notions qu'elle a assimilées, les formes des arts mécaniques et les sciences physiques, lesquelles représentent l'univers. La pensée saisit les choses dans leur possibilité d'être, à savoir selon le mode de la matière et selon le mode de la possibilité d'être déterminées par la contraction en tant que formes. C'est ainsi qu'elle construit les proportions mathématiques qui sont les formes des choses, selon la contraction numérique de la raison à l'unité. Ce faisant, elle leur donne l'être. C'est seulement dans la proportion de notre esprit, le « lieu » (*locus*) de la forme, que la forme rayonne en tant qu'harmonie et beauté dans la proportion numérique. C'est ainsi que l'infinité infinie du modèle rayonne dans le nombre, à savoir la proportion contractée de notre esprit. Et c'est bien l'œuvre de notre pensée. Il s'agit donc de saisir la musique divine qui est dans le monde et qui résonne dans notre pensée, pour laquelle nous ne devons rien faire d'autre que saisir dans notre « architectonique » mentale, celle du monde de la nature. Celui-ci n'est rien d'autre que notre mode architectonique d'entendre, parce que l'art divin du monde rayonne dans notre âme. L'immortalité de notre âme nous est donnée par nature, parce que nous sommes des pensées créatrices indivisibles comme des rapports d'égalité ici appelés égalité de l'unité (*unitatis aequalitas*)[1]. Ainsi en nous, comme ses images, resplendit la « peinture » de l'Art de l'Esprit créateur du monde. De même que par rapport à Dieu, la pluralité des choses vient de l'esprit divin, de même, par rapport à nous, la peinture des choses vient de notre esprit. Car seul notre esprit saisit l'harmonieuse beauté des proportions de l'univers.

Des spécialistes de la philosophie esthétique et des historiens de l'art de la Renaissance[2] ont vu en Nicolas de Cues le théoricien de la beauté en tant

1. « Mens enim ex eo quia unum et idem singulariter intelligit et sigillatim, [...] veraciter est unitatis aequalitas », *L'esprit*, *op. cit.*, chap. VI, p. 144-145.

2. G. Santinello, *Il pensiero di Nicola Cusano nella sua prospettiva estetica*, Padova, Liviana, 1958 ; Piero della Francesca, *De prospettiva pingendi*, éd. et. intro. G. Nicco-Fasola, Firenze, Sansoni, 1942 ; Leon Battista Alberti, *De pictura*, dans C. Grayson (éd.), *Opere volgari*, vol. III, Bari, Laterza, 1973. *Cf.* aussi mes études sur les rapports entre les deux savants, « Nicholas of Cusa, Alberti and the Architectonics of the Mind », dans K. Williams (éd.), *Nexus*, *II. Architecture and Mathematics*, Firenze, edizioni dell'Erba, 1998, p. 159-170.

que forme et proportion créatrice de la pensée de l'artiste-peintre et de l'idée de l'invention de la *perspectiva pingendi* de son ami Léon Battiste Alberti.

La double conception du savoir mathématique du Cusain, limitative en tant qu'œil et miroir de divin, d'un côté, et exaltante par la force de ses possibilités, de l'autre, s'unifie et se recompose dans le concept unitaire de la pensée humaine comme force (*vis*). Dans la mesure où elle est un point d'énergie intellective, une pointe de diamant lumineuse qui se mesure elle-même en mesurant le monde environnant et la pluralité des choses, elle possède en elle-même la notion de précision comme égalité de l'unité. Cette notion lui assure la certitude de sa capacité de jugement en tant que capacité de saisir l'unité des choses, qui pourtant est imprécise, du fait qu'elle mesure des choses diverses dans leur altérité physique. Par sa capacité innée de juger, la pensée voit qu'aucune raison ou proportion n'atteint la mesure de la pensée, si bien qu'aucune raison ne peut ni la mesurer, ni la finir, ni l'achever. Par conséquent, elle ne peut être limitée (ou mesurée) que par Dieu, qui est la pensée increéée. Dieu seul peut soustraire des mesures à la lumière mesurant de la pensée créée. Voilà comment Nicolas de Cues introduit dans la pensée humaine finie le concept d'infini en acte (l'atome) en tant que force (*vis*) spirituelle que, jusque-là, il n'avait appliqué qu'à Dieu, pouvoir infini « monade ».

## L'ESPRIT IMMORTEL DE L'HOMME, « ATOME » SPIRITUEL

Cette conception de la *mens*, force mesurant infatigable, nombre par essence, compas vivant (c'est le Cusain lui-même qui a trouvé cette image heureuse), d'après laquelle la pensée ne sort jamais d'elle-même, se réalise et manifeste entièrement sa force, pendant qu'elle "explique" sa vertu mesurant selon tous ses modes, sensibles, rationnels et surtout intellectuels. Aussi, sommes-nous maintenant susceptibles de comprendre tant les deux aspects apparemment contradictoires de la doctrine des deux mathématiques de la pensée du Cusain, que les deux vérités mathématiques. Il faut poser au préalable de la doctrine de Nicolas de Cues sa réévaluation de la démonstration mathématique dans laquelle la précision d'égalité de l'un donne au raisonnement sa certitude (*praecisio*), laquelle est l'un de la proportion d'égalité. Il est notre critère de vérité qui est donc mathématique et, par conséquent, il signifie le refus de la vérité démontrée par la déduction ontologique des êtres à partir de la cause nécessaire de l'être en tant qu'être. Mais, dans *L'esprit*, le Cusain amorce un tournant important, quant au savoir contracté, rationnel et symbolique, énoncé dans *Les Conjectures* : il développe en effet, dans ce texte, l'idée de la centralité de l'esprit humain dans notre monde.

Le Cusain élucide la duplicité de la *mens* en affirmant que dans la force de l'esprit se trouvent, compliquées, au moins deux capacités de la pensée : celle grâce à laquelle il a l'intuition de toutes les choses selon la complexité du monde naturel, et celle grâce à laquelle il en a l'intuition absolue (à savoir, l'intuition intellective dans la simplicité de la *mens* originaire divine). Dans ce dernier cas, le Cusain préfère au mot « intellect » (*intellectus*) l'expression : « intelligence (*intelligentia*) intérieure ». L'esprit est donc ce point qui est l'un mathématique indivisible d'où surgit toute multiplicité. Il est un « atome » en tant que l'atome est un point, une quantité indivisible en acte en raison de sa petitesse[1]. En effet, il est un continu qui ne peut être divisé à l'infini : « mais si la division se fait en acte, on arrive à une partie qui est indivisible, qu'on appelle atome »[2]. Il est final ou parvenu à son terme, « car il n'y a pas de limite de la limite »[3]. Il n'a pas de quantité[4]. Par conséquent selon le mode de considérer de notre esprit, il est limité en acte. Cette partie indivisible est un nombre qui est le point un. Car la multiplicité de toutes les choses tombe sous un certain nombre déterminé, bien qu'il nous soit inconnu[5]. Ce nombre dans le multiple (une ligne) est l'explication, c'est-à-dire l'évolution qui n'est rien d'autre que le point dans plusieurs atomes. « Il est en effet "un" et identique (*idem*) point dans la pluralité des atomes »[6].

1. *L'esprit*, *op. cit.*, chap. IX, p. 172-175.

2. *Ibid.*, p. 172-173.

3. *Ibid.*

4. *Ibid.*, p. 174-175. *Cf.* aussi mon éclaircissement dans le chap. premier à propos de l'intellect mathématique, un, indivisible.

5. Cette affirmation n'éclaire pas ici la limite du point ou atome qui a sa limite seulement en soi-même, mais élucide la doctrine de la multiplicité des points finis de l'univers de la *Docte ignorance* défini comme infini, indéfini, contracté, en tant que constitué par une multiplicité indéfinie de points finis, singuliers de force contractée : « univers infini sans des limites déterminées en tant qu'ayant la possibilité de se déterminer à nouveau, par d'autres contractions d'atomes finis qui le peuvent constituer, cette multiplicité demeure inconnue et donc il est infini privatif ». Cette difficile théorie sera mieux éclairée par le Cusain dans ses derniers ouvrages grâce aux notions du pouvoir (*posse*) et de la possibilité de pouvoir (*fieri*). Cf. *Le jeu de la boule*, éd. cit., I, p. 10.

6. *Ibid.*, p. 174-175. *Cf.* H. G. Senger, « Metaphysische Atomismus », *op. cit.*, p. 117-140.

## LES DEUX PLANS DE LA MATHÉMATIQUE

Les mathématiques rationnelles, qui saisissent le monde de la nature, sont l'apanage de l'homme fini dont la certitude repose sur le principe de non-contradiction (*tertium non datur*). Mais la notion de *ratio aequalitatis* ou d'indivisibilité de l'un, l'une de deux notions au cœur de la doctrine de la connaissance de l'intellect mathématique de l'esprit, définie ici comme atome, se révèle aussi tout à fait ontologiquement insuffisante. Elle désigne seulement un mode de notre langage, certes le plus élevé, pour approcher l'Absolu.

Néanmoins, il reste que la notion de proportion demeure, dans la philosophie du Cusain, avec toutes les articulations auxquelles j'ai déjà fait allusion comme, par exemple, la différence de la notion mathématique de rapport et celle de proportion, des proportions, le concept ontologique dynamique de contraction proportionnelle. Les notions de proportion soit rationnelle soit irrationnelle (ou disproportionnée, ce qui est en rapport étroit avec le concept de grandeur incommensurable) sont développées par Nicolas de Cues comme modèles et symboles pour expliciter des vérités incommensurables ou transcendantes, telles les vérités divines. C'est ainsi que la quadrature du cercle ou la recherche de l'incurvation du carré, auxquelles le Cusain a consacré plusieurs traités, ne font qu'exprimer l'insuffisance de notre pensée rationnelle. C'est par l'impossibilité d'exprimer exactement le rapport entre le diamètre et la circonférence que les mathématiques, démontrent que l'homme est incapable d'atteindre la perfection absolue de cette même connaissance. La vérité est dans toute chose, mais dans chaque chose elle se présente différemment. C'est ainsi que l'idée des mathématiques irrationnelles transforme le nombre mathématique à la fois en nombre symbolique et aussi en figure énigmatique, qui va jouer un rôle de complément dans le domaine du divin. C'est parce que l'esprit a été défini comme une force déiforme innée, comme une force créatrice infinie, consistant essentiellement dans les opérations de calcul et de mesure, que dans ce contexte la pensée mathématique fonctionne sur deux plans. Connaître signifie mesurer, le mot *mens* (la pensée) dérivant du terme *mensura*. D'où les pages apparemment contradictoires, par rapport à d'autres qui exaltent la connaissance mathématique, pages dans lesquelles Nicolas de Cues limite l'importance du *Quadrivium*, par exemple dans *La docte ignorance* ou même dans quelques sections du *De mente* ou des *Conjectures*. Le Cusain compare la science du *Quadrivium* de Boèce à une connaissance imparfaite, conjecturale et approximative, parce qu'elle ne nous apporte que des connaissances imprécises, susceptibles de plus ou de moins et, par conséquent, non absolues. Mais il exalte aussi la vérité mathématique de la pensée et célèbre du point de vue théologique le nombre en tant que nombre symbolique.

## LA DISPROPORTION ENTRE LES NOMBRES

Le nombre qui n'est composé que de lui-même, exprime l'essence de notre pensée[1] : il est le premier modèle symbolique bien exprimé par la *tetraktys* contenue dans la décade pythagoricienne. De la même manière le Cusain applique dans *l'Esprit* et, dans les dernières années de sa vie, dans le *Jeu de la boule*, cette même image, mais élaborée à nouveau[2] par une symbologie plus riche du cercle et de cette figure de la progression quaternaire. Elle est dessinée en tant que figure mystérieuse du but de nos élans de progression cognitive, à savoir le Christ, centre en tant que le point dynamique des cercles énigmatiques (*mysticatio circulorum*) des neuf intelligences et des trois chœurs. Ils ont tous le même centre qui est l'Un, puisque dans la Décade chaque nombre a son terme (« in denario terminatur omnis numerus »)[3]. Cette symbologie mystique exprime parfaitement la seconde forme de mathématique, celle irrationnelle de l'hermétisme chrétien néoplatonicien et pythagoricien de Nicolas de Cues.

En fait, le Cusain, lorsqu'il avait introduit le concept de connaissance précise par proportion, concernant deux termes en rapport réciproque – l'un connu (le fini) et l'autre inconnu, (Dieu infini) – avait introduit le concept de disproportion. L'intellect nie la précision relative de la raison, qui distingue et isole l'unité dans l'altérité, du fait qu'elle est la précision selon le plus ou le moins. Proportion et disproportion relèvent du caractère originaire du nombre mathématique en tant qu'il peut être à la fois proportion et non-proportion, rationnel et irrationnel. Ainsi le nombre est aussi l'altérité de l'unité et, pour éclairer la limitation de la précision mesurant de la pensée mathématique rationnelle, le Cusain recourt au concept ontologique de la contraction de la pensée. Donc, d'un côté, la pensée veut saisir le monde de la nature par ses contractions, issues de sa force compliquant, et vise l'Infini en écartant les limites; de l'autre côté, à cause de son imprécision, elle évolue dans la pluralité et dans la diversité, soumise au principe de non-contradiction de la raison. Mais, en étant une

1. *Les conjectures*, éd lat. cit., vol. II, p. 67 (17-18).
2. *Le jeu de la boule*, lib. II, éd. lat. cit., p. 72, 78, 88, 90.
3. *Ibid.*, p. 82.

unité simple, une substance vivante, un atome d'énergie enveloppante, elle est aussi la « peinture » créatrice vivante du savoir éternel, qui se manifeste dans le monde. L'homme, en tant qu'image de l'esprit divin, est aussi un microcosme qui contient (*complicat*) par sa force mesurant la représentation du macrocosme.

## LES COURTS TRAITÉS DE L'IMAGINATION MATHÉMATIQUE IRRATIONNELLE

En étant créée à l'image de Dieu, la pensée mathématique devient une source vivante de vie intellectuelle, d'où elle tire toute sa connaissance. Grâce à cette force créatrice intellectuelle, elle a aussi la capacité de dépasser les mathématiques rationnelles dans les mathématiques symboliques ou énigmatiques, par l'intermédiaire desquelles elle peut atteindre la connaissance de l'identité, voire de la coïncidence des opposés, qui n'est pas encore Dieu. Cette identité est le « mode » de l'Un de notre intellect pour saisir l'unité de Dieu, au-dessus des opposés. En dépassant les limites des mathématiques rationnelles, la pensée mentale de la quadrature du cercle ou de la courbure du carré, comme mathématique imaginative[1], dispose de la capacité imaginative qui en permet la compréhension. On procède ainsi des mathématiques rationnelles aux mathématiques divines, symboliques, énigmatiques et imaginatives, grâce auxquelles les mathématiques continuent de représenter le modèle de la perfection cognitive. Toutefois, cette certitude absolue, plus que dans les mathématiques sensibles et rationnelles, comme tous les savants modernes l'ont remarqué, consiste dans les mathématiques imaginatives et intuitives, fondées sur le concept d'assimilation du carré au cercle, du côté du carré à la diagonale par la réduction de toutes les propriétés quantitatives à l'unité selon sa métaphysique néoplatonicienne de possibilité de contraction intuitive. Par ce concept, Nicolas de Cues justifie l'extension à Dieu du principe de la théorie de la connaissance intellective – à savoir du dépassement du principe de non-contradiction. Il le fait en recourant à l'exemple des figures géométriques non commensurables pour pouvoir saisir les figures théologiques et, en particulier, pour pouvoir rendre intelligible la Trinité divine, d'après la doctrine de la coïncidence de toutes les propriétés dans l'unité de l'égalité. Il le fait dans les *Compléments mathématiques*, le *Complément théologique*, le *De mathematica perfectione* et dans les nombreux courts

1. À propos de l'imagination mathématique, *cf.* chap. premier.

traités que Nicolas de Cues a consacrés à la quadrature du cercle. Mais c'est en vain qu'on chercherait des démonstrations mathématiques rationnelles satisfaisantes pour répondre aux questions que ce problème soulève. Il est probable que le Cusain ait connu, grâce à la *Géométrie spéculative*[1] du mathématicien scotiste Thomas Bradwardine, grâce à Raymond Lulle et à d'autres savants du Moyen Age, la méthode de la construction des figures isopérimètres visant à réaliser la coïncidence des périmètres du polygone inscrit et du cercle circonscrit. Cependant, le but qu'il poursuivait par ses écrits est tout autre et se situe dans le contexte de sa philosophie des mathématiques théologiques énigmatiques. Dans ses écrits sur les mathématiques symboliques, la méthode démonstrative de Nicolas de Cues consiste à ajouter aux définitions des figures géométriques, le concept d'infini et celui d'égalité précise – de rapport d'égalité (*ratio aequalitatis*) en les privant de leurs propriétés opposées. Ce procédé essentiellement philosophique et théologique des démonstrations du Cusain a suscité la dérision de Jean Mueller (*Regiomontano*), qui s'est moqué du grand philosophe dans son dialogue avec Toscanelli sur la quadrature du cercle[2]. Et, pourtant, même sur un plan purement mathématique, Nicolas de Cues a eu le mérite d'introduire la problématique concernant les concepts de minimum, de maximum, d'indivisible, de limite et d'illimité, et de grandeur infinie, en ouvrant ainsi la réflexion postérieure sur le concept d'infinitésimal.

1. Thomas Bradwardine, *Geometria speculativa*, éd. G. Molland, Stuttgart, Steiner, 1989, II, 2-4, p. 78-86.

2. Johannis de Regiomonte, *De triangulis omnis modis libri quinque pleraque D. Nicolai Cusani « De quadratura circuli deque recti ac curvi commensuratione »*, Nuremberg, Henri Petrus, 1553, p. 5-21. Ces critiques sont rappelées par l'érudit Bernardino Baldi [Urbino, 1553-1617], dans E. Cenci (éd.), *Le vite de' matematici, Niccolò di Cusa*, Milano, Franco Angeli, 1998, p. 255-270.

CHAPITRE V

# L'HOMME MICROCOSME. L'ANTHROPOLOGIE DU *JEU DE LA BOULE* (1463)

Dans le *Jeu de la boule*, ouvrage de la maturité (1463), on peut suivre le développement de la doctrine de la connaissance du Cusain, depuis sa première formulation comme « docte ignorance » jusqu'à une conception positive de la pensée humaine en tant que structurellement mathématique, qu'il élabore en 1450. On découvre ainsi l'évolution du rationalisme mathématique de Nicolas de Cues, une évolution qui est significative eu égard à la doctrine exposée au début des *Conjectures* (1444-1445). Dans le *De mente*, troisième dialogue de *L'idiot* (1450), il fait valoir la nouveauté de sa conception dont le préalable est que la forme de la connaissance réside dans la mesure. Le discours scientifique, qui est le seul véritable, est donc intrinsèquement mathématique et ne saurait reprendre le langage de l'être prédicatif substantiel. Nicolas de Cues avait affirmé dans les *Conjectures* que l'esprit humain est la forme conjecturale du monde dont l'esprit divin est la forme réelle, et que le fondement de l'esprit humain est l'unité numérique. Dans *L'esprit* il affirme que ce fondement mathématique en garantit l'*esse* objectif, lequel pourtant, en tant qu'image, est *notionaliter* et dépourvu d'autonomie entative.

Entre le troisième livre de la *Docte ignorance* et le dialogue *L'esprit*, le Cusain approfondit sa conception de l'humanisme christologique en l'enrichissant de suggestions et en élargissant son analyse à toutes les dimensions de la nature humaine. Il aboutit ainsi, durant les cinq dernières années de sa vie, à une véritable anthropologie religieuse.

## L'HOMME MICROCOSME

Dans la *Docte ignorance*, le Cusain avait explicité le mystère de l'union du divin et de l'humain dans la nature du Christ à l'aide des concepts de maximum absolu et de maximum maximalement contracté. À la différence de la contraction indéterminée et non absolue qui est celle de l'univers-monde, chez le Christ, l'humanité est contractée selon le mode absolu (à savoir parfait) et maximal, et la maximalité de sa contraction dans l'humanité (ou de sa détermination) en assure l'union avec la Maximalité incontractable, à savoir Dieu, le maximum infini et absolu. Il est le seul médiateur.

Les pages[1] de *La docte ignorance* où le Cusain définit cette union maximale de la maximalité absolue contractée du Christ dans la Maximalité infinie de Dieu sont parmi les plus élevées du point de vue spéculatif. Ce sont les passages où, en exaltant la maximalité de l'humanité de la nature humaine du Christ (idée reprise et développée tout au long de l'œuvre), Nicolas de Cues s'applique à exalter l'humanité et ses possibilités. Il y exprime une confiance dans l'homme qui fait de lui un adepte de la nouvelle philosophie humaniste de la Renaissance, dont il apparaît comme étant l'un des plus hauts représentants parmi les grands philosophes du XV^e siècle.

Il faut même souligner ici, à ce propos, la force d'une définition qu'il reprend à plusieurs reprises : l'homme est un microcosme. Et il ne l'est pas parce que l'univers se reflète en lui, selon la conception médiévale du microcosme « naturel » ou physique, ainsi que le soutenaient les philosophes et les médecins des XII^e, XIII^e et XIV^e siècles, comme Pierre d'Abano et certains autres, mais parce que l'homme, tel un Dieu « second », est l'image de Dieu par l'intermédiaire du Christ, et que sa pensée construit et reconstruit en elle-même le grand cosmos selon ses multiples conjectures. La notion de Dieu « second » ou à « l'intention » de Dieu, est d'origine hermétique, mais le Cusain l'interprète dans un sens christologique, puisque l'homme ne peut se faire Dieu par sa pensée ni s'élever à la maximalité absolue que par l'intermédiaire de la Parole, du Verbe unique, du Médiateur, de Celui qui unit le fini et l'infini, Jésus-Christ, en tant qu'Homme-Dieu.

L'homme peut voir Dieu qui, après être resté longtemps inconnu et inaccessible en soi, s'est révélé en tant qu'Homme-Christ : ainsi, peut-il atteindre la *theosis* – c'est la signification même du message évangélique.

1. *La docte ignorance*, *op. cit.*, livre III, chap. III-X.

Toutefois, c'est à l'intérieur de lui-même que l'homme peut appréhender Dieu, se « déifier ». Le Cusain développe et élargit le concept de « déification » qui n'est rien d'autre que la vision, ou l'intuition de Dieu sur le mode de l'intellect humain, grâce à la médiation du Christ· C'est par le Christ que l'homme se fait fils de Dieu, par-delà la contraction sensible de la raison, en atteignant par assimilation la vision intellectuelle. C'est en partant de lui-même, de son propre esprit en tant qu'image de Dieu, que l'homme appréhende Dieu, par la médiation du Christ : il s'agit donc d'un humanisme christologique et non pas cosmologique. L'homme veut être seulement homme, il ne veut ni être un ange ni participer d'une autre nature, et il ne peut trouver son bonheur ailleurs qu'en lui-même, dans son propre perfectionnement intérieur. Chez aucun homme, cependant, ce perfectionnement n'est complet et maximal. Celui-ci ne se réalise que dans l'humanité du Christ : c'est en Lui que la nature humaine atteint son modèle et réalise son aspiration à l'éternité. L'homme n'est plus une possibilité non réalisée, il devient une réalité éternelle en trouvant dans cette réalisation ce qu'il y a de divin en lui. Dieu se fait immanent au monde par le Christ et par Lui l'homme s'unit immédiatement à Dieu. Dans la *Recherche de Dieu* le Cusain écrit que Dieu est visible dans le monde[1] puisque « Dieu » est dit « de "theoro" et "curro" » qui signifie « je vois et je cours » : il court à travers le monde, il est partout et nulle part. Aussi, la révélation du Christ signifie-t-elle la rédemption et le rachat de l'homme *dans* ce monde et non *hors* de ce monde, comme on le pensait aux siècles précédents.

Dans l'infinie diversité de l'univers, dont les limites indéfinies doivent être redessinées sans cesse, l'Homme grâce à son admirable art de géographe, retrouve Dieu.

L'importance de l'homme dans le monde est rendue par des expressions et sur des tons profondément religieux. Dans le *Jeu de la boule* l'homme est considéré comme âme et il le désignera comme un microcosme doté d'une âme, à image de celle de l'univers, le macrocosme. Et cette âme est *se movens*, force (vis) de vie en toutes ses formes corporelles et rationnelles : elle distingue, distribue et mesure les valeurs en vertu de la Valeur des valeurs. L'homme se libère de l'ensemble des valeurs préétablies qu'on lui a imposées et s'attribue l'indépendance de sa propre valeur en vertu de Jésus-Christ. Dans *Le jeu de la boule* le Cusain déclare, dans un exemple de *pecunia* (de pièces de monnaie), que Dieu est la valeur

1. *La recherche de Dieu*, dans *Opuscules*, *op. cit.*, I, p. 56-57.

des valeurs[1], « Valor valorum », sachant que tout ce qui est ne peut pas être sans la valeur : « ideo omnes quod est, non est valoris expers »[2]. Il est Celui qui forge des monnaies de toute sa puissance (« deum ponimus omnipotentem monetarium ») tandis que l'intellect humain ne crée pas de valeurs, il est la valeur qui mesure "notionnellement" (*in notione*)[3] toutes les valeurs, comme on peut le dire par exemple du changeur de valeurs (*nummularius*), changeant des florins. Sans la pensée humaine qui possède précisément ou mathématiquement le critère de la mesure (la *praecisio*) de la valeur, les êtres humains ne seraient pas en tant que valeurs. Les valeurs sont seulement en tant que notions de notre esprit. C'est l'esprit qui évalue et mesure les choses par sa vertu notionnelle (*vis notionalis*)[4], non pas pour mesurer les choses en tant que substances, mais pour les distinguer et pour se mesurer lui-même et mesurer sa propre force. Mais comme il ne s'agit que d'une mesure s'adaptant à ce qu'elle doit mesurer, elle est finie, douée d'une « précision » relative, alors que seule la mesure de l'esprit divin est vraie, en étant « précisément précise ». Aussi, l'esprit humain est-il comme un « compas vivant » relatif à ce qu'il doit mesurer et à sa force. Cette belle image du compas suggère que la force de notre pensée doit être développée par l'enseignement. Sa valeur, représentant notre bien, consiste dans l'enrichissement du savoir, ce qui fait l'importance de la formation éducative morale et cognitive, dont elle révèle l'intellectualisme éthique.

## L'ANTHROPOLOGIE CHRISTOLOGIQUE DU *JEU DE LA BOULE*

Nicolas de Cues rédige, peu de temps avant sa mort, *Le jeu de la boule*, un dialogue à caractère pédagogique, où par une amusante métaphore il aborde presque tous les sujets difficiles de sa spéculation antérieure, se référant à toute l'élaboration philosophique complexe à laquelle il s'est livré les années précédentes et dont le plus souvent il présuppose la connaissance.

1. *Le jeu de la boule*, liv. II, éd. lat. cit., vol. III, p. 130.

2. *Le jeu de la boule*, *op. cit.* et p. 130-132.

3. Les valeurs ne sont pas par leurs essences dans l'esprit, mais par leurs notions : « Non enim sunt in ipsa (mente) valores in sua essentia, sed in sua notione » (*ibid.*). Le Cusain revient ici à confirmer sa doctrine de la connaissance déjà énoncée dans les *Dialogues de la sagesse* par cette notion de valeur.

4. « Mens nostra vis est notionalis secundum quam virtutem facit omnia notionaliter esse » (*ibid.*).

De même que dans *La chasse de la sagesse*, Nicolas de Cues use de la métaphore de la chasse, il se sert ici de la métaphore du jeu pour illustrer la tension entre l'homme et l'absolu, en ouvrant encore une fois une multiplicité de perspectives, dans sa quête ininterrompue d'une expression toujours moins inadéquate de cette expérience conjecturale, prise dans un perspectivisme infini.

Dans ce dialogue, il y a abondance de symboles, de métaphores, d'énigmes : après la métaphore du jeu de la boule, le Cusain reprend la symbologie mystique de la décade néopythagoricienne, en insistant sur la relation privilégiée entre le « deux » et le « trois » pour spécifier le caractère pluridimensionnel du réel dans sa perspective infinie, mais aussi finie, parce que renfermée dans les limites de la figure de la décade et des cercles. Aussi est-il possible de tout considérer sous plusieurs angles visuels, en fonction de la place des individus dans les différents cercles où ils retrouvent sans cesse leurs physionomies complémentaires.

Dans ce dialogue on peut reconnaître les deux plans de l'anthropologie cusaine : l'un est strictement religieux chrétien, déjà présent dans la *Docte ignorance* et dans le *De mente*, fondé sur la foi révélée, sur l'enseignement biblique de l'homme créé à l'image de Dieu (*imago dei*) et racheté sur le plan divin par la rédemption du Christ; l'autre est purement philosophique. Autrement dit, le Cusain, en développant dans un sens fort quelques-unes des idées centrales exprimées par Platon dans le *Sophiste*, le *Cratyle*, le *Phèdre* et le *Phédon* – où on lit que l'âme est le principe originaire, se mouvant soi-même d'une vie spirituelle – passe de la conception de l'homme en tant que *mens*, raison-intellect, image de Dieu présentée dans les dialogues de la *Sagesse*, à l'idée de l'homme en tant qu'âme, à savoir énergie, force créatrice originaire vivante, vie et volonté, et non seulement vision et contemplation (ainsi qu'explicité dans la *Vision de Dieu*). L'âme a en elle-même la conscience de la transcendance, du dépassement de soi, étant la créatrice de toutes les formes les plus hautes de l'esprit, tels les sciences et les arts, qu'elle renferme dans sa « vertu notionnelle » : force créatrice des concepts et des mesures, des valeurs et des proportions.

C'est en partant de cette doctrine anthropologique de la *mens* qui crée les concepts comme Dieu crée les étants que Pauline Moffit[1] en est venue à affirmer que le Cusain a développé une « métaphysique de la disjonction ». Entre le plan ontologique de Dieu (qui donne l'être) et le plan gnoséologique de la connaissance humaine il faut placer seulement les

1. P. Moffits-Watts, *Nicolaus Cusanus. A Fifteenth Century Vision of Man*, Leiden, Brill, 1982, p. 19 *sq*.

« modes » de connaître les modes d'être des concepts, sans autre médiation logique que la médiation purement nominaliste des symboles linguistiques et des métaphores du langage (cf. le *Compendium*). Par l'intermédiaire des métaphores de l'« icône » (comme dans *L'icône ou la vision de Dieu*), de la « chasse » (comme dans la *Chasse de la sagesse*) et de la « boule » (comme dans *Le jeu de la boule*, dont il est question ici), le Cusain ne fait rien d'autre que re-proposer la présence constante de l'être transcendant de Dieu dans l'existence humaine sans que celle-ci acquière, pour autant, les caractères ontologiquement objectifs du divin qui échappent toujours à la compréhension de l'homme. Nicolas de Cues veut exclure sans aucune ambiguïté toute interprétation panthéiste de sa pensée. Toutefois, dans le *Jeu de la boule*, le Cusain réconcilie apparemment le thème de la disjonction métaphysique entre la nature humaine, la nature divine et le monde, en excluant de la connaissance et de sa condition mondaine un immanentisme dès lors qu'il s'agit toujours d'un trope rhétorique. Il recourt à l'artifice rhétorique de la métaphore qui est un transfert par extension de signifié d'un champ sémantique à un autre de contenu différent. Par l'intermédiaire de la métaphore du lancer, de l'élan, de l'énergie de la boule[1] – à savoir de l'homme en tant qu'âme et esprit vivants – le Cusain introduit aussi le concept fort d'une réalité originaire projetée dans la transcendance, en tant que conscience dynamique de la transcendance elle-même, selon la diversité multiforme des possibilités des individus humains, c'est-à-dire des différents modes et de connaître et d'être selon nos conjectures, en tant qu'assertions positives dans l'altérité de la diversité de nos contractions cognitives, intellectives, rationnelles et sensibles.

L'homme a déjà été racheté mais, si au Moyen Âge la rédemption du Christ signifiait « éloignement » du monde, maintenant elle signifie « récupération » du monde d'ici-bas. Il faut ajouter, cependant, que la pensée du Cusain se développe toujours sur plusieurs plans : le discours sur la foi est élargi et approfondi, s'éloignant du discours strictement philosophique, selon une articulation complexe du thème métaphysique de l'unité infinie, l'Exemplaire, se concentrant (*complicans*) dans le pouvoir humain en tant que son image et du thème de l'unité contractée finie de l'image qui en saisit la différence.

1. « Fuit igitur globus in mente et ibi globus archetypus mens est (La sphère fut donc dans l'esprit et ici la sphère archétypes est l'esprit) », *Le jeu de la boule*, éd. lat. cit., livre I, p. 48.

Dans cet ouvrage, on retrouve la tension perpétuelle caractérisant l'histoire de la tradition spéculative médiévale, tradition partagée entre la parole de Dieu et les instruments conceptuels, offerts par les différents contextes culturels, en vue d'explorer les multiples chemins de l'expérience de la foi.

Ainsi dans *Le jeu de la boule* Nicolas de Cues développe une anthropologie fondée sur ce que l'on pourrait appeler une « métaphysique » de la contraction dynamique humaine, d'inspiration néoplatonicienne. Grâce à ce concept, qu'il emprunte à l'école néoplatonicienne albertiste, le Cusain explicite la différence entre l'absolu « pouvoir faire » de Dieu et le simple « faire » limité de l'homme, entre l'activité humaine et l'activité divine. Il cherche aussi à trouver la solution du problème moral du fini, à savoir du mal dans le monde que causent la possibilité de faire (*fieri*) et la possibilité d'être fait (*factum*); et il use à cette fin d'expressions verbales qui suggèrent les idées de contingence, de chance et de hasard.

Dans ce dialogue, le Cusain ne recourt pas au concept heuristique négatif-positif d'un autre ouvrage de sa maturité, le *Non-autre* (1461). Il veut expliciter la différence entre Dieu comme *Non autre* et l'homme qui est toujours autre par rapport à tous les autres à titre de perspective ontologique distincte. Il élucide la différence du concept d'unité en tant qu'égalité de l'identité absolue de Dieu, par rapport à l'unité de force contractée de l'homme, de l'élan cognitif de l'âme humaine dont l'entité ne coïncide jamais avec son unité en tant qu'égalité absolue, dans la mesure où son entité, en tant que possibilité libre, est le *posse fieri* (on le verra par la suite), continuellement en devenir. Dans l'âme humaine, il n'y a pas la coïncidence parfaite de l'unité et de l'entité, mais elle est quand même dans l'intellect (l'un de la *ratio aequalitatis*).

Si, en Dieu, l'identité est parfaite entre son être et la connaissance de soi, cette Unité – qui est l'égalité du rapport dynamique d'identité absolue (l'Un-Trin) par lequel le Cusain désigne l'Absolu –, en revanche, dans l'âme humaine il y a un écart qui fait que l'unité de l'âme n'est pas identique à son entité et ne coïncide pas avec elle-même. L'entité humaine en général est la complication de toutes les possibilités et en même temps, dans son individualité, elle est une contraction de l'un selon le libre arbitre, qui est le don participé du Père des lumières, don par lequel chacun reçoit – c'est-à-dire « contracte » à sa façon (libre) – cette illumination qui est ainsi une force participée d'*explication* (à savoir de déroulement).

L'étant en général complique (à savoir, contient dynamiquement en soi) tous les existants selon l'image de trois ordres qui sont : 1) le Christ, Intellect éternel; 2) les intelligences perpétuelles, à savoir les anges et l'âme du monde; 3) les raisons temporelles du déroulement terrestre. Chez l'homme, cette complication se contracte selon la symbologie numérique des quatre régions quaternaires du sens, de l'imagination de l'âme, de la raison et de l'intelligence[1]. Alors que dans son ouvrage de jeunesse – les *Conjectures* – le Cusain concevait les contractions de l'activité des étants dans le sens néoplatonicien hiérarchique d'après lequel la contraction est une détermination, une limitation, une individuation de l'ordre du supérieur dans l'inférieur, ici, dans le *Jeu de la boule*, il quitte cette conception hiérarchique pour distinguer entre les êtres vivants un centre où se situe l'homme en tant qu'âme (à savoir force de vie mentale et spirituelle), source de la réalité du monde environnant. C'est lui seul qui attribue la « valeur » à ce qui l'entoure, parce que la nature intellectuelle qui lui est propre possède la « distinction » des valeurs comme étant notionnelle et non pas réelle. Sa capacité de jouer et d'inventer les arts et les sciences, son activité distinctive dans l'attribution de la « valeur », font que l'homme est différent du reste du monde et le placent au centre de l'univers.

L'homme est un étant contracté renfermant en lui-même tout contraire et toute contradiction, dont il assume dans une mesure non éminente l'infinité des aspects.

Cette ouverture, cette dilatation dépendant de l'impulsion donnée au lancer de la boule par chacun d'entre nous, fait que chaque partie du cosmos se rapporte à la totalité (*omnia*) par le mode de la proportion qui (en fonction « du plus » et « du moins » et donc relative) fait qu'il y ait une harmonie. Grâce à l'idée du jeu, le Cusain introduit aussi l'idée de règles de jeu, de sa *discipline*, et souligne que puisque l'homme joue avec les autres hommes, le jeu de la vie comporte aussi l'idée de la relation, de la communication, de la sociabilité par rapport aux autres joueurs agissant dans le monde. L'univers se manifeste ainsi dans toute la splendeur de sa beauté harmonieuse, enrichie de la capacité créative, inventive et artistique de l'esprit de chaque homme, cherchant à résoudre les contradictions qui découlent de la diversité de chacun. Le monde est tout entier dans notre esprit. L'homme est le centre de tout, il est le microcosme qui tire de lui-même le macrocosme, lequel n'existe pas en soi, mais dans notre esprit. Celui-ci le reconstruit en se conduisant comme le géographe par rapport à

1. Dans *L'esprit*, *op. cit.*, chap. VIII, p. 162-165, il avait introduit des nuances entre la force (*vis*) de connaissance de l'intellect qui ne saisit presque jamais la perfection et celle de l'intelligence, terme plutôt néoplatonicien. Il affirme que la *vis* par laquelle l'esprit en ayant l'intuition de sa simplicité, a l'intuition du tout (*omnia*) sans la composition dans la simplicité, peut s'appeler *intelligentia*.

son œuvre. Le géographe dresse la carte d'un monde qu'il ne connaît pas, en fonction de sa capacité de recevoir les messages venant du monde. Il est comme une ville ayant cinq portes, qui seraient les cinq sens, par lesquelles entrent les ambassadeurs venant de toutes les parties du monde, dont ils lui annoncent la disposition : et le géographe trace le plan du monde dans l'ordre d'après lequel celui-ci s'est manifesté à lui. Et le même rapport qu'il y a entre ce plan et le monde véritable, l'homme – géographe le trouve en lui-même en contemplant dans la carte du monde le Créateur du monde : c'est dire qu'il contemple par son esprit la vérité dans l'image, et le « désigné » dans le « signe » [1]. Autrement dit, l'homme retrouve dans son esprit la similitude de l'art divin lorsqu'il reconstruit la proportion du monde, mais il ne retrouve jamais la « quiddité », à savoir l'essence de cet Art qui en serait l'*Exemplaire*. Aussi, l'homme qui, en tant qu'âme originaire autonome se mouvant par elle-même, prend son essor en s'élançant vers son but le plus haut, est-il le lieu de toutes les divergences, de toutes les oppositions et de toutes les contradictions. Il en est le lieu en fonction des contractions de son énergie qui se réfracte en d'innombrables facettes comme en autant de possibilités. La tâche de l'homme est alors nuancée d'une inquiétude qui ne le quitte jamais et qui ne s'apaise, grâce à la foi, qu'au centre des cercles du jeu de la boule, en Jésus Christ, le Médiateur.

Nicolas de Cues est d'une extraordinaire modernité parce qu'il accepte, il élabore, il développe, il cherche à concilier et à résoudre le monde proprement humain, qui est celui des contradictions. Dieu est au-delà de ce monde, en lui tout s'anéantit et coïncide, il est le *Non-autre* de l'autre, à savoir un point indivisible, le lieu inconnaissable où toutes les contradictions s'anéantissent dans sa toute-puissance Infinie.

La multiplicité des choses découle du fait que Dieu n'est dans rien, à savoir que Dieu est Dieu en Dieu et rien dans rien (on le verra au chap. VII).

La tâche de l'homme, qui en a la capacité en tant qu'âme, principe de mouvement originaire spirituel, différent du mouvement animal, va être – ainsi que la métaphore du jeu de la boule le suggère – de recomposer selon ses modes inépuisables (de l'art jusqu'aux sciences, aux inventions, à la valeur) cet univers parcouru de tensions.

Dans ce dialogue, le Cusain fait ressortir le rôle privilégié joué par l'art humain et par les inventions de la science pouvant par leurs interventions manipuler et réaménager la nature. Cette exaltation de la « vertu humaine », en tant que capacité créatrice artistique avait déjà été célébrée dans le

1. Il l'éclaira l'année suivante par sa doctrine des signes dans le *Compendium*.

dialogue *De mente* où il l'avait comparée à la représentation de l'art du peintre qui nous donne la « peinture » des proportions du monde.

Or, l'un des sujets les plus importants du dialogue du *Jeu de la boule* est l'explicitation du motif pour lequel tous les individus ne s'élancent pas de la même manière vers le but le plus haut, et de la cause qui fait que certains d'entre eux tombent et n'atteignent jamais le centre au point le plus haut des cercles du jeu. Par cette métaphore de l'élan de la vie, le Cusain introduit le problème du mal et de l'erreur en usant de la terminologie de son temps et en parlant donc de la vertu, de la nécessité, de la chance (*fortuna* ou *infortuna*), de la contingence, du hasard qui, cependant, présupposent sa doctrine tout à fait particulière de l'omnipotence divine, comme *Possest* ou *Posse*.

En d'autres termes, on peut dire plus simplement que le Cusain exclut la *réalité* du mal puisque Dieu qui est puissance absolue par rapport à Lui-même, exclut hors de Lui les contradictions de l'autre et du divers, qu'Il illumine par la manifestation de son pouvoir. C'est dire que comme le pouvoir absolu ne peut pas en tant que tel ne pas manifester son pouvoir, l'individu en participe selon un pouvoir qui peut être et ne pas être selon ses libres penchants et les circonstances de la multiplicité à laquelle il appartient. Ainsi, lorsque l'individu se lance comme une boule dans l'activité de la vie, sa volonté intervient en le poussant vers le haut, ou bien si sa force faiblit, il tombe vers le bas.

Les aspérités du sol et celles de la surface extérieure de la boule, qui signifient les facteurs casuels et contingents du mouvement de la vie, dépendent de possibilités se renouvelant incessamment. Elles jaillissent des heurts et des rencontres de tous les mouvements des individus qui sont différents, et c'est différemment qu'ils participent de la lumière divine selon leurs quatre contractions dont le Cusain parle ici de manière diffuse, par rapport à la figure mystique de la décade.

Dans le *Jeu de la boule*, le centre qui est le but de la course sera la vision de Dieu que cependant on ne pourra atteindre qu'en se dégageant des quatre modes de la contraction ou de la participation limitée. Nicolas revient sur le concept de création des créatures qui ne sont des entités que dans la mesure où elles participent du mode contracté de l'Unité absolue à laquelle elles essayent de s'assimiler en se dégageant de la contraction de leurs limites. C'est seulement alors que l'entité pourra être réductible à l'Un imparticipable en soi, dont toutes les choses participent, chacune selon son propre mode, à savoir selon ses propres dispositions à connaître. C'est ainsi que la création advint selon le mode d'après lequel toutes les choses vinrent à l'être, en participant de cette vertu infinie qu'est l'Unité de l'Un « selon le mode par lequel elle est diversement participable : à savoir selon le mode du participé et non pas de l'Un imparticipable». Ainsi «nos in anima nostra rationem et scientiam *virtualiter* possidemus»[1]. Ainsi, la création est-elle une assimilation au Créateur par le dégagement de la contraction des créatures, qui sont des possibilités virtuelles, presque un rien. Le non-étant en tant que divers émerge dans son retour à l'entité absolue qu'est l'Identique, en s'assimilant à lui, c'est-à-dire en se rendant semblable à l'Identité absolue et donc en se niant en soi-même par sa force limitée.

Notre intelligence consiste entièrement dans la participation à l'activité divine que le Cusain appellera *Posse* ou *Toute-puissance*. Cette participation est limitée en fonction de son niveau de contraction et de potentialité. Etant donné que l'unité simple de Dieu est imparticipable, comment peut-on en participer? Cette participation, écrit-il, doit être considérée comme étant une «vertu», à savoir, une force dynamique se confondant avec l'unité de la substance. Dans cette vertu, l'unité imparticipable coïncide avec la participabilité, la participation étant la contraction de l'Un dans le multiple. Aussi, dans le monde créé ne saisit-on jamais la précision absolue, l'identité de l'Un, mais seulement selon le mode de la précision contractée. Les choses ne sont en Dieu complicativement que selon le mode intuitif, il s'ensuit qu'elles s'expliquent hors de lui en fonction de leurs contractions.

> C'est ainsi que dans le monde des *explications* plus ou moins contractées ce sont le contraste et les contradictions qui dominent. C'est de cette discorde que naît la variété, laquelle dépend de la chance (*fortuna*) et du hasard[2].

Ces passages illustrent assez bien les pages du *Jeu de la boule* où le Cusain n'exclut pas complètement, dans la sphère de l'activité de la vie, le hasard et la chance qui peuvent faire échouer le lancer de la boule, même

1. Dans cette œuvre où il traite en particulier de l'âme, Nicolas emploie presque toujours le terme scolastique néoplatonicien, *virtus*, plutôt que *vis*: virtus ou *virtutes* de toutes les *potentiae* ou possibilités de l'âme sensible et rationnelle.

2. Il définit la fortune selon le poète (Virgile et le Boèce de *La consolation de la philosophie*, 1, rythme 4, 1-4; 2; rythme 12, 44-46) et il les nomme les Platoniciens qui affirment qu'elle est l'ordre et les dispositions de toutes les choses dans leur être (*ordinem et dispositionem omnium in suo esse*). Et il précise que cette disposition et cet ordre des choses sont tels que toutes les choses deviennent ainsi comme elles deviennent, autrement l'homme ne pourrait se faire homme («Puta dispositio et ordo essendi hominum sui se habet, ut sic fient omnia, sicut fiunt, alioquin non fieret homo»). Par conséquent le Cusain conclut par l'affirmation paradoxale de la nécessité réelle de la fortune qui est la contingence ou la *possibilitas* de chacun, de se réaliser *de facto* en cohérence avec son idée de la réalité métaphysique du *fieri* et de la contingence (*accidens*) de l'être humain (cf. *Le jeu de la boule*, éd. lat. cit.).

si ce sont toujours les vertueux qui gagnent. Plusieurs conditions s'imposent alors à ces derniers : qu'ils soient bien éduqués et bien élevés, et qu'on leur apprenne la capacité réelle de l'âme humaine, laquelle est créatrice, inventive et supérieure à tous les êtres de l'univers grâce à son désir ininterrompu d'atteindre l'Unité divine, qui donne sa « saveur » à la nourriture de l'intellect.

Le caractère pédagogique de ce dialogue se laisse aisément saisir. Son intention de présenter à des jeunes gens les vérités suprêmes repose sur le véritable enseignement, dont le but est la connaissance. Cet enseignement est primordial et fondamental pour que le mouvement imprimé au lancer de la boule[1] soit bien orienté vers son centre.

Ce texte a suscité plusieurs interprétations[2] plus ou moins similaires. Nicolas de Cues a donné, dans cet ouvrage, un contenu hautement philosophique et spéculativement fécond à la vérité de la foi, en construisant une anthropologie, non seulement christologique, mais également spéculative et philosophique, qui tire parti de toute la richesse de ses images et de ses élucidations.

Dans la doctrine du Cusain, du fait que Dieu a créé l'homme à son image, nous avons en nous-mêmes la révélation de sa toute-puissance. Celle-ci en soi nous reste inconnue, mais elle se manifeste dans notre nature intellectuelle, qui est sans cesse et spontanément sollicitée en vue d'atteindre le principe absolu qui, tout en la transcendant, se révèle à elle. Le principe de la volonté, de l'action, de l'engagement, de la liberté, est fondamental dans cet ouvrage et représente l'articulation philosophique de sa christologie.

C'est pourquoi elle a une signification philosophique profondément différente de la célébration de la nature humaine de Pic de la Mirandole, pour qui elle est tout en tout. En insistant, lui aussi, sur la nature libre de l'homme créé par Dieu, Jean Pic de la Mirandole en fait un être polyédrique et multiforme (un « caméléon »), dont la possibilité de se faire bête est située au même niveau métaphysique que la possibilité de se faire ange.

1. De H.G. Senger, *Ludus sapientie*, *op. cit.*, et de K. Flasch, *Nikolaus von Kues. Geschichte einer Entwicklung*, *op. cit.*, p. 576-602. P. Moffits Watts insiste sur les aspects modernes du jeu et suggère aussi la vision de l'*homo ludens* de la Renaissance italienne dont avait parlé J. Huizinga dans son *Automne du Moyen Age*. Pour M. Thurner (« Teologische Unendlichkeitsspekulation als endlicher Weltentwurf », *MFCG*, 27, 2001, p. 1-27), cette œuvre viserait à illustrer agréablement l'autoréalisation religieuse de l'homme, par la métaphore du jeu d'après la règle de laquelle il faut rendre faciles les choses difficiles. De même Léon Battista Alberti nomme son œuvre de mathématique *I ludi matematici*.

2. *Cf.* note précédente.

En revanche, il apparaît clairement que, dans sa conception de la dignité de l'homme-microcosme, le Cusain exclut le concept selon lequel l'être humain pourrait franchir la limite inférieure de l'humain et se faire bête. Il en est ainsi, sans doute, parce que la christologie du salut qu'il soutenait positivement selon l'idée du *Christ triumphans* mettait des bornes à la dégradation de la nature humaine en tant que telle. En d'autres termes, l'anthropologie du Cusain est foncièrement positive et profondément confiante dans la possibilité de voir se réaliser la fin éthique des activités humaines, libres de toute conception « démoniaque » du pouvoir humain en tant que tel, que prônait l'hermétisme philosophique et magique de la Renaissance des XV$^{e}$ et XVI$^{e}$ siècles.

CHAPITRE VI

# LA VÉRITÉ MODALISÉE : LES MODES. LA THÉORIE DES SIGNES

Nous savons maintenant que le Cusain élabore le concept d'altérité, repris dans presque toutes ses œuvres, à partir de deux principes : 1) Dieu infini négatif, Un indivisible, coïncidence des opposés; 2) l'univers des finis, considéré selon des perspectives différentes et en parcourant des voies inexplorées même dans la sphère de la logique. En attribuant à la notion de « Dieu infini » la qualité de la négation par privation des affections qui relève de notre connaissance dont la précision est imparfaite, le Cusain pose le fondement de sa doctrine de la conjecture qui fait sa philosophie de l'altérité. Ainsi, affirme-t-il, « la conjecture est la connaissance de la vérité dans l'altérité ». Mais cette proposition, ainsi que J. Sfez l'a remarqué[1], laisse ouverte la question de l'origine de cette altérité qui présuppose une insuffisance dans la connaissance. Les écrits postérieurs aux années 1460-1464 (depuis la rédaction en 1450 des quatre livres de *La sagesse* et surtout, en 1462, du *Non autre*) montrent le tournant linguistique de la philosophie de Nicolas de Cues. Elles permettent d'expliciter à nouveau un concept que le Cusain avait déjà énoncé dans *L'esprit*[2] : celui de la contraction éclairée par la formulation d'une théorie des noms, traités comme des modes des signes vocaux ou écrits. Toute chose est énoncée par des mots qui sont autant d'images de notre esprit qui tire de lui-même des connaissances plus ou moins précises selon sa force mesurante. Dans le *De mente*, le Cusain déclare que « penser, c'est mesurer ». Notre esprit est

1. J. Sfez, *L'art des conjectures*, *op. cit.*, p. 74-109.
2. *L'esprit*, *op. cit.*, chap. II, p. 108-109.

un « principe discriminant et mesurant » : il atteint des proportions différentes, sans atteindre toutefois la précision absolue en soi et sans atteindre par conséquent une connaissance adéquate. La connaissance modale que l'âme-esprit atteint au moyen de ses formes psychologiques et des différents modes linguistiques de ses actes internes, est clairement explicitée dans le dernier traité du Cusain, le *Compendium*. En effet « âme » et « esprit », tout en étant une seule et unique réalité, se distinguent par leur acte. Ce sont deux puissances (*vis*) qui sont les mêmes en tant qu'une même unité compliquant à sa manière toute chose (*complicans suo modo omnia*), mais elles se différencient par leurs fonctions : « l'esprit est étant par lui-même, l'âme est par son emploi (*ex officio*) » [1].

La précision étant le critère de la vérité, tous les noms doivent être précis et essayer de se porter à la précision des noms divins que, pourtant, ils n'atteignent jamais : « Les modes divins ne peuvent jamais être atteints de manière précise » [2]. Mais l'esprit humain, dont la force (*vis*) est à la ressemblance de celle de Dieu, tente de l'atteindre dans l'altérité des contractions individuelles en s'efforçant de s'en dégager.

Les *Conjectures* avaient présenté une théorie de la connaissance de la vérité selon une altérité symbolique, de nature mathématique, où la « conjecture » se révélait comme étant une altérité par rapport à l'Un indivisible, sans éclairer les formes de l'âme. En revanche, dans le *Compendium*, le Cusain précise le fonctionnement de la pensée dans la formation des concepts généraux, en partant des sensations particulières par l'intermédiaire de formes sensibles intérieures, qui s'expliquent dans l'unité de la vie psychique. En tant qu'être vivant, l'homme est une énergie (*vis*) de vie, qui est un élan de connaissance.

Le *Compendium* est un traité remarquable – négligé en partie par les spécialistes de Nicolas de Cues – concernant l'interprétation de la connaissance sensible et de la connaissance visuelle, ou *cognitio intuitiva*, que proposent les nominalistes de la fin du XIVe siècle, se fondant sur le *De anima* d'Aristote. Nicolas, en effet, expose sa conception du rapport entre les sensations, la raison et l'intellect, en recourant à la théorie nominaliste. En fait, le Cusain a toujours soutenu que toute connaissance commence par les sensations corporelles et s'achève dans la forme cognitive générale. Au deuxième chapitre de *L'esprit*, il écrit que la connaissance (ou le concept) est une forme qui se constitue comme étant une

1. *L'esprit*, *op. cit.*, chap. premier, p. 102, chap. V, p. 130.
2. *Ibid.*, chap. V, p. 132-133.

« habitude »[1]. Celle-ci est une acquisition ininterrompue qui se stabilise en connaissance en devenant un intellect habituel (*habitus*) et non pas une réalité (*forma substantialis*) du fait même de son être perpétuellement en devenir. Toutefois, dans ces pages, le Cusain n'a pas clairement explicité la façon dont se produit le passage des opérations des sensations particulières des cinq sens à la formation de l'image du concept fournissant la connaissance. C'est dire que n'apparaissait pas de façon évidente si le passage des sensations particulières des cinq sens à la formation de la notion générale se produisait ou non par l'intermédiaire des actes internes (sens commun, imagination, mémoire estimative ou même cogitative) : en d'autres termes, si les puissances sensibles internes contribuaient activement à la connaissance rationnelle de la *cognitio intuitiva* ou, si au contraire, elles n'y contribuaient que passivement, ainsi que le soutenaient les adeptes de l'interprétation d'Aristote concernant la relation sens/intellect.

Le *Compendium* part d'une affirmation semblable du principe général des grammairiens modistes, à propos de l'inconnaissabilité de la réalité absolue en soi (ou divine). Selon ce principe, lorsqu'on connaît une chose on ne connaît pas sa substance (ou réalité), mais seulement les signes de son existence. Le Cusain parvint à expliciter comment notre esprit forme des images – en tant que notions exprimées dans les signes vocaux ou écrits – de ce qui existe et nous est donné dans les sensations corporelles.

L'importance de la vision sensible comme perception rationnelle, ou *cognitio intuitiva*, est centrale dans la théorie de la connaissance des choses naturelles signifiées dans les termes de la proposition, que soutiennent les nominalistes (ou terministes) du XIVe siècle. Le Cusain reprend le principe de vérité de l'évidence sensible que ces derniers avaient adopté, pour le transformer en sa propre doctrine de la vérité, entendue comme précision du nom se trouvant « dans la proportion de notre esprit ». Cette précision procède de l'intellect même, elle se trouve dans la connaissance des étants créés notionnellement grâce à l'unité de mesure qu'est notre esprit (c'est-à-dire grâce au nombre). L'intellect est ce « principe simple qui est l'art des arts » (*principium simplex quod est ars artium,* il est le principe qui les crée. Ces connaissances sont des formes notionnelles, jamais entitatives, tandis que Dieu au contraire crée les formes réelles[2]. Dans le *Possest*, le Cusain précise encore davantage les non-qualités réelles de ces étants mathématiques « quae procedunt de nostra ratione » et « non sunt ... neque quid, neque quale, sed notionalia a ratione nostra élicita » (Et ces êtres

1. *Ibid.*, chap. VIII, p. 162-163.
2. *Ibid.*, chap. II, p. 106-107.

mathématiques qui procèdent de notre raison [...]. ne sont ni quelque chose, ni telle chose, mais des notions tirées de notre raison)[1].

## LES GRAMMAIRES MODISTES

Le *Compendium* commence par l'énoncé de quelques principes qui rappellent ceux des grammaires spéculatives modistes de l'école danoise de Martin, Boèce et Jean de Dacie[2]. Selon ces grammaires (dont l'une des plus connues est celle de Thomas d'Erfurt[3], faussement attribuée pendant un certain temps à Duns Scot)[4], la connaissance consiste en des modes dont l'origine réside dans les signes (noms, concepts, images) des choses.

Pour les maîtres de cette école, les modes sont les propriétés qui signifient les choses d'après le mode des trois sphères[5] où elles se trouvent : celle de l'être, celle du connaître, celle du signifier. Les grammairiens spéculatifs ont donc théorisé, à propos de la chose (*res*) qui est en soi, une grammaire philosophique à visée universaliste : en fait, tout en étant conscients de l'impossibilité, d'un point de vue théologique, d'accéder à la vérité de la réalité, à cause de son ineffabilité, ils souhaitaient néanmoins dire, savoir et faire savoir. Aussi ont-ils élaboré un système bien organisé, centré sur la description linguistique, une grammaire solide pour en justifier la légitimité, une psychologie et une ontologie pour expliciter le rapport du langage au mental et au réel, en utilisant la notion de « signe » et en changeant la signification de la notion de « mode » par rapport à la logique réaliste aristotélicienne de la prédication vraie (ou fausse) de l'être substantiel (mode de la nécessité, mode de la possibilité).

Par conséquent, les *modi significandi* de ces grammaires spéculatives concernent seulement le congru et l'incongru[6], à la différence soit des règles de la logique catégorielle substantialiste des *Catégories* et des *Analytiques* établissant les modalités de l'être prédicatif qui affirme le vrai ou

1. *Le pouvoir-est*, éd. Pasqua, p. 92-93 ; éd. P. Caye, D. Larre, p. Magnard, E. Vengeon, Paris, Vrin, 2013, p. 72.

2. I. Rosier, *La grammaire spéculative des modistes*, Lille, Presses Universitaires de Lille, 1983.

3. Thomas d'Erfurt, *Grammatica speculativa*, trad. angl. G. L. Bursill-Hall, London, Longman, 1972.

4. Johannes Duns Scotus (Pseudo), *Grammatica speculativa*, éd. F. G. Mariani, Firenze, Quaracchi, Collegio SS. Bonaventura, 1902.

5. I. Rosier, *La grammaire*, *op. cit.*, p. 53-67.

6. *Ibid.*, p. 38-44.

le faux ou la simple inhérence du prédicat; soit des règles des terministes auteurs de différentes doctrines de la vérité de la proposition et de la supposition matérielle (*materialis*), personnelle (*personalis*), naturelle (*naturalis*)[1].

Pour les « modistes » du XIII^e^ siècle[2], les *modi significandi* puisent leur origine dans les choses qui sont en soi; et leur grammaire est caractérisée par un demi-réalisme tout à fait particulier, parce que le « mode » de la signification des noms dans les trois sphères est vrai, d'une vérité grammaticale qui affirme l'existence d'un être en soi dans la *res* qui est donnée. Pourtant, les modes de la vérité des mots ne dépendent pas de la réalité des choses qui est inconnaissable, mais ils sont les propriétés de ce dont on parle (des mots). L'être et le connaître ne s'appliquent pas à la définition de ce qui est en soi, il n'y a pas une science du « mode » d'être, mais il y a une très grande richesse de signes (le plus souvent, il s'agit de mots) concernant la sphère de ce mode qui est la sphère de ce qui est donné dans l'exister et qu'on peut observer grâce aux sensations[3].

Le Cusain propose une théorie semblable dans le *Compendium*. Ainsi, tous les signes du mode d'être sont-ils un autre mode cognitif, par lequel ils signifient, en les exprimant différemment, les modes de la connaissance de notre âme. Les modes d'être sont ceux qui sont signifiés dans les modes du connaître. Et ceux-ci sont les modes du langage mathématique. Et ils n'ont pas d'autre réalité. À la différence des règles de la logique aristotélicienne de la prédication catégorielle on sépare les règles de la grammaire de celles de la logique. De même qu'aucune relation n'est envisageable entre le mot et la chose (*res*) qui constitue la *dictio*, de même l'analyse de la forme de la relation, étudiée par le logicien, n'a pas sa place dans la grammaire; il n'existe aucune opposition entre les Réalistes et les Nominalistes. La question des concepts universaux ou singuliers ne joue aucun rôle dans l'étude des grammairiens visant à retrouver les règles de la construction du discours. Les grammairiens ne considèrent pas la proposition comme étant composée d'un verbe à la troisième personne et d'un attribut lui donnant une signification vraie ou fausse. Pour eux, les modes du signifier sont les principes de la construction de la phrase, ils ont évacué du domaine de leur grammaire la signification de la logique substantielle. Les constructibles

1. L. M. De Rijk, « The Development of "Suppositio Naturalis" in Medieval Logic », *Vivarium*, IX, 1971, p. 71-77; XI, 1973, p. 43-79; J. Biard, *Logic et théorie du signe au XIV^e^ siècle*, Paris, Vrin, 1989, p. 75-175.

2. I. Rosier, *La grammaire*, *op. cit.*, p. 54-65.

3. *Ibid.*, p. 67-70.

(*constructibilia*) sont congrus ou incongrus, dans la mesure où ils donnent à la phrase sa signification, à savoir son sens en tant que construction[1]. Il s'ensuit que les propriétés des mots (*dictiones*) ne sont pas leurs propriétés « réelles » selon les règles des logiciens.

Ce rejet de la règle de la logique prédicative du vrai et du faux hors du discours est le principe sur lequel, dans le *Compendium*, le Cusain fonde son explicitation de la vérité modalisée. Il le fait en exposant d'une façon très claire le fonctionnement psychologique et gnoséologique de l'âme – en tant que pensée consistant dans une force mesurant (*mens mensurans*) – se portant à la précision grâce à l'exercice des « sens internes » (perception sensible ou *intuitio*), et cela dans le but d'accéder à la connaissance précise, unifiante, qui est la force (*vis*) de l'intellect. On l'a dit, cette précision consiste dans la notion mathématique de *ratio aequalitatis*, ou rapport d'égalité, qui représente la précision absolue dans le mode supérieur de l'intellect (comme le Cusain l'a explicité dans *L'esprit*). En effet, la *mens* est « unité » ou « un » en tant qu'égalité de l'unité par rapport à soi : la pluralité des choses vient de notre esprit, parce que l'« un » seul les dénombre (*numerat*) et que sans lui il n'y a plus de nombres distincts : il est l'unité de mesure. Il nous est donc permis d'affirmer – dit-il – que, comme c'est l'esprit qui intellige mathématiquement l'un et l'identique de manière singulière et séparée et que c'est justement cela que nous considérons, « l'esprit est vraiment l'égalité de l'unité »[2], expression mathématique qui élucide la définition de l'esprit « atome spirituel » que, dans la *Docte ignorance*, il n'avait encore énoncé.

Le Cusain en parlant de l'esprit « un » avait usé du terme *aequalitas unitatis*, égalité de l'unité, pour exprimer aussi l'idée de la coïncidence des opposés en Dieu par le mode cognitif « unitaire » de l'intellect. S'il exprime l'idée de l'égalité entre les « un » de tous les esprits, il signifie mathématiquement aussi en tant qu'atome spirituel indivisible la même égalité de l'un de l'esprit de Dieu. Et, en tant qu'atome spirituel, il est l'un comme l'image de l'atome réel, qui est comme le point compliquant du créateur·

1. *Cf.* R. Kilwardby, « The commentary on Priscian Minor », éd. K. M. Fredborg *et alii*, *Cahiers de l'Institut du Moyen âge grec et latin* (Copenhagen), 15, 1975, p. 1-143 ; en part. p. 24.

2. *L'esprit*, *op. cit.*, chap. VI, p. 144-145. Il l'appelle ici « égalité de l'unité » et non par l'expression plus commune « unité de l'égalité » ou rapport d'égalité. Il s'agit des nuances spéculatives, non seulement linguistiques qui doivent expliciter la notion nouvelle de l'intellect en tant que atome spirituel, égale un tous les atomes en tant que des atomes, « un » indivisible, mais égale à soi-même, similitude du point compliquant qui est Dieu et il s'agit d'une une nouvelle élaboration de la même idée.

Dans le *Compendium* il vient éclairer d'une manière éclatante la raison de la centralité de la mathématique et de la persistance dans l'usage de tous ses termes dans la théologie et dans le procès de la psychologie de la connaissance.

## L'ÂME ET LES SIGNES

La doctrine spécifique de l'âme du Cusain est complexe et subtile parce que, s'il est vrai qu'il résume plusieurs fois les théories des philosophes de l'antiquité qu'il ne connaît le plus souvent qu'indirectement (par exemple, d'après les *Vies des Philosophes* de Diogène Laërce), il les réexpose selon sa propre interprétation en cherchant aussi à établir une médiation entre des doctrines opposées concernant l'âme, comme il le fait dans le *De mente*, entre la *tabula rasa* d'Aristote et l'idée innée de Platon, disant que l'âme a en elle-même une puissance (*vis*) innée, mais qu'elle ne possède pas une connaissance déjà donnée. Dans les *Conjectures*, l'âme est l'une des quatre contractions de la connaissance, laquelle est constituée du mode de la sensation du corps, de celui de l'imagination de l'âme, de celui du nombre de la raison et de celui de l'unité de l'intellect. On saisit mieux à présent la notion de connaissance conjecturale par la contraction sous ses quatre formes. Dans *les Conjectures* et dans *L'esprit*, le Cusain avait éclairé la notion de contraction des formes de connaissance en invoquant les termes dynamiques de *complicatio*[1], *explicatio* et *contractio*. La pensée est en effet dynamique en tant qu'unité ou nombre contracté, qui n'est pas le principe mais en découle en tant qu'image, à l'aide du concept, d'inspiration néoplatonicienne, de « force » (ou *vis*, *virtus*, *puissance*). Il peut affirmer ainsi que la

> mens virtualiter constat ex virtute intelligendi, ratiocinandi, imaginandi et sentiendi (L'esprit se compose virtuellement de la force d'intelliger, de raisonner, d'imaginer et de sentir)[2].

En exposant ainsi à sa façon la psychologie d'Aristote et celle de Platon, le Cusain assure la médiation entre les deux théories. Mais, tout en usant de leur terminologie, à savoir de ces mots des Écoles comme « être », « matière », « possibilité », « puissance », « *fieri* », « *posse* », « être en acte » (ce qu'on verra aussi dans le *Pouvoir*), Nicolas de Cues transforme la signification de cette ontologie à la lumière de son néo-

1. *Les conjectures*, éd. lat. cit., liv. II, vol. II, chap. premier, p. 98-99, chap. IV, p. 110-111.
2. *L'esprit*, *op. cit.*, chap. XI, p. 198-199.

platonisme. En introduisant des termes nouveaux tels que « complication », « explication », « contraction », il dépasse la tradition aristotélicienne et il élabore un langage psychologique et métaphysique nouveau à l'intérieur de la tradition néoplatonicienne médiévale. Il l'énonce plus clairement dans le *Compendium* que dans *L'esprit*. L'âme, principe de vie et de connaissance, est force, *vis*, point d'énergie, puissance qui complique, contient, et « explicite » (*explicat*) aussi toutes les activités sensibles, perceptibles, rationnelles et intellectuelles de l'âme. Mais, en tant que pouvoir de jugement (*vis judiciaria*), elle est une synthèse visant l'unité d'énergies potentielles différentes comme principe unifiant de toutes les activités sensibles, perceptives, rationnelles et intellectuelles, à l'instar de l' « un » de la *ratio aequalitatis*. Dans le *Compendium*, le Cusain présente ces énergies non seulement dans les trois formes aristotéliciennes des puissances de l'âme (végétative, sensible et intellective), il explicite aussi dans la psychologie de l'âme le passage de la puissance des fantasmes sensibles à l'acte intelligible de l'intellect, en reconnaissant une activité aux phantasmes sensibles des facultés moyennes, tandis qu'Aristote avait affirmé que les sensations sont toutes passives en tant que réceptives[1].

Le Cusain avait présenté déjà dans *Les conjectures*, quatre activités cognitives, mais à présent elles sont approfondies dans le *Compendium* : la sensibilité des sens externes, celle moyenne des sens internes (imagination et mémoire), celle de la raison et celle de l'intellect. Selon la tradition néoplatonicienne arabo-latine médiévale, et la traduction, dans la deuxième moitié du XIIe siècle, du *De anima* de Avicenne, ainsi que celle de Guillaume de Moerbeke, au XIIIe, de l'œuvre de Proclus, le nombre de ces formes était supérieur à trois[2]. Dans l'école avicennienne, on attribuait beaucoup d'importance à l'imagination, à la fantaisie, à la mémoire, mais aussi à une faculté « cogitative » rationnelle-sensible (ou faculté de calcul) appelée virtus *cogitativa* par Avicenne[3] et aussi *distinctiva* par Alhazen,

1. « Sentire est passio aliqua quae est receptio formae sensati (La sensation est une certaine passion qui est la réception de la forme de ce qui est senti) », Aristote, *De anima*, II, 425 13-14.

2. On connaît la querelle sur la pluralité des formes au XIIIe siècle : cette controverse doit être comptée parmi les plus ardentes du XIIIe siècle (*cf.* E. H. Weber, *L'homme en discussion à l'Université de Paris en 1270*, Paris, Vrin, 1970; R. Zavalloni, *Richard de Mediavilla et la controverse de la pluralité des formes*, Louvain, Institut supérieur de Philosophie, 1951).

3. Avicenna Latinus, *Liber de anima*, éd. S. van Riet, Louvain, Peeters, vol. I, 1972, p. 87-89.

qui est une activité ou une forme potentielle de distinction rationnelle-sensible de l'âme[1].

On attribue en effet la possibilité de connaître aux puissances sensibles internes que le Cusain appelle globalement « imagination, fantaisie ». En ayant distingué quatre contractions cognitives – parmi lesquelles l'imagination était la contraction propre à l'âme, différente de la contraction corporelle des sens, de celle de la précision mathématique de la raison et celle de l'unité de l'intellect – dans le *Compendium*, Nicolas de Cues souligne l'utilité (*officium*) de l'imagination, en tant qu'activité intérieure, pour la vérité modale de la connaissance de l'esprit. Cette doctrine va de pair avec les principes généraux des logiques modales des grammaires spéculatives. S'il ne nous est jamais donné de connaître la réalité en soi, alors qu'elle nous est toujours donnée dans l'expérience sensible, selon le Cusain, elle est néanmoins connue grâce aux modalités de notre langage mathématique selon les signes des proportions rationnelles de la mathématique qui l'énoncent dans la connaissance du monde environnant.

## LA VISION SENSIBLE OU LA *COGNITIO INTUITIVA* DU SINGULIER

Ces dernières années, plusieurs équipes de chercheurs[2] ont cerné les positions individuelles et les diverses orientations des adeptes de l'école nominaliste qui affirment la primauté de la *cognitio intuitiva*, les différences entre les doctrines sémantiques de l'école d'Oxford, de celles de Paris ou de celles de Cologne. En général, ces discussions ne mettaient pas en doute l'importance de la vision sensible (ou *cognitio intuitiva*), mais il s'agissait d'établir si l'évidence sensible de la chose vue était ou n'était pas nécessaire à la connaissance vraie de la réalité des choses naturelles, eu égard par ailleurs aux discussions de la connaissance abstractive de la *natura communis* des scotistes pour qui elle était secondaire. Les derniers développements des logiques nominalistes du XIVe siècle (par exemple en Italie Blaise Pelacani de Parme, à l'Université de Padoue, peu de temps avant l'arrivée du Cusain), donnait beaucoup d'importance à la perception visuelle. Blaise avait élaboré le principe de l'évidence rationnelle de la

1. À propos de ces théories d'Avicenne et d'Alhazen, *cf.* G. Federici Vescovini, « Alhazen lo spazio percettivo e l'immaginazione », dans *id.* (éd.), *Corpo et anima, sensi interni e intelletto*, Turnhout, Brepols, 2005, p. 79-82.

2. Pour un panorama de ces écoles, *cf.* J. Biard, « La logica del Medioevo », *Paradigmi*, 50, 1999, p. 207-242.

vision sensible en tant que géométrique[1], en appliquant les règles mathématiques de l'optique de Euclide et de Ptolémée. Il avait même distingué la proposition mathématique de la proposition physique ou théologique, en affirmant la primauté de la certitude de la démonstration mathématique. Cependant, le Cusain est tout à fait éloigné de la doctrine empiriste de la *cognitio intuitiva* des adeptes de ce courant, tout en affirmant comme eux l'importance pour notre connaissance de la présence physique de la chose naturelle, à savoir de l'existence empirique. Autrement dit, il accepte de reconnaître comme eux le caractère antécédent de la présence de la chose corporelle qui se présente au moyen des sens à l'esprit. Mais il refuse la doctrine nominaliste de la vérité de la proposition, fondée sur la logique de la signification vraie de l'être de la chose présente selon les règles sémantiques de la position correcte (*suppositio*)[2] des termes dans la proposition, c'est-à-dire du sujet et du verbe comme prédicat. Il rejette, surtout, l'ontologie du singulier qui ressortait de cette logique nominaliste de la fin du

1. Blaise de Parme, *Quaestiones super «perspectiva communis»*, éd. G. Federici Vescovini, J. Biard *et alii*, Paris, Vrin, 2012, p. 23-24. Il soutient ici la théorie de la connaissance de la chose singulière présente à la vue sur la base d'une conception optique-géométrique de la vue. Cette doctrine était différente de celle de la *Perspectiva communis* de Jean Peckham, à savoir de l'auteur du manuel de l'enseignement de l'optique adopté dans les Facultés des arts et philosophie du XIVe siècle, lequel soutenait l'impossibilité cognitive des fantasmes sensibles en tant qu'ils sont simplement passifs en suivant la doctrine d'Aristote.

2. La théorie de la supposition est le propre d'une logique "opérationnelle" de la vérification de la position correcte (*suppositio*) des termes dans les énoncés et des énoncés entre eux. Parmi toutes les opérations de vérification de cette logique, celle des « suppositions » est privilégiée ; c'est elle qui établit quand un terme est à la place d'un autre, ou à sa propre place, mais au dessus (*super*)ou au dessous (*sub*) d'un autre terme. Cette logique a élaboré les règles sémantiques – et non pas seulement les règles syntaxiques – du discours. D'un côté cette logique a un aspect exclusivement formel, dans la théorie des *consequentiae*, c'est-à-dire de la façon correcte d'inférer des énoncés entre eux; de l'autre elle a un aspect gnoséologique concernant l' « évidence » immédiate de la vérité de la *res* de la part du sujet connaissant : ainsi la vérité des énoncés est ramenée à l'évidence immédiate de la perception visuelle de la part du sujet connaissant, d'après lequel la vérité est donnée par l'évidence sensible optique. Dans cette doctrine la vérité des énoncés est donc ramenée (avec ou sans le consentement de l'intellect) à la certitude de l'évidence sensible. Plusieurs Maîtres nominalistes se sont trouvés d'accord sur ce principe de l'évidence sensible, lequel est le fondement de la *cognitio intuitiva*, malgré certaines différences très importantes entre leurs positions, surtout à propos de quelle supposition soit nécessaire pour la signification de vérité de la proposition. S'agit-il de la supposition naturelle ou non? Le consentement de la raison est-il nécessaire? Pour la doctrine d'Ockham, de Buridano, Biagio Pelacani, *cf.* G. Federici Vescovini, *Astrologia e scienza, op. cit.*, p.75-121 ; J. Biard, G. Federici Vescovini, introduction à Blaise de Parme, *Questiones super Tractatus logice Magistri Petri Hispani*, Paris, Vrin, 2001, p. 7-36 ; J. Biard, *Logique et théorie du signe, op. cit.*

XIVe siècle. Et il remplace ces concepts de vérité suppositionnelle de façon innovante par sa théorie de la connaissance de la vérité comme précision mathématique contenue dans le signe de la quantité. Le Cusain reste fidèle au principe exposé pour la première fois dans la *Docte ignorance* puis dans l'*Esprit*, d'après lequel l'unique vérité que nous possédons est celle du raisonnement mathématique de la *ratio aequalitatis* (ou rapport d'égalité), de l'Un égal à soi-même dans la coïncidence des opposés.

En Allemagne, les théories nominalistes (ou mieux, terministes) avaient été amplement développées dans la doctrine des signes de Marsile d'Inghen, dont les œuvres, (telles que le *Commentaire* aux *Sentences* qu'il a lu à Heidelberg en 1394) avaient été citées dans l'enseignement de Jean de Nova Domo et d'Emeric de Campo qui avait suivi ses cours et avec qui Nicolas avait contracté des liens d'amitié.

En particulier, selon ces maîtres, le sujet de la théologie – à savoir Dieu – ne peut pas être l'objet d'une connaissance scientifique, mais seulement d'une connaissance pratique, parce que Dieu n'étant pas physiquement présent, ne peut pas être l'objet de la perception sensible, de la *cognitio intuitiva*. Cette orientation nominaliste était caractérisée par l'accentuation du concept de la connaissance de la nature, qu'on connaît par l'intermédiaire de la raison et de l'expérience sensible et qui transforme les « *res naturales* » en concepts, lesquels ne sont que des signes de la réalité physique connue empiriquement. L'intellect n'est pas une forme substantielle (*res*) adéquate à la *res* intelligible. Dans les doctrines terministes de la *cognitio intuitiva*, la *res* est une perception sensible – rationnelle, optique – d'une chose corruptible (*res corruptibilis*) en tant qu'existante. Aussi, dans la proposition, les termes (sujet et verbe) sont à la place (*supponunt*) de la chose toujours corruptible (*de re corruptibili*) et jamais d'une *res incorruptibilis* comme Dieu.

Toutefois, même si le Cusain ne partage pas cette théorie de la connaissance fondée par les règles de la logique de la supposition des termes, pour lui aussi notre connaissance n'est rien d'autre qu'une considération de notre intellect élaborée *ad placitum* ou *ad beneplacitum nostrum* (à notre guise) selon les règles des signes de notre langage parce que – écrit-il, dans un autre passage[1] – « *impositio nominis fit ad beneplacitum cum aliud imponi posset* » (l'imposition du nom dépend selon notre guise du fait qu'un autre nom pourrait être imposé). Par conséquent, le principe originaire se mouvant soi-même en tant qu'âme, atteint la connaissance par l'intermédiaire des cinq sens connectés dans le corps à la raison qui

1. *L'esprit*, *op. cit.*, chap. II, p. 112-113.

les exprime par des signes vocaux ou écrits. Et le mot signifiant une chose lui est imposé (*imposuit*) selon notre guise, lorsque la raison saisit la proportion de la chose et que la proportion parvient à la raison grâce à l'image de la sensation perçue par le sens de la vue. Cette proportion, la raison la construit à partir de la concordance ou de la différence entre les choses sensibles. Mais « si on détruit les choses sensibles, les images ne peuvent pas subsister », car « la proportion est la forme et le nom signifie la forme, mais il n'y a aucune univocité par rapport à l'être et au connaître ». Quand l'image disparaît, la vérité persiste en soi (*imagine destructa, manet in se veritas*)[1]. Chacun peut donner aussi un autre nom à la chose en l'imposant *ad placitum* selon le mode, toujours contracté, de retrouver sa proportion selon le plus et le moins. C'est pourquoi nous devons nous borner au seul nom, sans aller « dans la sphère de la vérité en soi, sans penser pouvoir saisir la réalité théologique, ce que tout le monde fait »[2].

Ce faisant, nous sommes en accord avec les principes généraux de la logique modiste des grammaires spéculatives et en désaccord avec les théories logiques gnoséologique des terministes de l'époque du Cusain.

## LA GRAMMAIRE UNIVERSELLE. LA CONNAISSANCE DES SIGNES

Ainsi, les noms peuvent être des modes du langage pour exprimer nos modes de connaître les modes d'être de la substance insaisissable en soi, qui sont les modes divins. Ils sont tous des signes : on ne peut pas nier – écrit le Cusain – que les choses (*res*) « sont » par nature avant d'être connaissables. Ainsi ni les sens, ni l'imagination, ni l'intellect n'atteignent leur mode d'être, qui est quant à lui antérieur à toutes les choses (*omnia*). Par contre, toutes les choses qui sont saisies grâce à n'importe quel mode de connaissance signifient seulement ce mode d'être qui est antérieur. Il s'ensuit que ces modes (qui sont des noms) ne sont pas la chose même (*ipsa res*), mais ils sont sa similitude ou son signe. Aussi, n'y a-t-il pas une science du mode de l'être (bien qu'un tel mode paraisse être un mode de la plus haute certitude)[3]. Et le Cusain de poursuivre[4] : « une chose, quand elle tombe dans la connaissance, est apprise dans les signes » (*res igitur ut cadit*

1. *L'esprit*, *op. cit.*, II, p. 116-117.
2. *Ibid.*
3. *Compendium*, I, *op. cit.*, p. 38-39.
4. *Ibid.*, II, p. 40-41.

*in notitia in signis deprehenditur*) « il est donc nécessaire que nous cherchions la variété des modes de la connaissance dans la variété des signes » (*Oportet igitur ut varios cognoscendi modos in varis signis queras*). Et parce qu'il est nécessaire que tous les signes par lesquels la connaissance doit être transmise, soient connus du maître et du disciple, le premier enseignement sera la connaissance de tels signes [1]. Ainsi le Cusain, bien qu'il ne partage pas la gnoséologie réaliste, indique avec la terminologie de l'*ens*, que la chose (*res*) est réelle, mais seulement en tant qu'existante. Néanmoins, si la réalité en tant que telle (sa *quidditas*), précède par nature notre connaissance[2], la chose naturelle peut être connue grâce aux considérations de notre pensée qui sont nos conjectures contractées en des formes diverses. La réalité absolue qui est Dieu, ne peut être saisie par aucune science logique. Par conséquent, l'« Un » en soi (*seu uti in se est*) qui est au-delà en tant qu'il précède le multiple, à savoir l'ensemble des individus, est connaissable non pas dans sa singularité, mais selon le mode des différentes possibilités de sa communication dans la multiplicité des individus. Nous pouvons alors seulement connaître les multiples (*multa*) – qui sont tels parce que chacun d'entre eux est l'autre de l'autre –, par conséquent, ils représentent l'altérité. Mais cette connaissance des multiples dans la variété de leurs signes rend possible la communication de la *res uti in se est* selon les modes divins tels que la filiation de Dieu. Le Cusain écrit ainsi : « tu dois chercher les différents modes d'être dans les différents signes qui les font connaître », « l'être parfait d'une chose requiert qu'il puisse être connu. » Comme la connaissance est plus nécessaire à l'homme qu'aux autres, il en découle que tous les hommes par nature désirent savoir, ce qui leur est possible par des signes. Ceux-ci sont tous sensibles et désignent la chose par convention (*ex instituto*)[3] ou par nature. Dans ce cas, l'objet désigné par le signe (mot, caractère) est connu naturellement par les cinq sens, sans aucun enseignement. Par contre, tous les autres signes, institués selon notre guise par convention et dont la convention n'est pas connue, « se font connaître à ceux qui ne connaissent pas cette convention qu'au moyen de l'art et de l'enseignement » [4]. C'est ainsi que se constitue l'art de parler, cette science qui est la première et la plus nécessaire pour conduire au bien-être.

1. *Ibid.*, II, p. 40-43.
2. « Negari nequit quin prius natura res sit quam sit cognoscibilis », *ibid.*, I, p. 38-39.
3. *Ibid.*, II, p. 42-43.
4. *Ibid.*

À l'instar des théoriciens de la grammaire en tant qu'art universel, le Cusain écrit que

> L'art humain primitif de parler fut très riche en nombre de synonymes dans la mesure où toutes les langues divisées par la suite étaient contenues en lui. Toutes les langues humaines, en effet, dérivent de cette langue de notre premier parent Adam [1], et de même qu'il n'y a pas de langue qu'aucun homme ne comprenne, il en est ainsi d'Adam qui, comme tout homme, n'en ignorerait aucune s'il l'entendait [2].

## LES THÉORIES DES SIGNES SENSIBLES INTÉRIEURS (*MEDIA*) ET L'IMAGINATION

Au chap. IV du *Compendium* le Cusain explicite le processus psychologique par lequel les signes sensibles parviennent à partir de l'objet aux sens en se rapportant au principe (ce qu'il a toujours soutenu) : la connaissance débute par les sensations des choses corporelles. Il apparaît évident que le sens privilégié est la vue : si on considère comment les signes sensibles viennent de l'objet au sens, on trouve que les choses corporelles (*res corporales*) deviennent brillantes en acte ou par habitude (*habitus*) : en acte en tant que lumineuses, en puissance en tant que colorées. « En fait aucune réalité corporelle n'est totalement dépourvue de lumière » [3]; celle-ci se propage par diffusion instantanée en ligne droite, alors que le son se propage en ligne courbe, et que l'odorat et le toucher perçoivent (*percipitur*) les choses de près, le premier depuis l'extérieur, et le goût depuis l'intérieur (*sapor interior*). Quant aux sens internes, il s'agit de facultés moyennes jouant le rôle d'activités intermédiaires, lesquelles forment des images en tant que notions universelles des sensations particulières des corps sensibles, à savoir l'imagination fantastique et la mémoire qui les conserve. Ainsi que nous l'avons déjà rappelé, les adeptes de la théorie de l'âme d'Avicenne avaient beaucoup insisté sur l'importance du rôle joué par les facultés sensibles internes de l'âme. Comme Avicenne fut non seulement un philosophe mais aussi un grand médecin, sa doctrine a été amplement suivie au Moyen Age par les docteurs en médecine [4]

1. *Compendium*, *op. cit.*, chap. III, p. 46-47.
2. *Ibid.*
3. *Ibid.*, chap. IV, p. 48-49.
4. C'est justement grâce à cette doctrine qu'il a exercé une influence notable sur le physicien de Padoue Pierre d'Abano, de renommée européenne. Il est connu par le Cusain, il le cite dans sa *Reforme du Calendrier*. *Cf.* mon étude, « Cusanus und das wissenschafliche

convaincus par ses écrits que la guérison était due en grande partie aussi à la force de l'imagination.

Et le Cusain d'affirmer que « puisque aucune chose en soi n'est multipliable et que le fait d'avoir une connaissance des choses conduit au bien-être, il faut que les choses ne pouvant pas entrer dans la connaissance par elles-mêmes, y entrent par des signes intermédiaires »[1] qui les désignent en étant leurs désignations (*suas designationes*). C'est justement ce qui se produit par l'intermédiaire des images ou des signes multipliés dans un milieu qui puisse les leur fournir : en conséquence, entre l'objet sensible et le sens il doit y avoir un milieu dans lequel l'objet peut multiplier par lui-même l'espèce ou le signe. Et le Cusain ajoute ici une phrase qui nous rappelle les théories de la *cognitio intuitiva* de l'être empiriquement présent des terministes, mais qu'il modifie en insistant sur la nécessité de la présence empirique de la chose et des signes des facultés intérieures, lorsqu'il souligne que

> parce que leurs désignations ne sont que si l'objet est présent, il ne resterait aucune connaissance des choses si ces signes ne pouvaient être annotés de telle sorte que les signes les désignant demeurent, même si l'objet s'absente[2].

Par conséquent, les choses désignées demeurent dans le pouvoir interne (*virtus interior*) de l'imagination, dans les désignations des signes, comme les mots restent écrits sur le papier après que leur énonciation a cessé : cette permanence s'appelle mémoire. Les signes des choses dans l'imagination sont donc les signes des signes dans les sens. Les signes sensibles, bien qu'ils soient plus abstraits que les réalités matérielles sensibles, n'en sont pas complètement séparés : la vue est quelque peu colorée, mais l'imagination de la couleur est complètement dépourvue de couleur. C'est pourquoi les signes des choses dans l'imagination, ou les phantasmes, sont plus éloignés de la matière et plus formels. Ainsi sont-ils moins parfaits par rapport aux choses sensibles et plus parfaits par rapport aux choses intelligibles.

Studium in Padua zu begin des 15. Jahrhunderts », dans M. Turner (éd.), *Nikolaus von Kues*, *op. cit.*, p. 93-113.

1. *Compendium*, chap. IV, p. 50-51 : « inter sensibile obiectum et sensum esse medium ».

2. *Ibid.*

## LE SIGNE PRIVILÉGIÉ DE LA QUANTITÉ

Les images des sens internes sont des noms d'espèces ou de genres qui nous octroient la possibilité d'atteindre une connaissance de la réalité sensible. En effet, l'homme qui cherche à connaître vise le signe détaché de toute connotation matérielle, absolument formel, représentant la forme simple de la chose qui donne l'être (*dat esse*). Le signe confus et générique se détermine dans le signe spécifique et précis, comme le Cusain l'avait écrit déjà dans le dialogue *De mente*, mais avec en plus, maintenant, l'indication du signe privilégié de la quantité, pour en expliciter la formation :

> puisque la perfection des signes est susceptible de plus ou de moins, aucun signe ne sera jamais aussi parfait et spécial qu'il ne puisse être plus parfait; par conséquent de la singularité qui n'est pas susceptible de plus ou de moins, il n'y a pas de signe attribuable, c'est pourquoi elle n'est pas connaissable pour soi, mais par accident [1].
> Donc, tout ce qui est saisi par les sens ou par l'imagination (la *res* empirique) n'étant connu que dans les signes qui sont susceptibles de plus ou de moins, n'est connu que dans le signe de la quantité [2].

Or les signes de la quantité ne sont pas par soi dans la chose sensible, mais par accident puisque la qualité ne peut être sans la quantité; en revanche les signes de la quantité ne requièrent pas les signes de la qualité, aussi peuvent-ils être connus sans eux. C'est pourquoi une chose devient connue toujours seulement dans les signes de la quantité (c'est-à-dire dans les nombres) et, par conséquent, notre véritable science ne peut être que mathématique :

> Ceci est dû au caractère des signes de nos sensations, parce que les signes de la qualité parvenant aux sens ne peuvent jamais être saisis sans les signes de la quantité, n'étant jamais connaissables pour eux-mêmes, à l'instar des nombres des mathématiques [3].

Dans la mesure où il n'y a aucun signe attribuable à la singularité, aucun singulier n'est multipliable, qu'il soit substance, quantité ou qualité. « Bien que, donc, il soit le signe ou l'espèce de la quantité, il ne l'est pas toutefois de cette quantité-ici » [4].

1. *Compendium*, *op. cit.*, chap. V, p. 54-55.
2. *Ibid.*
3. *Ibid.*
4. *Ibid.*, p. 56-57.

> Les quantités singulières sont donc marquées (*signo notantur*) et connues par le signe d'une quantité générale [...]. Dès lors, puisqu'aucune chose n'est de la même quantité ou qualité qu'une autre et que d'une chose quelconque singulière il y a une (autre) quantité singulière, la quantité est quelque chose de général non dans la réalité (*in re*), mais dans la connaissance, c'est-à-dire dans l'espèce ou le signe [1].

Les espèces sont donc les signes naturels des choses singulières que les signes désignent : et ces espèces ne sont pas des formes formantes, mais des formes informantes. Elles se trouvent dans diverses choses de manière diverse comme un seul art d'écrire se trouve de manière diverse chez divers écrivains. Le signe de la quantité, c'est-à-dire le nombre, est privilégié, parce qu'il établit les proportions d'égalité entre les quantités des qualités : « et bien que deux choses individuelles semblent aller ensemble dans plusieurs espèces, il n'est cependant pas impossible qu'elles ne soient pas aussi en désaccord dans d'autres » [2]. Il s'ensuit que l'homme grâce à son imagination, ou capacité fantastique (*vis fantastica*), tire des signes sensibles les espèces convenant à sa nature et, puisqu'il est de nature rationnelle, il en tire des espèces mathématiques convenant à la nature rationnelle afin que grâce à elle il puisse bien raisonner et trouver l'aliment corporel pour le corps et l'aliment spirituel pour l'intellect [3].

Et ces signes quantitatifs des mathématiques sont les signes de toutes les formes mathématiques et de toutes les autres formes rationnelles et artistiques. Par conséquent, les formes ou espèces ne sont que des signes de notre esprit en tant que modes de connaître rationnellement une réalité qui, tout en étant inconnue en elle-même, nous est donnée naturellement dans le mode de l'un de l'intellect qui représente l'universalité de notre connaissance dans l'identité de l'intellect avec soi-même ou *unitatis aequalitatis* (égalité de l'unité de l'un). Elle est supérieure à l'imprécision de la raison qui connaît dans le plus et le moins, dans la proportion et la disproportion comparative, dans le commensurable et l'incommensurable. Notre esprit a la richesse d'une « grammaire » mathématique.

Le *Compendium* représente ainsi l'ultime contribution de la spéculation du Cusain, dans laquelle il éclaire de la façon la plus positive l'un des thèmes les plus difficiles à comprendre de sa gnoséologie mathématique néoplatonicienne. Pour l'expliciter, il use d'une théorie nominaliste originale de la connaissance, à savoir celle du rapport psychologique entre les

1. *Ibid.*
2. *Ibid.*, p. 58-59.
3. *Ibid.*

opérations de l'intellect, de la raison et de la sensation. Le premier est universel comme l'est la notion mathématique de l'un dans l'intellect de tous les hommes, lequel est identité ou unité avec soi-même dans tous les hommes (*omnia*). Il est la *praecisio* absolue. En étant identique dans tous les esprits, l'intellect est égal dans tous (*omnia*). En étant signifié par la notion mathématique du rapport d'égalité qui est l'un indivisible, il est par cela immortel. Il est universel aussi parce que le mode intellectuel de l'un en tant qu'un (rapport d'égalité) exprime le même mode de l'universalité de la connaissance en tous les esprits par rapport à la diversité de la raison. Il est supérieur à la raison, car celle-ci est liée aux activités sensibles internes et externes de l'âme, lesquelles dépendent du corps et sont toutes différentes. Elle peut saisir la vérité seulement dans les signes généraux des proportions précises du plus ou du moins, dans les raisonnements quantitatifs mathématiques de la multiplicité des sensibles. Et la pensée, en appartenant aux esprits des êtres finis divers et animés, qui se représente dans les signes quantitatifs mathématiques, les signes qualitatifs de l'âme, selon ses particulières contractions cognitives dont le mode de l'« un » de l'intellect, est la contraction plus précise, l'*una aequalitas*. Cet « un » de l'intellect est le principe universel de toutes les raisons se déployant dans la multiplicité des conjectures, mais il n'est pas le principe absolu divin de l'Un-Trine en tant que mode contracté, tandis que ce dernier est l'Infini Pouvoir tout-puissant, qui n'a pas de mode n'étant pas contracté. La modalité qui se déploie dans les signes mathématiques n'est que la possibilité de la contraction conjecturale inépuisable de notre connaissance finie qui est l'unique réalité qui nous est donnée.

CHAPITRE VII

# LE TOURNANT LINGUISTIQUE DU NON-AUTRE

L'un, l'*ens*, le vrai, le bien. Le pouvoir (*posse*).

Par son originalité, Nicolas de Cues échappe aux schémas de la philosophie scolastique médiévale et surtout à ceux de la tradition aristotélicienne. Comme on l'a dit, sa spéculation est plutôt marquée de l'empreinte néoplatonicienne de Proclus et influencée par l'élaboration chrétienne de la réflexion du Pseudo-Denys. Il n'est donc pas surprenant que, connaissant presque tous les aspects de la philosophie, de la théologie et de la logique des périodes antérieures, il jette un nouvel éclairage dans le « Non-autre » (*De non-aliud*) ou le « Guide du penseur », un ouvrage considérable de l'âge mur, dans lequel il est amené à traiter de l'un, de l'être (*ens*) ou entité, du vrai, (ce qu'on appelait au Moyen Age les transcendantaux), du pouvoir(*posse*) en puisant dans la tradition linguistique de la grammaire, dans le langage mathématique et dans celui de l'ontologie néoplatonicienne. De ce qu'il dit dans le *Compendium*, on peut déduire qu'il utilise des présupposés linguistiques tirés des grammaires spéculatives. Il ne cesse de revenir sur les sujets centraux de sa métaphysique afin de mieux les élucider : modifier la doctrine du rapport entre le fini et l'infini ou de l'altérité première et constitutive de l'intellect humain, qui résulte de sa contraction cognitive de la connaissance de Dieu et, poussant encore davantage sa recherche sur la signification de l'Unité absolue, réussir à concevoir l'altérité de l'homme à Dieu sans penser qu'ils soient *per se* une altérité absolue : en tant que chrétien, il se doit de modifier la doctrine de l'émanation proclienne en recourant à de nouvelles solutions de la création *ex nihilo*. Jusqu'à ces années, il était parvenu à trouver une possibilité d'explication de la médiation par le concept de l'ontologie néoplatonicienne, en tant que contraction du fini par rapport à l'infini. Dans *le Non autre* rédigé dans 1462, il s'engage dans une route tout à fait nouvelle, celle du langage de la grammaire, qui lui paraît plus approprié. Ainsi l'ouvrage ne se présente pas comme un exercice verbal détaché des autres œuvres, mais il rend la cohérence intérieure d'une pensée riche et originale.

### *LE NON-AUTRE* OU *LE GUIDE DU PENSEUR* (1462)

Dieu est premier, ce qui veut dire qu'il n'est ni l'un, ni l'être, ni le vrai, ni le bien. Dieu étant premier, aucun de ces attributs ne lui appartient. Il est le principe sans principe, le concept, pour nous négatif, de l'infini. L'un, l'être, le vrai, le bien sont les modes de ce qui est après lui. Le Cusain avait déjà affirmé dans la *Filiation de Dieu* (chap. V) que « l'un est ce que tous les théologiens et les philosophes ont essayé d'exprimer dans la variété des modes » : loin d'être des réalités en tant que déterminations essentielles d'une substance réelle, ces modes sont des termes utilisés en fonction du mouvement de la raison et de l'intellect et selon l'imposition des mots (voir *L'esprit*, chap. II dans les *Dialogues de l'Idiot*).

En effet, la logique de Nicolas de Cues est terministe : dans son *Compendium* (1464) il déclare que « dès qu'une chose tombe dans la connaissance, on l'apprend dans les signes » [1]. C'est pourquoi la recherche de la connaissance qui est une véritable science des signes, consiste à retrouver les différents « modes » de la connaissance en tant que telle dans les signes eux-mêmes. Ce qui explique l'importance que le Cusain attribue à l'interprétation purement nominale de toutes les propriétés des choses : la quantité, la qualité, le vrai, le bien sont des noms amenés à être les signes de quelque chose d'autre, qui est transcendant. Il s'agit là de termes qui ont leur propre valeur dans un contexte logico-linguistique conceptuel purement humain, que l'esprit doit pourtant dépasser selon les modes de la possibilité cognitive dans ses contractions, sensible, rationnelle et intellectuelle, pour atteindre et saisir l'incommunicable et l'inaccessible Vérité d'une façon incompréhensible au-dessus de ces mêmes règles.

Nicolas de Cues parle de toute évidence de ce qu'au Moyen Age on a appelé les « transcendantaux ». Le *Non-autre* écrit en pleine maturité, est une expression qui se dégage de la force même des mots (ainsi qu'il

1. *Compendium*, *op. cit.*, II, p. 40-41.

l'affirme) pour dire Dieu, le Principe sans principe. Ce terme en tant qu'il nous donne la définition de toutes les définitions, est le défini et ce qui définit[1], et pour cette raison il est la précision absolue. Il est la définition la plus précise de Dieu, en tant qu'en elle se retrouve la définition de tous les définis et de Dieu en tant que définition, parce que « A est Non-autre que A ». On pourrait dire que « le non-autre est non-autre que le non-autre ». Il est ainsi ce nom capable de représenter d'assez près le nom inexprimable de Dieu qui resplendit en lui comme une précieuse énigme.

Dans ce dialogue, les termes opposés sont, d'une part, Dieu en tant que « l'un sur-exalté, qui est élevé en tant qu'il précède l'étant »[2] et « l'un sur-coordonné » (donc, pas vraiment « un »), et, d'autre part, le multiple, tous les autres (*omnia*, *multa*) qui sont nombreux justement parce qu'ils sont différents les uns des autres et qu'on peut aussi définir chacun d'eux comme « l'un-coordonné ».

Dieu, défini en tant que Non-autre, précède l'un et *l'ens*. Dieu n'est ni l'être, ni le non-être, il n'est ni l'affirmation, ni la négation, ni l'affirmation et la négation ensemble. Il est un Non-autre qui précède, en tant que leur principe, l'être et le connaître. Si on l'enlève, il ne reste rien[3], ni de la chose, ni de la connaissance. Cependant, c'est en vain qu'on cherche l'être si on le cherche dans l'autre, à savoir dans la multiplicité et les divers, parce que dans ce cas on ne le cherche pas dans son principe qui est le Non-autre. Par ce terme, précédant toute affirmation et toute négation, on indique quelque chose qui n'est ni la substance, ni l'entité, ni l'un, ni le rien[4], répète-t-il. Il est le principe et, en tant que tel, il n'est ni le non-être, ni le néant. En tant que Non-autre, il ne subit ni l'altérité ni le changement; il est l'identité, l'égalité égale à elle-même ou le rapport d'égalité (*ratio aequalitatis*). En tant que proportion, il est aussi une connexion (*relatio*), parce que l'un est un Non-autre-que-un, et par conséquent, il est autre par rapport au Non-autre (le divers) parce que c'est justement par le Non-autre que l'autre a ce grâce à quoi il est un, et non pas le contraire. Il resplendit ainsi dans toutes les choses autres et multiples, car chacune d'entre elles est non autre qu'elle-même et non autre par rapport à lui. Par ces digressions linguistiques, Nicolas de Cues cherche à expliciter la nature du principe en tant que Non-autre, qui est supérieur aux transcendantaux (l'être, l'un, le vrai, le bien), lesquels ne viennent pas tellement après lui, mais plutôt par lui.

1. « *Definitio omnium et definitum* », *Du non-autre*, VIII, *op. cit.*, p. 55.
2. *Le principe* (*Toi, qui es tu ?*), dans *Opuscules*, *op. cit.*, p. 318.
3. *Le non-autre*, chap. III, p. 36.
4. *Ibid.*, chap. IV, p. 39.

Il les pense comme les modes notionnels permettant de concevoir l'inconcevable, l'essence ou la *quidditas* de Dieu. Dans cet ouvrage, il revient brusquement au problème mettant de côté le concept néoplatonicien de l'être comme énergie indéterminée qui transcende elle-même dans ses contractions cognitives, en le remplaçant par sa doctrine de la vérité comme précision mathématique, non seulement comme unité de l'égalité (*ratio aequalitatis*) mais même comme l'égalité de l'unité (*aequalitas unitatis*) comme il avait affirmé dans *L'esprit* en élucidant son idée de l'intellect « un » égal en tous les esprits, point ou atome spirituel qui élucide ici par la notion du non-autre.

## La métaphysique de l'Un et du non-être, le rien (*nihil*), l'infinité

La métaphysique de l'Un et du non-être, telle qu'elle est portée à son extrême limite par Nicolas de Cues, présente un dessein paradoxal. Il a osé aller très loin dans l'usage de la négation et de l'affirmation, de la contradiction, de la coïncidence des contraires. Personne n'a osé considérer le non-être (*nihil*) comme ce dans quoi Dieu est, ni par conséquent comme la cause constitutive de la créature contingente. Dans le *Non-autre*, le Cusain développe un discours bien difficile à élucider. Le Non-autre est toujours « un », qu'on parle de Dieu infini ou qu'on parle de l'individu fini. Ainsi cet un-Non-autre, est identité à lui-même. On en vient dès lors à une métaphysique d'individus multiples coexistant absolument, indépendants de toute relation qui pourrait les lier entre eux (comme des atomes), et incapables de fonder par leur unité univoque (l'identité) une quelconque distinction autre que réelle. Cette métaphysique est parallèle à une logique nominaliste du langage dont le seul critère de validité est la correction de son usage. Le langage humain, selon les modes différents des signes dont il est formé, n'a véritablement aucune prise sur les choses existantes, il se borne à les dénommer extrinsèquement en tant que signes. Si Dieu infini, Non-autre, peut être le sujet d'attributs, tels *être*, *sage*, *bon*, ces attributs sont immanquablement affectés par l'infini grâce au mode d'« infinité » et d'identité et nullement parce qu'ils seraient dits de Dieu comme une quelconque prédication d'une forme inhérente. La sagesse ou la bonté de Dieu sont identiques en tant qu'infinis en Dieu. Ici la mise en valeur de la doctrine de la coïncidence des attributs en Dieu procède de ce concept de Non-autre ou d'identité de l'infini qui est l'« un » ou l'égalité (*aequalitas*) non contracté. Le Non-autre est l'essence de l'égalité. Ainsi l'*aequalitas* est l'infinité dans l'infinité (« sic aequalitas est infinitas in infinitate ») et elle ne peut être qu'une[1]. Ainsi, elle n'est pas plus égale à une chose qu'à une autre, et elle est aussi égale à l'une qu'à toutes, aussi égale à toute qu'à aucune. L'infini est incontractable (*incontrahibilis*)[2] parce qu'il n'est pas susceptible de plus ou de moins (*non capit magis nec minus*), c'est-à-dire que son infinité n'augmente ni ne diminue. Car si l'infini était contractable (*contractabile*), il ne serait pas absolu[3].

La quantité ou la bonté sont, dans l'infinité divine la simplicité même de l'infinité de l'Un : « l'infinie bonté n'est pas bonté, mais infinité. L'infinie quantité n'est pas quantité, mais l'infini »[4]. Or si en tant que Non-autre l'Un est en tout, tout est un et le multiple (*omnia*) est un. Ici, s'ajoute l'affirmation de l'autonomie de chacune des choses particulières selon la proportion de leurs modes (le *plus ou le moins*), à savoir des rapports qu'elles entretiennent entre leur propre mode (par exemple le sensible) et les autres modes (rationnels ou intellectuels) dans le multiple. Cette proportion est leur contraction. À ce propos, le Cusain mêle le concept dynamique de la contraction et les notions abstraites de la mathématique et de règles formelles du langage correct. En effet l'un en tant que Non-autre ne peut être que l'identique en soi. Par là même, il est dans le rien, rien d'autre que soi. La multiplicité des êtres, elle, n'est en soi qu'un rien, Dieu n'est en soi que l'Un infini : rien n'est de soi, si ce n'est le maximum absolu[5]. Par et pour elle-même, la chose n'est proprement rien, et c'est à ce rien que l'Un se communique lui-même comme le Non-autre, ("non" est la négation de l'autre, qui est le rien). La difficulté de clarifier ces affirmations paradoxales est déjà clairement exprimée dans la *Docte ignorance* où les concepts de substance, d'accident prennent un sens contraire à celui que leur donne la structure de l'être prédicatif d'Aristote – pour éclairer le statut de la créature par rapport à Dieu. Dans le Non-autre, cette difficulté est résolue par le recours au Non-autre comme prédicat. Ici, le prédicat introduit l'Un comme identité, mais en distinguant les propositions portant sur les créatures (les divers) qui sont Non-autres, différentes par rapport à Dieu, des propositions portant sur l'essence divine et ses attributs. Nicolas de Cues pense que tout étant l'infini dans l'infini, on peut parler de

1. *La vision de Dieu*, chap. XIII, *op. cit.*, p. 117-18.
2. *Ibid.*
3. *Ibid.*
4. *Ibid.*
5. *La docte ignorance*, *op. cit.*, II, 2, p. 117.

l'identité de toutes choses dans l'infinité de l'essence divine qui est le Non-autre[1].

Le Non-autre est ainsi un autre nom de notre langage pour définir l'Un et le multiple, une expression pour éclairer le rapport entre Dieu et l'entité créée, l'être et le non-être de la créature. Nicolas de Cues reprend le thème néoplatonicien de Proclus, et d'Avicenne *ex uno non fit nisi unum* en lui donnant une ambiguïté propre à son interprétation. L'Un n'étant communiqué à rien, la hiérarchie des êtres, n'a formellement que deux degrés, l'Un et le non-être. L'Un se donne Un, à savoir tout, ne gardant pour ainsi dire « rien du tout pour soi ». Car, de même que dans le nombre expliquant l'Unité ne se trouve que l'Unité, de même dans toutes les choses (*omnia*) qui sont, ne se trouve que le maximum. Par conséquent (comme il le disait déjà dans *La docte ignorance*) « tu comprends qu'il n'est pas possible que cette unité infinie et maximale se multiplie »[2]. C'est ainsi que le Cusain est amené à conclure qu'il y a multiplicité parce que l'Un est dans le néant, et que la multiplicité n'étant rien sinon l'Un dans le néant, elle vient très proprement du néant. Revenant à faire une comparaison avec le nombre, il affirme, que « la multiplicité des choses surgit parce que Dieu est dans le néant »[3].

> En effet ôte Dieu de la créature et rien ne demeure : ôte la substance du composé, aucun accident ne demeure et ainsi rien ne demeure... Il n'est pas pour autant un néant... Comment notre intellect peut-il saisir cela[4] ?

Il n'en est pas ainsi entre Dieu et la créature, en effet, la créature n'est pas présente (*adest*) à Dieu comme l'est l'accident[5].

> L'être de la chose n'est pas autre, comme l'est une chose diverse, mais son être est privé de l'être (« esse rei non est aliud, ut est diversa res, sed eius esse est abesse »). Si tu considères la chose telle qu'elle est en Dieu, elle est Dieu et l'Unité[6] (« si consideras rem ut est in Deo, tunc est Deus et unitas »). Il ne reste qu'une chose à dire, à savoir que la pluralité des choses

1. *La vision de Dieu*, *op. cit.*, chap. XIV, p. 112.

2. *La docte ignorance*, *op. cit.*, II, chap. III, p. 125 ; éd. lat. cit., p. 26.

3. *Ibid.*, p. 125-126. Dans ces lignes, le Cusain vient développer sa citation de la XIV^e proposition du *Livre de XIV philosophorum* par sa doctrine de la coïncidence des opposés, dont je parle au chap. II.

4. *La docte ignorance*, *op. cit.*, p. 127.

5. *Ibid.*, p. 126.

6. *Ibid.*

surgit parce que Dieu est dans le néant de la pluralité (« Non restat nisi dicere quod pluralitas rerum exoriatur eo quod deus est in nihilo ») [1].

Dans un autre passage (qui se trouve dans *Le principe*)[2], il avait déjà énoncé cette notion négative *non ens* comme non autre, qui représente la cohérence de sa philosophie, mais sans le développer : Le Non-un, à savoir le principe, précède l'Un et on peut aussi le définir comme Non-ens et Non-multiplicité (*non-multi*). Voilà que le *Non-ens* est le principe de *l'ens* avant *l'ens*, si bien qu'il paraît sur-exalté par la coïncidence du maximum et du minimum. Il précède l'*ens* et il est à tel point *non-ens* qu'il est *l'ens maximum*. Le principe de l'entité n'est d'aucune manière l'entité, mais c'est le non-être, ainsi que nous l'avons dit plus haut. Mais on ne peut pas concevoir la « Non-multiplicité » (*Non-multi*) (à savoir l'Un) sans l'Un[3] : C'est le principe que le *Non-multi* est avant ce monde et avant la multiplicité, de même qu'avant la multiplicité il y a la « Non-multiplicité » et qu'avant l'être il y a le non-être : il est le *Non-autre*[4].

## ÉQUIVOCITÉ DU NON-AUTRE

Les termes un, être, vrai et bien sont seulement des signes reflétant la lumière éternelle de Dieu appelé ici le Non-autre. D'un côté le Non-autre exprime Dieu en tant que principe de tout et négation des divers, mais d'un autre point de vue (qui est aussi le nôtre) il désigne les divers, et ainsi la multiplicité des divers. En effet les divers sont tous autres par rapport à Dieu, mais chacun est un Non-autre (identique à soi-même) par rapport aux autres ; par conséquent, le Cusain désigne deux réalités différentes par le même terme de Non-autre : d'un côté Dieu en tant qu'absolu et de l'autre les créatures, *non ens*. Dans tous ces raisonnements, le Cusain s'engage à nouveau à élucider non seulement l'absoluité de Dieu, mais aussi à réifier positivement et à valoriser le non-être des créatures comme non-autre, identique à soi-même, mais différent de Dieu. Les créatures sont le non-autre (l'identique) du même autre (qui a constitué les nombreux) et sont

1. *Ibid.*

2. *Le principe*, dans *Opuscules*, *op. cit.*, n. 34, p. 318-319, n. 35-36, p. 320-321. *Le Non-autre*, *op. cit.*, p. 315.

3. *Ibid.*

4. *Ibid.*

l'autre de l'Identique Non-autre (Dieu). C'est ainsi qu'elles introduisent la multiplicité [1].

Donc, dans le non-autre les transcendantaux s'annulent parce que l'intellect, lorsqu'il définit le bien, voit que le bien est grand, est vrai et ainsi de suite et que par conséquent dans n'importe lequel d'entre eux, tous sont le même non-autre. Comme ces noms sont le même Non-autre en soi, le bien n'est pas autre que le grand, le vrai, etc. Par conséquent, ils sont pour le principe du Non-autre tous les autres (les divers) et ils sont le non-autre par rapport à l'autre, mais par ce principe du non-Autre, ils s'identifient et sont le même non-autre.

On peut donc affirmer que chez Nicolas de Cues il y a une métaphysique du Non-autre ou de l'identique et du divers qui lui permet, d'une part, d'articuler le rapport entre l'un et le multiple – lequel serait inexprimable autrement – et, de l'autre, d'absorber les transcendantaux en tant que termes limitatifs, par-delà le Principe dans le Principe lui-même.

En effet, la notion d'entité, être (*ens*) ne suffit pas à élucider la pluralité, ce qui vaut aussi pour l'un, qui est un « mode » de l'intellect. En développant le concept de l'un même comme non-autre, l'intellect concilie les finis opposés définis par la raison dans ses connaissances proportionnelles inégales de plus ou de moins, mais tous égaux, « un » en soi comme des atomes indivisibles.

## L'IDENTIQUE

L'identique pose le problème de la participation de tous les identiques qu'on peut exprimer sur le mode intellectif de l'un ou de la *ratio aequalitatis*. La formule doit élucider le rapport entre le Créateur et la créature qui est le clou de sa philosophie. Ainsi cette création du monde par un principe absolu et sur-exalté, ne s'élucide pas d'une façon univoque par le seul langage du Non autre ou celui des démonstrations de la mathématique, mais aussi par l'intermédiaire des divers « modes » de notre appréhension « contractés » dans les diverses natures, sensibles, rationnelles, et intellectuelles, et dans la contraction maximale absolue de l'humanité dans la Personne du Christ qui est en nous comme le Modèle (*exemplar*) de Dieu [2]. En d'autres mots par une philosophie néoplatonicienne de la force de l'esprit. Par conséquent, il y a autant d'élucidations différentes qu'il y a de

1. Voir *Le Non-autre*, *op. cit.*, p. 116-117.
2. Cf. *La docte ignorance*, *op. cit.*, livre III sur l'infini maximum contracté, Jésus Christ.

« modes » différents de contraction de la connaissance humaine qui, en tant que telle, est toujours imparfaite et par conséquent conjecturale. C'est à ce propos que le Cusain élabore sa doctrine de la contraction proportionnelle mathématique (nous l'avons souligné). Le bien est la clé de son ontologie dynamique néoplatonicienne dans laquelle il explicite son idée de la participation cognitive à l'identique en tant qu'assimilation.

Le Cusain avait examiné, dans la *Genèse*, Dieu, étant défini par le moyen du terme le Non-autre, la notion d'identique ou d'identité et sa participation à Dieu, en reprenant le concept de l'être-néant, déjà énoncé dans la *Docte ignorance*. Dans ce court dialogue nous avons vu qu'il explicite le rapport un-multiplicité en faisant appel au rapport identique-divers, où identique équivaut à « même » et « divers » à l'autre. L'identique est « né apte à ne produire que l'identique » et l'autre, le divers. Il n'est issu de rien d'autre et nie la possibilité d'être multiplié. Mais s'il la nie, c'est lui qui sera le non-multipliable, et la multiplicité sera le non-un. Cependant l'être et le non-être sont, dans l'identique, l'identique lui-même, sans aucune opposition, parce que l'identique n'admet aucune opposition. Par conséquent, dire qu'une chose est équivaut à dire qu'elle n'est pas, si on dit que c'est l'identique.

Si on dit que le divers est divers, par là même on dit que le divers est identique à lui-même ; le divers est divers par rapport à l'identique absolu ; si bien que tout ce qui est, est identique à soi et est autre que l'autre. Mais ce n'est pas l'identique absolu. Par conséquent, de même qu'on a deux significations du Non-autre (l'une valable pour Dieu et la deuxième pour le divers-multiple) de même il y a deux significations pour le mot « identique » : l'identique du divers et l'identique absolu.

C'est en relation à sa doctrine de l'identique qu'il introduit ici deux nouveaux concepts, qui peuvent servir à expliciter la relation un-multiplicité : l'identification et l'assimilation entre les termes être et non-être (le rien). C'est dans ce passage et dans d'autres pages de l'œuvre théologique qu'est le *De genesi* que l'on voit à quel point les notions d'entité et d'être, de sustance sont insuffisantes pour atteindre la réalité Absolu-Dieu et le recours de Nicolas à une notion d'empreinte néoplatonicienne.

Nicolas de Cues affirme : l'identique identifie, ce qui signifie qu'il produit l'identique. Mais chaque identique en tant que tel n'est pas multipliable : comment donc la relation entre l'identique et les nombreux identiques est-elle possible ? Le Cusain introduit ici le concept dynamique d'assimilation : l'identification se fait par l'« assimilation », à savoir par l'activité de conversion au semblable, comme cela avait été déjà affirmé dans *L'esprit* qui recourt aux proportions de contraction à l'Un. Comme l'identique n'est pas multipliable et ne peut pas être affirmé par le non-identique, le non-identique jaillit dans la conversion à l'identique et se situe dans l'assimilation à l'identique.

C'est ainsi que l'entité absolue (Dieu) « appelle » par sa puissance le non-être à l'identique ; pourtant le non-être, ne pouvant pas saisir l'entité absolue qui n'est pas multipliable, revient à l'entité absolue comme par assimilation, à l'identique lui-même. Le Cusain en avait déjà parlé dans *l'Esprit*, mais dans une perspective différente, sans le recours à la puissance de l'Un – Dieu : à savoir sans parler de cet appel puisqu'il n'était pas encore parvenu à sa dernière notion, la finale, de Dieu en tant que le Pouvoir absolu (*le Posse ipsum*) qui nous appelle par la toute-puissance de sa bonté.

Par conséquent, l'identique est une entité absolue non participable en tant qu'absolu ; les multiples sont les non-entités, ce sont les nombreux, en tant que non-Un, lesquels ne peuvent atteindre l'identité absolue que lorsque l'identique absolu appelle à soi le non-identique, si bien que la multiplicité, l'altérité, la variété – d'après cet éclaircissement du Cusain – jaillissent de l'identique qu'elles identifient, parce qu'en s'identifiant à elles-mêmes, elles se diversifient, faisant apparaître la multiplicité. C'est ainsi que la variété des choses, qui sont identiques à elles-mêmes et différentes l'une par rapport à l'autre, révèle ineffablement l'identique insaisissable, d'autant plus que l'identique rayonne en elles, que son être inatteignable se reflète dans la variété de l'image. Dans ce processus d'assimilation de l'identique aux multiples créés, le Cusain distingue un aspect extrinsèque, l'appel du Non-autre, de notre néant (le divers), et un aspect intrinsèque, la participation à l'être vrai, comme si dans l'essence de la créature (écrit-il dans *De genesi*) il y avait trois choses : la possibilité d'être appelé du néant, l'actualité de la participation à la vertu divine et leur connexion par « l'appel » du néant.

J'étudierai plus loin cet aspect qui présuppose la vérité trinitaire de la foi.

## LE BIEN

On explicite mieux le Non-autre – ou l'identique – comme Égalité et Bien, plutôt que comme un et entité : il est même l'Optimum qui nous attire par son amour. Dieu n'est pas l'un, mais il est unité en tant que « Auto-Un », à savoir « un par soi » (*per* se) écrit-il dans *Le principe*. C'est en des termes procliens, réinterprétés par lui dans l'optique de Denys, que le Cusain présente les origines et donc le jaillissement de la multiplicité, à partir de Dieu, comme effusion de Bien. En fait, Dieu n'est même pas l'Un (affirme-t-il) mais l'« Auto-Un »[1] : c'est comme si, en subsistant en soi, il présupposait le divers par rapport à l'étant en soi. C'est un principe que nous concevons dans la mesure où nous voyons que nous ne subsistons pas par nous-mêmes, mais par quelque chose d'autre qui est notre principe : « Car le principe de l'étant (*ens*) n'est rien de l'étant », « puisque le principe n'est rien du principié ; cependant si nous ne concevons pas que ce principe est, nous ne pouvons nous en former aucun concept »[2], ne subsistant pas par nous-mêmes, et donc procédant d'un principe. Dans cette optique, le principe n'est même pas un, parce que n'étant ni l'être ni le non-être, ni par conséquent apte à subsister en tant qu'un par lui-même, on ne peut même pas dire qu'il *est* un : on pourrait même dire « que l'expression "l'un est l'un"[3] est irrecevable, car la copule "est" ne peut convenir à l' "un" »[4].

Donc, l'un n'est pas, mais le principe est avant toutes les choses qui sont et il est le Bien[5], il est désirable avant toute connaissance[6]. Il est « un » seulement parce que nous lui attribuons le nom de notre concept mental, mais il n'y a aucun discours, aucune articulation de concepts rationnels, tels que être ou vrai, le concernant. Cependant nous l'appelons un et bien, parce qu'autant l'un que le bien sont la fin suprême visée par l'homme. C'est ainsi que Nicolas de Cues introduit le concept de finalisme dans le monde. Sa conception téléologique est fondée sur le préalable que Dieu est l'*Optimum* parce qu'il a créé le monde dans un acte d'amour par sa volonté toute puissante, comme l'avait affirmé aussi Duns Scot, et parce qu'il y a envoyé le Christ, le Logos, de la façon la meilleure, conformément à sa nature en tant que Bien. Le monde, attiré vers lui, tend à exprimer la beauté et l'harmonie. C'est ainsi que toutes les créatures, obéissant à un désir qui est dans leur nature, se sentent poussées à rechercher l'Un et le Bien pour atteindre l'Artisan de cette création, Dieu qui est d'une « *pulchritudo ineffabilis* qui est antérieure au non-être » (*ante non esse*)[7].

1. *Le principe*, *op. cit.*, p. 294-295.
2. *Ibid.*, p. 302-305.
3. *Ibid.*
4. *Ibid.*, p. 303-304 et 306 *sq.*
5. *Le Non-autre*, *op. cit.*, chap. XXIII, p. 108-111.
6. *Le principe*, *op. cit.*, p. 312-313.
7. *Le pouvoir-est*, *op. cit.*, p. 124-125, éd. Caye, Paris, Vrin, 2006, p. 104-107.

## L'UN « UN ET TRINE » ET LE RAPPORT D'ÉGALITÉ QUI EST ANTÉRIEUR AU NON-ÊTRE. LA SUR-ÉMINENCE DE LA TRINITÉ

L'Un « sur-exalté » surélevé (*super exaltatum*) ou « Auto-Un » est appelé aussi l' « Un sur-coordonné » par le Cusain, qui le distingue ainsi de l' « un-coordonné », lequel – lorsqu'il apparaît – justifie la multiplicité[1]. Cependant, Nicolas de Cues attribue à cet « un sur-coordonné » quelques définitions logico-conceptuelles tout à fait intéressantes et originales avec lesquelles, par la suite, il essaiera d'expliquer l'articulation trinitaire divine. Il s'agit d'une doctrine très complexe et difficile, qu'il aborde à maintes reprises, et que je crois pouvoir simplifier en soulignant l'importance de la relation unité-égalité-connexion, laquelle est toujours identité, dans le principe. Le Cusain renvoie aussi à la théorie complexe de la coïncidence, voire de l'identité des opposés dans l'infinité. En effet, le concept d'égalité supprime tous les opposés : égalité de l'unité signifie négation de tous les opposés, ce qui veut dire que tous les opposés coïncident parce qu'il n'y a pas d'opposés, comme les entités créées qui ne sont rien. On sait qu'il a interprété de cette façon la célèbre sentence XIV du *Livre des XIV philosophes*, citée et développée par lui dans la *Docte ignorance* (II, cap. 2) et dans d'autres ouvrages, tel que le *De visione Dei*[2]. Dieu étant l'identité, il est Dieu en Dieu et rien dans le rien. Il avait écrit, en effet, que le non-être est le principe de l'être avant l'être[3]. Nicolas de Cues exprime la même idée dans *L'esprit*[4] où il affirme que l'être conçu non entitativement (*non enter*) est Dieu (et ici « non entitativement » signifie Dieu non saisissable par la notion d'être substantiel, tel qu'il est en soi, du fait qu'il n'est pas « entitativement ».

Par conséquent, l'être est un « mode » de la conception aussi bien du monde que du principe, lequel n'est pas participable en tant qu'il est le non-être, le Non-autre. Voilà que l'un – comme l'être – n'est qu'un « mode » de la participation de l'un et de l'être à « l'Auto-Un » et au non-être ineffable. On peut aussi définir par « entité » ce même Un dont participent toutes les choses selon leur propre mode (*De filiatione Dei*). Mais l'entité n'exprime que notre participation notionnelle à l'Un ; elle n'est qu'une notion, un concept de notre esprit. Il affirme que nous avons nommé par une

1. *Le principe*, *op. cit.*, p. 320-321.
2. *La vision de Dieu*, *op. cit.*, chap. XIII, p. 100-101.
3. *Le principe*, *op. cit.*, p. 318-321.
4. *L'esprit*, *op. cit.*, chap. VII, p. 148-149, p. 152-153.

« intellection simple » Dieu *Un-Trine*[1] en tant qu'Un, parce qu'il ne peut y avoir une multiplicité de substances en soi et que nous le concevons donc comme Un[2]. C'est le seul nom que nous donnons à notre concept.

Dans le but de faire mieux comprendre cette doctrine paradoxale, Nicolas de Cues se sert aussi du terme « source » pour présenter l'Un : il affirme que l'Un est un « mode » de l'intellect pour élucider la « source » qui en soi n'est pas participable. Ainsi, passant continuellement d'un niveau de discours à un autre, de celui abstraitement mathématique à celui dynamique de l'ontologie néoplatonicienne, il affirmera que l'infini est antérieur à la quantité : en effet, l'unité de Dieu n'est pas mathématique, mais elle est vraie et vivante, car elle contient (complique) tout dynamiquement. La Trinité n'est pas non plus l'égalité mathématique de la *ratio aequalitatis*, mais « son unité est vivante et corrélative »[3]. Toutefois, le langage mathématique demeure un mode de connaissance rationnelle très utile. En effet, s'il n'y a en Dieu aucune possibilité de discours, une articulation est cependant possible dans la notion d'« Un » en tant que Un-trine. Si on se sert d'une notion mathématique, à savoir de la notion de proportion d'égalité, ou *ratio aequalitatis* de l'unité (qui signifie identité qu'elle est égalité d'elle-même) on aboutit à la constatation que l'Un égal à soi-même engendre le rapport d'égalité avec soi même, donc la connexion. Par cette notion, on peut concevoir l'indivisible, le divin, l'Un-Trine. Le Cusain élucide ainsi d'une manière analytique toutes les notions arithmétiques qu'il avait énoncées dans *L'égalité* et dans *La docte ignorance* : « Unitas vero semel repetita solum gignit aequalitatem unitatis » (L'unité répétée même une seule fois produit l'égalité de l'unité)[4].

1. *La docte ignorance*, I, chap. VII-X, p. 53-62 consacrés à « L'éternité Une et trine », « Comment la compréhension de la Trinité dans l'Unité dépasse toutes choses », *op. cit.*, p. 60-.62.

2. *Ibid.*, chap. V-VI et *sq.*

3. *Le pouvoir-est*, *op. cit.*, p. 110-111 : « non enim unitas que de Deo dicitur est mathematica, sed vivaciter correlativa ». Voir à ce propos mon étude, *La trasformazione dei correlativi di Lullo nella coincidenza degli opposti di Cusano*, *op. cit.*, p. 139-154.

4. *La docte ignorance*, *op. cit.*, I, chap. VIII, p. 57.

## LE POUVOIR

### *La force* (vis) *infinie, le Tout-Puissant et sa manifestation*

Il est naturel que le Cusain cherche à revenir de plusieurs façons sur le rapport un-multiplicité, vu qu'il est très difficile d'expliciter un rapport qui par définition n'existe pas, car le principe est toujours au-delà et que la négation est plus efficace que l'affirmation. Dans les ouvrages de sa maturité, que je viens d'analyser, Nicolas de Cues cherche des solutions positives à ses théories de la négation en essayant de se défendre des accusations de panthéisme, tout en introduisant des notions néoplatoniciennes, parfois par l'intermédiaire de doctrines de l'école albertiste et scotiste. Il développe dans tous les modes possibles de la grammaire le verbe pouvoir, (p*osse*), faire (*facere*), devenir (*fieri*), fait (*factum*).

Le Cusain reprend ce thème du rapport entre Dieu et les hommes, en employant le terme conventionnel, de « participation » et en le liant à nouveau à quelques-unes de ses propres idées. Depuis ses premiers ouvrages jusqu'à ceux rédigés après 1450, on a pu remarquer un changement dans sa façon de définir Dieu, l'infini inaccessible de *La docte ignorance*. Après avoir essayé de le définir négativement comme « Non-autre », qui signifierait sa quiddité, il en vient à développer la notion de pouvoir, de force, ou de puissance, puisé comme nous l'avons vu dans le débat de l'Ecole scotiste et ochkamienne[1]. C'est ainsi qu'il réintroduit les termes dynamiques de la métaphysique néoplatonicienne, centrés sur le concept de pouvoir, conçu comme puissance, activité, possibilité absolue, ou Toute-puissance qui rejoint la plénitude de la force infinie. Mais il les articule à sa propre doctrine de la complication (c*omplicatio*), de l'explication (*explicatio*), de la contraction, qui joue un rôle de premier plan dans sa métaphysique de la participation. Dieu devient ainsi le Tout-puissant, une force absolue d'une infinie vigueur (*vigore*). La création est un acte de sa toute-puissance. S'il n'avait pas créé, la création aurait fait défaut à sa toute-puissance. Dieu a créé le monde parce qu'il voulait manifester sa toute-puissance. Le Cusain reprend un thème cher à Duns Scot qui avait donné la même explication pour expliquer la raison de la création du monde, en écrivant dans sa *Reportatio parisiensis* que Dieu a créé l'univers pour sa bonté.

1. A. Maier, *Die Diskussion über des aktuel Unendlich...*, *op. cit.*, p. 1-86.

Comme il est le pouvoir infini et dynamique, il se manifeste et se révèle dans les créatures. Il se révèle aussi comme Bonté et Beauté par son Art (voir les *Dialogues de l'Idiot*) expliqué dans le monde. Le Cusain développe ces thèmes dans deux ouvrages de vieillesse, *Le Pouvoir-est* (*De possest*) et *La cime de la contemplation* où il emploie l'expression *Le Pouvoir-même* (*Posse ipsum*) dans un sens cette fois-ci positif, pour définir Dieu et il l'articule avec le concept de la complication de tout en Dieu, conçu en tant que force, énergie toute-puissante, sans que pour autant ce concept signifie que toutes les choses soient, en tant que telles, en Dieu. Il signifie seulement que tout ce qui est créable en acte est en son pouvoir qui est Pouvoir en acte infini, puisqu'en Lui, le non-être est tout ce qui peut être. Nicolas de Cues se propose de révéler la facilité de cette

> définition qui n'a pas été ouvertement communiquée et qu'on considère très secrète : à savoir, que toute précision spéculative doit se fonder seulement dans le pouvoir lui-même et son apparition, et que tous ceux qui ont vu juste se sont efforcés d'exprimer cela [1].

Il affirme en effet dans *La cime de la contemplation*[2] qu'il faut enlever à la définition de Dieu comme *Pouvoir-est* le terme ajouté « est », car l'être réduit la toute-puissance de Dieu. L'adjonction de l'être au pouvoir n'est autre que l'image ou la similitude de l'exemplaire qui, pour être conçu avec la vérité, doit être conçu sans l'être. On est ici au sommet de la théorie. Le pouvoir est la Vérité, qui est tout ce qui peut être. Elle doit être cherchée au-delà de toute puissance cognitive et avant toute diversité et opposition ; elle doit être la subsistance invariable de toutes les subsistances,

> ainsi il n'y a pas différentes quiddités pour différents étants, [...] mais la même qui peut être l'hypostase (*hypostasis*) de tous : [...] et parce qu'elle peut être, elle ne peut être sans ce pouvoir être [3].

Et la vérité est l'intelligibilité de tout intelligible, tel qu'il est « possible » pour nous, à savoir selon le mode conjectural.

Cependant si le Cusain enlève l'être au pouvoir, il lui ajoute la vérité, parce qu'il écrit : « la vérité est la manifestation du pouvoir absolu, qui se manifeste dans la rue. Il est la lumière qui éclaire » [4]. Aussi les êtres sont les intentions de la volonté divine qui a eu l'intention de se communiquer. Elles participent du premier, non pas selon le premier, mais selon elles-

1. *La cime de la contemplation*, *op. cit.*, p. 132-133.
2. *Ibid.*, p. 116-117, p. 122-123.
3. *Ibid.*, p. 116-117 *sq.*
4. *Ibid.*

mêmes, parce que si la vérité qui est ce qu'elle peut être, est imparticipable, néanmoins elle est communicable dans sa similitude ou image en nous de l'homme le Christ, le Verbe lumière de l'Intellect.

Ainsi, les créatures (la première étant l'homme) ne sont-elles pas l'*explication* de la *complication* divine, mais elles sont le regard de Dieu qui nous regarde et qui, en nous regardant, nous fait être en tant que nous le voyons, parce qu'il est la lumière très intense qui fait que nous le voyons et que nous soyons vus : Dieu est à la fois l'œil et le miroir de lumière où se reflètent tous les visages particuliers. Ainsi, l'homme image ne voit que selon l'homme.

Cependant, le visage de Dieu peut mieux se révéler dans la vision frontale qu'on a lorsque l'œil humain de l'esprit transcende tous les visages particuliers dans un silence secret et caché, là où il n'y a ni science, ni concept de visage et où on ne voit que lui dans les plus profondes ténèbres. Ainsi le Cusain était amené à confirmer à partir d'un point de départ différent (le regard de Dieu et non celui de notre esprit) que les créatures sont des visions, plus hautes ou inférieures en fonction de leur diversité, parce que l'entendement précède l'être et que chaque créature entend Dieu selon sa libre participation à cette lumière qui découle de la disposition, ou de « l'aptitude du recevant » à la recevoir par le Don du Père des lumières. Ainsi elles sont qui sont parce que Dieu les « regarde » et les « éclaire » et elles sont des assimilations au Modèle en se dégageant de leurs libres contractions.

### *La puissance et le néant. Le néant dans l'Un*

Nicolas de Cues traite du concept du néant de l'être en tant qu'*esse dependens*, d'être dépendant dans plusieurs passages de son œuvre, où il s'applique à expliciter la notion d'*abesse*, à savoir de manque d'être[1] (on l'a vu plus haut) également par rapport à l'un.

Il est donc permis de concevoir le rapport un-multiplicité en faisant appel à la définition de Dieu-Un, ni entité ni non entité en tant que « Non-multiplicité » – ainsi que le Cusain l'affirme dans le *De non-aliud* en cherchant une autre explication peut être plus satisfaisante. Comme il est « Non-multiplicité », à savoir, comme il n'est pas dans l'être des créatures, l'Un est dans le néant des êtres. Il y a donc multiplicité parce que Dieu est

1. *Cf.* aussi l'interprétation d'A. De Muralt, *Platonisme et Aristotélisme*, Paris, Vrin, 1995.

dans le néant des entités, et par conséquent la multiplicité, qui n'est rien d'autre que le néant dans l'Un, jaillit du néant.

C'est ainsi que Nicolas de Cues conçoit la création non comme *ex nihilo*, mais in *nihilo* parce que la multiplicité des choses naît de ce que Dieu est dans le néant comme nous l'avons déjà rapporté dans les pages précédentes. Aussi, la multiplicité est-elle l'Un-divers plusieurs fois répété, l'Un en soi étant dans le néant des êtres; néanmoins, ainsi conçu, le non-être – ou le néant – loin d'être un principe métaphysique, est une sorte de « terme comparatif » qui permet de penser Dieu en relation avec la créature.

Cependant Nicolas de Cues reconnaît une certaine valeur, à la fois positive et négative, au concept d'intelligibilité de la métaphysique de l'Un, selon l'importance « positive » qu'il attribue à la théologie négative. La contradiction entre l'Un-être et le multiple non-être, l'Un étant rien par rapport ce qu'il est, et tout par rapport à ce qu'il n'est pas, assure au néant de l'être une fonction positive. Le néant en tant que non-être est le principe constitutif de la multiplicité et de la contingence de ce qui est, alors qu'en tant que tel, il assure l'unité nécessaire à toutes choses. La contradiction apparaît comme le principe d'intelligibilité de l'être-non-être, en expliquant ainsi la non intelligibilité de l'Un et le savoir contradictoire de *La docte ignorance*.

Néanmoins, il existe chez le Cusain cette doctrine de l'Un susceptible de contraction et de l'Un contracté, par laquelle il explicite aussi le concours actif de l'être créé (un des aspects du non-être), auquel Dieu a offert la liberté comme possibilité de participer, selon un mode plus ou moins contracté par rapport à l'Un, de l'Un lui-même, et ceci est le volet immanent de la philosophie du Cusain par rapport à la transcendance absolue. Et cette hénologie est sans cesse développée dans *Le jeu de la boule* où Nicolas de Cues revient à ce concept dynamique de l'esprit, en explicitant le rapport être-néant et unité dans l'âme de chaque créature, dans le sens que dans la créature son entité est toujours amoindrie, parce qu'en principe, dans l'être humain, l'entité ne coïncide jamais complètement avec l'unité en raison de ses contractions. Le Cusain élabore ici tous les thèmes de son interprétation néoplatonicienne personnelle de l'être, non pas en tant qu'être, mais dans la mesure où il est « force » d'une vertu, où il est la puissance, la possibilité de se faire (*fieri*) et d'être fait (*factum*) selon les développements de sa théorie de Dieu comme non-entité et non-un, plus qu'Un, en tant que Pouvoir tout-puissant, pouvoir faire, dont le pendant est la créature ou pouvoir être fait (*factum*).

## CHAPITRE VIII

# LA PAIX DE LA FOI.
# LA TOLÉRANCE

### LA PACIFICATION RELIGIEUSE

Dans le dialogue intitulé la *Paix de la foi*, rédigé sous le choc de la conquête de Constantinople par Mahomet II, le Cusain prône la doctrine de la pacification religieuse, à savoir de la pacification des diverses confessions religieuses dans la foi en Dieu. Dans le cas spécifique de ce dialogue, il nous paraît inapproprié de parler de tolérance au sens que ce terme a acquis historiquement depuis le XVIe siècle (la Réforme et les guerres de religion) jusqu'à nos jours, en prenant plusieurs acceptions, devenu à la mode grâce à la définition exposée par Voltaire à l'article *tolérance* de son *Dictionnaire philosophique*[1]. Il ne s'agit pas non plus du « libertinisme spirituel »[2] des défenseurs des libertés de conscience individuelle pour lesquels la tolérance consiste dans l'acceptation réciproque des faiblesses humaines, ce qui a conduit finalement à la liberté religieuse et à la religion de la liberté fondée sur une base politique et juridique, liberté chère aux philosophes des Lumières et à quelques philosophes du XXe siècle italien, comme dans l'œuvre de F. Ruffini[3]. En effet, la *Paix de*

1. Voltaire, *Traité sur la Tolérance*, *Dictionnaire philosophique*, Paris, Institut et Musée Voltaire, Paris, 1878, p. 548-49.

2. R. Allier, *Les Frères du libre esprit*, dans *Religion et société*, Paris, Publications de la Sorbonne, 1905.

3. F. Ruffini, *La libertà religiosa. Storia di una idea*, A cura di C.A. Iemolo, Milano, Feltrinelli, 1967.

*la foi* présuppose toute la pensée philosophique et religieuse, tant ecclésiastique que chrétienne de Nicolas de Cues, que l'on ne peut pas interpréter en faisant abstraction de la situation historico-politique et culturelle de l'époque. En effet, il écrivit plusieurs de ses ouvrages dans l'urgence, sous la pression des événements, ce qui justifie leur forme souvent hâtive. Il nous paraît incorrect de suivre l'exemple de plusieurs interprètes du Cusain, qui non seulement au XXe siècle, mais dès le XVIe siècle, ont situé sa pensée, en la forçant, dans le cadre d'une littérature controversiste, ce qui indéniablement lui a nui. À vrai dire, l'œuvre de Nicolas de Cues a été sous-estimée, soit que, dans l'optique de ce qui est venu après, on lui ait attribué un contenu dogmatique étroitement catholique, soit qu'on l'ait interprétée dans un sens réformiste pré-luthérien, soit surtout qu'on l'ait ramenée à l'idée soutenue par les *Lumières* de la tolérance religieuse au nom d'une religion purement naturelle, soit qu'enfin on ait interprété le Cusain comme étant le promoteur d'une conception philosophique de la religion de type néo-idéaliste ou d'une philosophie de la foi[1].

Il faut éviter de considérer d'une manière purement philosophique certains concepts qui ont une épaisseur religieuse, comme celui très difficile d'*intellectus fidei*. Les contenus de la foi seraient alors conçus comme étant les représentations rationnelles-intellectuelles humaines d'une donnée transcendante dont, par conséquent, le caractère surnaturel serait entièrement éliminé.

Nous savons, grâce aux développements du troisième livre de la *Docte ignorance* consacré au Christ, Verbe et Médiateur, à plusieurs de ses *Sermons* (*Verbum caro factum est*, *In principio erat Verbum*, *De filiatione Dei*, *Dies sanctificatus*) et à d'autres pages très nombreuses consacrées à la « filiation divine », que Nicolas de Cues distingue au moins deux niveaux du concept d'*intellectus fidei*. L'un concerne le Christ, Verbe et Intellect divin, deuxième Personne de la Trinité, l'autre, l'activité cognitive humaine. En fait, ainsi que le Cusain l'avait expliqué dans le troisième livre de la *Docte ignorance*, l'Intellect a *in primis* une signification surnaturelle, transcendante (notre intellect est à son image) et tout discours le concernant se situe dans la sphère privilégiée du divin (*in divinis*). En raison de la définition donnée de la perfection absolue comme maximalité infinie mais contractée dans l'humanité du Christ, cet Intellect se distingue de l'intellect

1. La bibliographie sur ce sujet est abondante, en particulier : J. Leclerc, *Toleration and Reformation*, London, Longmann, 1960; E. Iserloh, « Reforme des Kirke bei Nikolaus von Kues », *MFCG*, 4, 1964, p. 105 et par la suite *MFCG ad vocem*.

humain fini dont le Christ, Verbe de Dieu, est l'exemplaire divin maximalement contracté dans son humanité.

Le Cusain soutiendra toujours avec force l'idée de la transcendance des mystères de la foi, même en s'efforçant, autant qu'il le pourra, de les rendre universellement intelligibles pour tous, que ce soit par sa doctrine de la théologie négative (mais conçue dans le sens positif de la *docta ignorantia*), ou par son insistance, dans tous les ouvrages successifs où il se met en chasse de la sagesse (*venatio sapientiae*), à souligner l'inaccessibilité de la Vérité de Dieu en soi, dans sa précision absolue et celle de sa toute-puissance qui est le *Pouvoir même*.

Le *De pace fidei* a subi, à l'instar des autres ouvrages de Nicolas de Cues, de nombreuses interprétations, dont certaines sont tout à fait réductrices. Aussi est-il préférable de laisser à la pensée du Cusain toute sa richesse et sa fécondité en tenant sa doctrine pour ouverte. En paraphrasant le titre célèbre de l'ouvrage de H. Bergson *Les deux sources de la morale et de la religion*, on peut interpréter la foi religieuse du Cusain non comme le fondement d'une religion statique, mais comme une foi dynamique.

## L'UNITÉ COMME UNIVERSALITÉ

Le discours que le Cusain développe dans le *De pace fidei* ne renvoie pas à une conception de la tolérance de la foi fondée seulement sur la crédibilité rationnelle de la foi chrétienne dans laquelle résiderai*t* l'unité de toutes les religions, grâce à leur contenu implicite de rationalité. S'il en était ainsi, Nicolas de Cues ne serait que l'exégète d'un christianisme conçu comme étant une religion naturelle. En fait, sa pensée, tout en présentant sans doute certains de ces aspects-là, est cependant centrée sur une idée très précise de la « révélation » divine et de la *fides* : sur l'idée de l'unité en tant qu'universalité dans le Christ, pris comme *Logos* ou Sagesse. Cette idée s'enracine dans une doctrine spécifique du Verbe conçu d'un point de vue strictement religieux comme étant l'union hypostatique du divin et de l'humain, point de vue rapporté à la théorie de la transcendance absolue de Dieu le Père se manifestant en son Fils. Et pour expliciter ce mystère de la foi, qui ne disparaît pas pour autant, le Cusain use des concepts toujours inadéquats, et donc conjecturaux, que nous avons déjà exposés : la *complicatio*, l'*explicatio*, la *contractio* et la maximalité absolue infinie de Dieu (défini comme un, infini, inconnaissable en soi, incommensurable, Non-autre, toute-puissance *Possest* et *Posse*).

Par rapport à son époque, cependant, le Cusain n'a pas été seulement un philosophe génial et un théologien hors pair, mais aussi un homme politique clairvoyant de l'Église, un ecclésiastique très cultivé et un juriste accompli, toujours engagé à résoudre les graves tensions qui déchiraient l'Église à un moment historique très particulier.

## La situation historique

La décadence des mœurs ecclésiastiques n'était pas sans entraîner un grand désarroi spirituel, tandis que la situation devenait de plus en plus dangereuse dans les régions orientales de la chrétienté où la menace musulmane des Turcs, d'un côté, l'insubordination des Bohémiens, de l'autre, soulignaient la faiblesse du monde chrétien. L'irréductibilité des Hussites avait atteint des dimensions populaires nationales assez graves. Les controverses des Bohémiens sur l'Eucharistie[1] s'étaient identifiées à un fort sentiment national et à de violentes revendications ethniques. De plus, le Concile de Florence, en 1439, avait fait espérer la réconciliation avec l'Église grecque sous la poussée de la menace des Turcs, mais la chute de Constantinople quelque temps après et la difficulté à résoudre le schisme grec ne laissaient pas de perturber l'Europe chrétienne et d'angoisser le Cusain. Il faut souligner qu'à cette époque, l'épicentre de la chrétienté se déplace vers l'Est. Cela nous permet de comprendre, non seulement qu'une certaine fracture se soit produite dans les premières décennies du XVe siècle entre le monde ecclésiastique et le monde humaniste, mais aussi que la *forma mentis* humaniste, s'étant imposée en ce siècle, ait suscité la méfiance croissante de Rome face à un univers culturel qui lui devenait de plus en plus étranger. Le Cusain, de même qu'il s'attache à concilier et à dépasser les divergences théologiques avec les Hussites, essaie, en faisant preuve d'une grande modération, d'éviter autant que possible la division et la séparation des Églises nationales; et il accorde une attention toute particulière à l'Europe centre-orientale.

1. Nicolaus Cusanus, *Epistulae contra Boemos*, Strasbourg, M. Flach, 1488; réimp. P. Wilpert, Nikolaus von Kues, *Werke*, Berlin/New York, Walter De Gruyter, 1966, vol. II, p. 674-697. Sur le dialogue avec les bohèmes hussites, *cf.* H. Hallauer, « Das Glaubensgespraecht mit den Hussiten », dans « Nikolaus von Kues als Promotor der Oekumene », *MFCG*, 9, 1971, p. 53-75.

Il faut ajouter que les vicissitudes des Conciles de Constance et de Bâle avaient laissé des traces profondes, avant que n'intervienne la solution positive de l'élection de Martin V. En outre, il était urgent de prendre de nouvelles mesures économiques pour le contrôle des ressources fiscales de l'Église et de l'octroi des bénéfices ecclésiastiques. Toutefois, la crise n'était pas seulement institutionnelle et hiérarchique, mais beaucoup plus générale, spirituelle, théologique et culturelle.

De plus, à l'époque du Cusain, avant que ne soit découvert le nouveau continent, le Christianisme représentait une immense civilisation religieuse, un authentique écoumène fondé sur l'évangélisation de tous les peuples connus par les Apôtres, les Martyres, les Pères, les Saints et tous leurs disciples. Le Christianisme était vécu comme étant la civilisation historico-religieuse universelle, fruit de la propagation de la parole du Christ. Pour le Cusain l'idée d'une *Ecclesia catholica*, en tant que fondement même de l'unité de toutes les Églises, était enracinée dans la vision d'une situation historique réelle, qu'il fallait sauvegarder à tout prix.

On a soutenu que le Cusain aurait accompli une œuvre de restauration de l'unité de l'Église, même si nous pensons qu'il serait plus exact de dire qu'il cherchait les solutions les plus valables, tant sur le plan dogmatique que sur le plan historico-philosophique, afin de comprendre comment il était possible d'éviter la division de la chrétienté. Aussi, selon une ligne théorique et pragmatique[1] qu'il avait déjà exprimée dans la troisième lettre aux Bohémiens (1433)[2], tente-t-il dans le *De pace fidei* d'aplanir les possibles divergences entre les confessions en soutenant l'existence d'un noyau de vérités universelles de la foi chrétienne, auxquelles toutes les autres religions ne peuvent pas ne pas adhérer à la condition qu'on les leur présente avec des arguments historiques et rationnels convaincants (ce qui n'exclut pas qu'il y ait une très grande variété dans les rites et dans les

1. « Nam intellectus currit cum praxi. Intellectus enim qui cum praxi currit est spiritus vivificatus (En effet, l'intellect court avec la pratique. Or l'intellect, lorsqu'il court avec la pratique, est l'esprit vivifié) », *Epistulae*, III, *op. cit.*, p. 692.

2. *Epistulae III*, *op. cit.*, p. 691-692 : « Est autem istud ex praxi Ecclesie etiam in formis sacramentorum manifestum : Apostoli baptizabant in nomine Jesus, alio tempore Ecclesia in nomine Trinitatis. Sed fides Ecclesie non decipitur quoad animarum salutem in rituum diversitate. Ex premissis constat quod tota catholica Ecclesia non potest ad literas obligari, licet ad spiritum, quando enim litera non servit aedificationi et spiritui, recipit id quod magis servit spiritui » (Les Apôtres baptisaient au nom de Jésus. En un autre temps au nom de la Trinité. Mais la foi de l'Eglise n'est pas détournée du Salut de l'âme, dans la diversité des rites). À ce propos, *cf.* H. De Lubac, *Catholicisme*, *Les aspects sociaux du Dogme*, Paris, Cerf, 1938, mais la bibliographie est très riche.

formes dévotionnelles)[1] parce que le but premier de la véritable (*orthodoxa*) foi chrétienne universelle est la paix, c'est-à-dire l'unité et la concorde universelle des peuples.

Le Cusain pense vraiment que l'*aedificatio Ecclesiae*, qui est la fin ultime de toute autorité, est fondée sur l'unité et sur la paix perpétuelle, au sein de l'Église conçue non seulement dans un sens étroitement ecclésiastique, mais aussi dans un sens élargi, s'étendant à toute la chrétienté mondiale et comprenant par conséquent aussi les communautés schismatiques orientales et non confessionnelles comme celles des Gentils et des Juifs.

Toutefois, cette unité, loin d'être autoritaire et extrinsèque, est fondée (ainsi que le Cusain l'affirme dans le *De pace fidei*) sur le consentement universel et sur l'adhésion personnelle en matière de foi, aussi bien que sur l'acceptation de la vérité des formes cérémonielles des rites différents. C'est une idée qu'il justifie sur la base de son interprétation de la Révélation divine et des différentes façons d'y participer, synthétisées dans le célèbre énoncé : *una religio in rituum varietate* (une seule religion dans la variété des rites)[2].C'est le principe de tout dialogue entre les religions au-delà de la diversité de leurs rites, qu'il avait déjà énoncé dans la IIIe Lettre aux Bohèmes.

Des exégètes se sont posé la question de savoir si le Cusain croyait à la supériorité dogmatique du Christianisme sur les autres confessions : pour ceux qui l'interprètent dans le sens d'une religion naturelle, la réponse est négative alors que ceux pour qui, dans le *De pace fidei*, il n'est pas vraiment question de tolérance religieuse, mais seulement d'acceptation des rites divers, extérieurs et cérémoniels, elle est affirmative. Le dialogue entre les savants qui discutent dans le *De pace fidei* aurait donc pour but de démontrer la supériorité de la doctrine catholique et de convaincre tous les peuples d'embrasser la foi chrétienne.

Selon nous, cette façon de poser le problème de l'interprétation du *De pace fidei* est trop simpliste. En fait, l'un des concepts fondamentaux qu'on peut déduire de l'idée de la paix religieuse du Christianisme est celui du consentement des peuples aux vérités fondamentales du Christianisme en tant que tel, loin de toute contrainte dogmatique.

Les idées centrales développées dans le *De pace fidei* semblent devoir être ramenées essentiellement à deux doctrines fondamentales de la pensée

1. *La paix de la foi*, trad. fr. H. Pasqua, Paris, Pierre Tequi, 2008, p. 71-73 ; éd. latine R. Klibansky, H. Bascour, London, The Warburg Institute, 1956, p. 4 *sq*.

2. *Ibid.*, éd. lat., p. 7 ; trad. cit., p. 76.

religieuse du Cusain : d'un côté à celle de la *fides christiana*, de l'autre à celle de l'unité religieuse, c'est-à-dire au concept d'une *religio una* et donc d'une *Ecclesia una* ou Église universelle.

Pour Nicolas de Cues, le terme de « religion », dans le sens de « religion véritable » (c'est-à-dire *orthodoxe*) est le synonyme de *fides christiana*. Mais, pour désigner les religions historiquement différentes s'étant stratifiées tout au long des siècles, il use aussi du terme de « secte » (*secta*) largement utilisé au Moyen Âge, par lequel il indique que les religions sont pour lui comme des branches s'étant divisées et détachées du tronc originaire. Dans certaines phrases des *Conjectures*[1] on trouve une première énonciation théorique de cette idée de la naissance des religions historiques.

Les « sectes » exprimeraient, selon lui, les différentes façons dont les peuples ont reçu l'enseignement des différents messagers et prophètes que Dieu, le Père de la lumière, a envoyés dans le monde vers les différentes nations, à différentes époques, jusqu'à ce qu'il ait envoyé son Verbe les illuminer, car les prophètes n'avaient pas pu, à eux seuls, vaincre la force de l'ignorance. La variété des peuples et de leurs pratiques religieuses exprime donc leurs diverses façons de participer à la lumière divine du Dieu « Un », selon les contractions de l'Un énoncées dans cet ouvrage. C'est aussi dans les *Conjectures*[2] que le Cusain distingue les hommes selon trois sphères qu'ils occupent d'après leur participation à la contemplation de Dieu : « La première est la sphère de la contemplation, à savoir de la religion, appartenant aux hommes pieux, laquelle est au-dessus de la raison et de la sensibilité ; la deuxième se contracte dans la rationalité ; la troisième se contracte dans la sensibilité ». Toutefois, ajoute-t-il, comme la religion concerne tous les hommes, selon le caractère spécifique de la nature de leurs modes de connaissance, elle est participée de différentes manières par ceux qui vivent dans le monde terrestre : « Tu peux voir que, bien que la religion ou le gouvernement d'un pays semblent parfois stables, néanmoins, ils ne le sont pas dans toute leur précision »[3]. Ainsi que le *Rhin* semble couler toujours d'une façon uniforme alors que son état n'est jamais le même, nous pouvons faire le même discours pour la religion. Elle se meut en ondoyant entre le spirituel et le temporel. On trouve une idée semblable, exprimée en d'autres termes, mais avec la même signification, au commencement de la *Paix de la foi*. Assurément, cette participation à la

1. *Les conjectures*, II, 15, éd. lat. cit., vol. II, p. 174-176.
2. *Ibid.*, p. 176.
3. *Ibid.*

lumière et à la vérité divine (qui n'est pas toujours la même parce que Dieu a fait l'homme libre, en lui donnant le libre arbitre) est plus haute et plus élevée dans la religion chrétienne que dans toutes les autres religions. La religion chrétienne ne peut pas, par conséquent, ne pas être supérieure à toutes les autres. Mais, par ailleurs, le Cusain soutient aussi l'idée qu'il convient d'accepter la variété des autres confessions, parce que c'est ce que Dieu a voulu, dans le respect de la volonté de chacun.

Le Cusain suppose que plusieurs de ces religions soient issues des coutumes et des mœurs, parce que, écrit-il, c'est par une longue habitude que la nature humaine en vient à défendre, comme si c'était une vérité inhérente à la nature humaine, quelque chose dont la vérité n'est fondée que sur la tradition. Nicolas de Cues a exprimé cette même idée dans le troisième chapitre de la *Docte ignorance*, où il éclaire le rapport entre la religion chrétienne, *religio una*, et les autres religions qui seraient des expressions ou des *locutiones Verbi sive rationes*. Celles-ci explicitent, chacune à sa façon, selon leur diverse participation à l'unité divine, l'ordre, l'harmonie et la proportion voulues par Dieu dans sa providence.

Sur quelle base le Cusain soutient-il donc l'unité de toutes les religions dans l'unique et absolue foi chrétienne : unique, vraie et par conséquent, universelle ? Il juge possible la purification intellectuelle des vérités partielles de chaque religion particulière, une purification propre à faire ressortir les contenus essentiels foncièrement semblables de toutes les religions ; ce qui fait le fond de son irénisme modéré. C'est dans cette perspective que, selon lui, est possible l'adhésion de tous à une unique religion universelle conçue dans l'*Ecclesia christiania* qu'il juge parfaite, même s'il s'agit d'une perfection tout à fait particulière, non statique. En vertu de sa conception dynamique de la perfection qui n'est pas celle de la précision absolue, le terme « Église parfaite » signifie que l'Église est la meilleure « possible » que Dieu nous a donnée et donc que, loin d'être absolument parfaite, elle est perfectible dans ses membres puisqu'il s'agit de l'Église d'ici-bas, sensible et terrestre (*in itinere*) laquelle, ajoute-t-il, se meut dans la *praxis*[1].

1. *Cf.* n. 1 et 2, p. 191.

## LA GRÂCE SUFFISANTE ET *LA FIDES FORMATA*

Le Cusain croit que la *fides christiana* est un don gratuit du Père de la lumière (*De dato Patris luminum*, *Le Don du Père des lumières*, 1445) et que ce don – à savoir la grâce de l'illumination – rend possible pour tous la vie surnaturelle, spirituelle et éternelle, grâce à la venue du Christ et à l'accomplissement de son œuvre de rédemption dans le monde. Le Christ est le modèle absolu chez qui la divinité est maximalement contractée dans l'humanité du Christ. En sa Personne, l'humanité a été élevée à la nature suprême, c'est-à-dire divine, dans l'unité des Personnes trinitaires.

Nicolas de Cues écrit en 1440 dans son très important sermon *Dies santificatus*, rédigé pour expliciter la filiation du Christ :

> Le Christ coïncide exactement avec la nature humaine elle-même, par laquelle tous les hommes sont des hommes… Dans cette unité du Christ il n'y a plus de différences, il n'y a plus le juif, le païen, l'homme, la femme, mais le Christ lui-même est tout en tous. Aussi, toutes nos imperfections sont-elles compensées en Lui, qui est notre plénitude, en Lui nous sommes justifiés, en Lui nous sommes sauvés, en Lui nous vivons et nous nous mouvons. C'est pourquoi quiconque adhère au Christ et est uni à Lui, obtient la satisfaction de ses fautes, la justification et la renaissance intérieure, non pas dans un autre être, mais dans sa propre humanité, qui est aussi l'humanité du Christ, car c'est justement son humanité, identique chez l'homme et chez le Christ, qui est unie par le Christ au Verbe divin. Oh immense mystère[1] !

On peut déduire de cette page célèbre, mais aussi de plusieurs autres textes, l'idée que par sa mission le Christ rend possible, en rachetant l'entière humanité, le salut de tous les hommes, soit de ceux qui ont vécu avant sa venue, comme les Païens et les Hébreux, soit de ceux qui sont venus après et qui se sont séparés de Lui, ou qui n'ont pas voulu écouter sa parole. C'est dire que la *fides* n'est pas seulement le résultat d'une prise de conscience rationnelle et subjective ou d'un acte vertueux consentant aussi aux vérités les moins probables (comme il l'écrit en 1431 dans son *Sermo fides autem catholica*), mais qu'elle est une réalité objective, car elle est la grâce que Dieu a élargie gratuitement à tous les hommes sans aucune distinction, en envoyant son Fils dans le monde avec la mission de la Rédemption surnaturelle qu'il a parfaitement accomplie avec sa mort et sa Résurrection.

1. *Dies santificatus*, E. Hoffmann, R. Klibansky (éd.), Heidelberg, Winter Verlag, 1929.

La pacification de la foi (*fidei* est un génitif objectif), l'irénisme du Cusain, l'idée de l'accord universel, à savoir de l'unité universelle de la foi, dépendent de la réponse affirmative à cette question : le Christ comme Fils de Dieu, Verbe incarné né à Bethléem, s'est-il fait chair, a-t-il souffert et est-il mort sur la croix pour la rédemption de tous les hommes, de l'humanité tout entière ou seulement de ceux qui le confessent et le reconnaissent? Selon les écrits du Cusain, en particulier d'après ceux qu'on a cités, comme le troisième livre christologique de la *Docte ignorance* il apparaît évident que pour lui la mission salvatrice du Christ, qui est le don du Père de la lumière, rend possible en principe le salut de tous les hommes, même sans leur adhésion à la foi, bien qu'il juge nécessaire leur adhésion « subjective » (ou *fides necessaria*). Autrement dit, dans la doctrine du Christ est contenue celle de la grâce suffisante: la grâce du salut est un don gratuit élargi par le Père de la lumière lorsqu'il a envoyé son Fils, son Verbe, pour racheter l'humanité tout entière de sa finitude, de son incomplétude et de ses imperfections. Dans le *De pace fidei*, le Cusain affirme certes que, pour le salut, seule la foi est nécessaire; et cette phrase a été interprétée par quelques chercheurs allemands en un sens pré-luthérien[1]. Toutefois, on ne saurait accepter cette interprétation, parce que Nicolas de Cues (dont, par ailleurs, le concept de libre arbitre contredit la prédestination des Protestants) insiste sur le concept de grâce suffisante et, à plusieurs reprises, sur celui de *fides formata* (*orthodoxa*), c'est-à-dire « droite » en désignant par ces affirmations une doctrine précise de la « participation de la foi ». Il précise dans cet ouvrage, comme dans les autres textes cités, que par l'expression « participation de la foi » il faut entendre le mode de réception dans les différents moments historiques par les hommes, les nations, et les peuples, de la lumière de la vérité divine, réception qui dépend du libre arbitre concédé par Dieu aux hommes et, par conséquent, de leur adhésion spontanée. La *foi formée* est donc la foi subjective de tous ceux qui la reçoivent avec l'espérance et la charité. Sans la charité et sans l'espérance en la vie surnaturelle, la foi serait faible parce que l'espérance exprime la certitude de la foi, c'est-à-dire l'achèvement d'un processus dont la Grâce divine est l'unique cause. Sans l'espérance du salut, la foi subjective vient à manquer et le salut est impossible, même si l'universalité de la *fides christiana*, ce don *gratuitum* du Père de la lumière, y consentait. Le Cusain écrit des pages admirables sur la vertu religieuse de l'espérance,

1. *Cf.* les écrits du théologue luthérien Dietrich Bonhaeffer.

nous renvoyant à la tradition de la « théologie de l'espérance » que J.G. Bougerol[1] a magistralement étudié.

Il est vrai que la foi formée, c'est-à-dire « droite », implique aussi les œuvres, mais celles-ci sont conçues dans le sens de l'adhésion engagée et active, consistant dans les signes visibles des sacrements et dans l'obéissance aux *mandata* divins qui, affirme le Cusain, ne sont pas nombreux, mais cependant essentiels. Le contenu de la *fides christiana* est donc le don de la Grâce du salut, ce qui est universel : la promesse de la vie éternelle, qui est la Grâce, a été faite à tout le monde. Dans le sermon *Fides autem catholica*, Nicolas de Cues dira aussi que toutes les vérités de la foi ne sont pas manifestes parce que, si tel était le cas, il n'y aurait dans le monde ni dissensions ni divisions, alors que ce sont des situations inévitables étant donné la finitude et l'imperfection d'ici-bas.

Il nous paraît possible de ramener cette doctrine à celle qu'on a appelée la *fides implicita*, fondée sur la possibilité objective du salut pour tous les hommes par le rachat du Christ. Toutefois, il ne faut pas croire que pour le Cusain l'adhésion subjective ou la confession de la foi ne soient pas nécessaires : même si la Grâce est un don gratuit, le véritable fondement de la religiosité est la *fides formata* de ceux qui reçoivent dignement ce don en y participant au moyen des formes les plus élevées et unitaires que sont les sacrements. En revanche, si la foi n'est pas participée ou reçue dans l'élévation du Christ, l'homme se conduira comme si le Christ n'était jamais apparu dans le monde, il ne le prendra pas en tant qu'*Exemplar* éternel, comme modèle, et vivra non seulement dans la temporalité et dans la caducité des choses d'ici-bas, mais aussi dans les ténèbres de l'ignorance. Pourtant, le Cusain n'a pas une vision pessimiste de la nature humaine : pour lui, soucieux du mal et du péché, le mal du monde consiste essentiellement dans l'orgueil qui est le péché de ceux qui croient être autonomes et autosuffisants, capables de connaître la vérité sans recevoir l'illumination de l'intellect divin, à savoir, de ceux qui ne reconnaissent pas la dépendance à Dieu de notre nature.

Par conséquent, écrit Nicolas de Cues, il ne faut pas chercher la foi dans les signes, comme les Juifs, ou dans la Sagesse (où pourtant elle parle), ou dans les arts, à l'instar des philosophes et des Gentils, mais seulement dans la vertu.

1. J.-G. Bougerol, *La théologie de l'espérance aux XII^e et XIII^e siècles*, 2 vol., Paris, Études augustiniennes, 1985.

Ce concept théologique de la suffisance de la foi chrétienne lui permet d'étendre le discours religieux à toutes les religions historiques et à toutes les Églises nationales auxquelles il prête une attention tout à fait particulière, en dilatant ainsi très largement le concept d'universalité de l'Église chrétienne : par la *fides* que Dieu nous a donnée, l'Église embrasse aussi ceux qu'on appellerait de nos jours des non « confessionnels » ou des non croyants et que le Cusain compare aux Gentils. Toutefois, la *fides* chrétienne, loin d'être *quaecumque*, même si elle est implicite, est véritablement orthodoxe, vraie, formée. Il y a donc dans le concept de *fides* chrétienne un aspect subjectif, dans la mesure où elle est la vertu par laquelle on croit même aux vérités les moins évidentes et improbables, et un aspect objectif. Celui-ci implique deux niveaux : celui qui sauvegarde le contenu mystérique et surnaturel de la Rédemption du Christ et celui qui retient le contenu rationnel grâce auquel on accepte les vérités de la foi en tant que vérités expliquées rationnellement. Autrement dit, dans la foi il y a aussi l'aspect pratico-subjectif d'une vertu de foi, grâce à laquelle on croit aux vérités les plus improbables.

Lorsque le Cusain affirme, en interprétant saint Augustin, que *ubi ratio deficit, fides supplet*, il entend de toute évidence sauvegarder les *mysteria fidei*, tels que l'incarnation du Fils Jésus-Christ, sa mort et sa résurrection. C'est à cause de ces précisions essentielles du Cusain que l'on ne saurait affirmer que son Christianisme est seulement une religion naturelle.

## LA FOI SUFFISANTE

La notion religieuse de la suffisance de la foi chrétienne étendue à l'humanité, (nous avons déjà expliqué qu'elle est un des modes de l'entendre), nous renvoie aussi à l'autre terme énoncé dans les *Dialogues de l'Idiot sur la sagesse*. Le Cusain opère ici une simplification de l'approche des questions théologiques en partant du concept de la « suffisance » de la vérité que nous avons reçue de Dieu. Il développe l'idée d'une « théologie suffisante » qu'il appelle aussi « théologie du présupposé ». Sur la base de sa doctrine des différents modes de participation des multiples divers à la lumière de la Sagesse divine, inaccessible en soi, mais saisissable seulement dans ses modes participés, le Cusain affirme qu'aucune réponse à une question sur Dieu n'est appropriée et précise, puisque la précision est seulement une et infinie, et elle est Dieu, mais toute réponse participe de la réponse absolue qui est infiniment précise : à savoir que dans les questions théologiques le présupposé est la réponse, et il faut les comprendre selon le mode dont la question a été posée. Ceci est la suffisance que nous recevons de Dieu et par conséquent lorsque nous voulons parler de Dieu non pas affirmativement ou négativement, mais en utilisant tous les discours possibles selon la théologie discursive ou *sermocinalis* c'est-à-dire, en reconnaissant la validité d'un discours sur Dieu et donc sans exclure complètement l'efficacité des paroles, « tu as ramené la suffisance des vérités difficiles à la facilité du mode de former les propositions les plus vraies sur Dieu » [1]. Et cette facilité du mode de former les propositions les plus vraies sur Dieu, on la retrouve là où le Cusain introduit, par l'intermédiaire des paroles des participants au Dialogue, les affirmations du Verbe lui-même, puis de Pierre et finalement de Paul.

Certains interprètes ont dit que dans le *De pace fidei* le Cusain développe une présupposition de la foi : ce terme n'est pas clair, à moins de l'entendre dans le sens strictement religieux et théologique que nous avons essayé de préciser plus haut : la *fides* en tant que réalité objective, témoignée réellement, historiquement et spirituellement par la mission salvifique du Christ et de son Église. C'est dire que la *fides* présupposée n'est rien d'autre que le don gratuit de la possibilité du salut, fondée aussi sur sa Révélation historique, et qu'elle n'est pas un *a priori* philosophique.

## L'ACCORD DES CONFESSIONS

On comprend donc comment le Cusain peut parler d'unité de la foi chrétienne, vraiment universelle, et comment son discours est ouvert à toutes les confessions.

De plus, le Cusain pense possible l'accord des trois confessions historiques sur le contenu de la foi, en le ramenant à quelques vérités essentielles, fondamentales et primaires : 1) le crédo monothéiste ; 2) l'immortalité de l'âme ; 3) le symbole d'Athanase (c'est-à-dire la Trinité, dans la vérité de laquelle rentre la vérité du Christ en tant que fils de Dieu). Eu égard à ce dernier, le problème se pose concernant le refus de reconnaître le Christ comme fils de Dieu de la part des Juifs, que le Cusain essaie de résoudre en lisant l'Ancien Testament d'un point de vue philosophique.

Nicolas de Cues cherche à trouver un accord avec toutes les religions et, donc aussi, avec la religion juive qui pose elle-même plus de problèmes que la religion musulmane en refusant de reconnaître la filiation divine du Christ. Il s'insère dans une tradition de dialogues avec la Synagogue qui a

1. *Cf.* n. 1 du chap. III, ici p. 107.

eu une certaine importance au Moyen Âge, par exemple au XII$^{e}$ siècle dans l'entourage de saint Anselme[1] : que l'on songe au *Dialogue de Gilbert Crispin, abbé de Westminster, entre un Gentil, un Juif et un Chrétien* (publié par B. Blumenkranz)[2] ou à la controverse anonyme du X$^{e}$ siècle *Altercatio Ecclesiae contra Synagogam*. Ces opuscules médiévaux ont été différemment appréciés par les chercheurs, comme les pages du Cusain dont il est question ici : négativement, en tant que documents du dogmatisme commun à la foi juive et à la foi chrétienne ; positivement, selon ceux pour qui ces opuscules témoignent de l'effort d'appréhender à un niveau élevé et rationnel les raisons de chacune des deux religions en vue de trouver un terrain d'entente. Il est certain que dans le *De pace fidei* le Cusain exprime sa volonté rationnelle de trouver tous les arguments possibles pour parvenir à un accord, aussi bien avec la religion juive qu'avec la religion musulmane, en laissant de côté les arguments latéraux les plus limitatifs et en visant l'essence des différents contenus religieux. Cette attitude, surtout en ce qui concerne les Musulmans, ne se retrouvera pas dans l'autre ouvrage que le Cusain a consacré au Coran, le Coran tamisé (*Cribratio Alchorani*), écrit sous l'impression négative de la menace turque. Dans cette dernière œuvre, il exploite une littérature critique antérieure, anti-musulmane, ce qui fait qu'elle ne témoigne pas de l'esprit de conciliation qu'il démontre dans le *De pace fidei* envers les Musulmans comme envers les Juifs[3].

Il est bien connu que c'est Pie II qui avait chargé Nicolas de Cues de rédiger sa *Cribatio Alkorani*, vers l'année 1461, lorsque le danger de l'invasion des turcs musulmans était particulièrement menaçant. Sa tâche était de proposer des arguments et de trouver des matériaux utiles pour la réfutation de l'islamisme, après l'échec de la convocation de la croisade de la part du pape et de son invitation à la conversion des infidèles.

Ce texte du Cusain apparaît beaucoup moins intellectualiste et utopique par rapport à l'élévation des idées et des spéculations philosophiques dont il avait fait preuve dans son *De pace fidei* – cela est dû peut-être aussi aux

1. R. W. Southern, « St. Anselm and Gilbert Crispin Abbot of Westminster », *MRS*, 3, 1954, p. 79-115 et p. 56-77 ; Gislbertus Crispinus, *Altercatio Ecclesiae contra Synagogam*, éd. B. Blumenkranz, *Revue du Moyen Age latin* (Strasbourg), 1954.

2. H. Blumenberg, *Les auteurs chrétiens du Moyen âge et le Judaïsme*, Paris/La Haye, Mouton, 1963.

3. Cf. *Nicolas de Cues et l'Islam*, éd. H. Pasqua, Louvain-la-Neuve/Louvain/Paris, Peeters, 2013.

circonstances historiques[1]. À ce propos, il faut remarquer que la rédaction du *Coran tamisé*, est tout à fait différente de celle de la *Paix de la foi* : le premier se présente comme étant un écrit apologique à demande du Pape Pie II qui avait proclamé la croisade, au contraire de l'avis de son cardinal[2].

En examinant le Coran, Nicolas de Cues y décèle un côté vrai et divin, qu'il sépare du côté faux et mauvais dont les auteurs seraient le diable et quelques juifs ayant corrompu Mahomet, lequel avait été présenté, d'après la tradition controversiste et apologétique médiévale de l'entourage de Pierre de Cluny, le premier traducteur très imparfait du Coran, comme un hérétique nestorien.

Toutefois, dans toutes les religions, y compris musulmane, professées par ceux qui croient en Dieu, à l'immortalité de l'âme, à la bonté, au vrai, au beau, il y a un fond de vérité s'identifiant à la vérité évangélique, un « *radius lucidissimus evangeli* ». Celui-ci est le droit chemin pour tous, car on y présuppose la nature divine du Christ habitant l'immortalité, sans lequel cette foi ne serait pas possible.

Le Cusain reprend ici l'argument de la théologie du présupposé et de *la fides implicita* de *l'explicatio Christi*. La rédemption de la nature humaine, qui est un acte de l'autorité de Dieu, devient une réalité concrète dans le *maximum concretum*, à savoir le Christ, médiateur unique. Le problème le plus débattu par le Cusain concerne la Trinité et la nature divine du Christ, que Mahomet ne reconnaît pas. Mais, selon Nicolas de Cues, cette vérité ressortirait implicitement de quelques affirmations du Coran, comme la reconnaissance de la Vierge Marie, malgré ses affirmations contraires. Ainsi on peut expliquer les discordances entre le Coran et l'Evangile en les ramenant à un principe exégétique relié à la philosophie néoplatonicienne des degrés de la compréhension de la Vérité Absolue. Mahomet se serait arrêté au premier degré de la compréhension contractée ou restreinte aux sens de la nature humaine. Aussi, n'aurait-il pas révélé aux Arabes incultes la totalité de la Vérité révélée (*secreta evangelica*), la loi chrétienne et la vie éternelle en tant que jouissance de Dieu, parce que les vérités contenues dans l'Evangile auraient paru trop difficiles à comprendre à tous ceux qui, comme les Arabes, ne visant que les biens sensibles, le bonheur corporel,

1. Pour les détails de ces circonstances historiques, *cf.* mon étude à propos du problème de l'attitude appropriée à l'Islam de la *Paix de la foi* (1453) et du *Coran tamisé* (1461) de Nicolas de Cues, dans *Nicolas de Cues et l'Islam*, *op. cit.*, p. 147-157.

2. Pour le difficile rapport entre les deux, *cf.* le témoignage des *Commentaires* de Pio II Piccolomini : *Commentaria*, texte latin et trad. ital. L. Totaro, Milano, Adelphi, 1984, p. 1430-1432, 1438-1440.

les intérêts égoïstes, n'auraient pas été attirés par elles. C'est avec des argumentations analogues que le Cusain avait commenté, dans son *De pace fidei*, la description du paradis charnel de Mahomet.

Le Cusain situe le dialogue du *De pace fidei* justement à Jérusalem, à savoir dans la Ville Sainte choisie, selon une très vieille tradition religieuse, pour que s'y réalise la paix perpétuelle de la foi entre les trois confessions. Si l'accord entre les trois religions est pacifique quant au *credo* monothéiste, il l'est autant en ce qui concerne la croyance en l'immortalité de l'âme. Le Cusain affirme, dans la *Cribratio Alchorani*, que le Paradis de Mahomet avec sa description des joies sensuelles, si blessantes pour les chrétiens, devait être interprété en un sens métaphorique afin que la béatitude qu'il signifie puisse être saisie même par le peuple le plus rustre. L'acceptation de la Trinité par les deux autres religions est un problème plus complexe, dont la solution proposée par Nicolas de Cues est philosophique et intellectuelle, fondée sur le concept dynamique de Dieu en tant que Sagesse engendrant. C'est ainsi que ses argumentations trinitaires triomphent des objections de ses adversaires; ceux-ci les auraient ramenées principalement soit à l'idée que l'affirmation de la Trinité signifiait l'affirmation de trois dieux aboutissant au polythéisme, soit à l'idée que par elle on introduisait la division à l'intérieur de l'unité de Dieu. Le Cusain réplique à l'aide d'une série de concepts mathématico-philosophiques par lesquels il explicite rationnellement la Trinité, comme il l'avait fait aussi dans d'autres ouvrages : d'un côté, grâce aux notions d'*unitas*, *d'aequalitas* et de *nexus*, c'est-à-dire d'unité, d'égalité dans l'unité et de connexion entre l'unité et l'égalité; d'un autre côté, comme toute-puissance absolue et créatrice et donc comme Trinité toute-puissante. Aussi, sur ce plan rationnel, toutes les autres religions – la musulmane autant que la juive – peuvent consentir à la Trinité : en effet, même les juifs peuvent s'accorder à reconnaître la Trinité chrétienne et la filiation de Dieu en Jésus-Christ conçues dans le sens d'une virtualité dynamique. Et le Cusain d'affirmer que, tous, nous pouvons éviter de nous méprendre en adoptant la mauvaise interprétation de ceux pour qui le mot « Trinité » signifie pluralité divine.

En effet, lorsque les Juifs affirment (comme dans *Is*. 66,9) que Dieu est fécondité génératrice, ils reconnaissent implicitement, grâce à cette même fécondité, la filiation divine, à savoir la possibilité que le Christ soit le fils de Dieu; par conséquent, il ne leur serait pas impossible de reconnaître aussi complètement la Trinité.

Il fait preuve, dès lors, d'une véritable ouverture envers la religion juive qui se distingue des traditions religieuses les plus communes à son époque; et, en ce sens, son attitude apparaît révolutionnaire et innovante par rapport aux positions précédemment soutenues dans la *Docte ignorance* et dans plusieurs *Sermons*, où son attitude envers les juifs était assez critique. De plus, il rapporte cette tentative d'inclure le judaïsme dans l'unité de la foi à l'idée (qu'il développe justement dans le *De pace fidei*) de la continuité entre le Dieu des Juifs et celui des Chrétiens, justifiée par la promesse faite par Dieu à Abraham, qui s'est réalisée par l'intermédiaire de son fils Isaac, chez son descendant, Jésus-Christ, juif lui aussi.

## L'ÉGLISE DANS LA PRATIQUE

L'irénisme du Cusain est-il hiérarchique et autoritaire, comme d'aucuns l'ont dit? Introduit-il une sorte de relativisme à l'intérieur de l'*intellectus fidei*? Bien que cette question exige une réponse plus articulée, je serais de l'avis qu'une véritable et « intime » compréhension de la pensée philosophico-religieuse du Cusain, considérée dans son évolution dynamique, exclut ces deux interprétations contraires. Dans sa pensée la plus mûre, on ne trouve aucunement l'idée d'une étroite hiérarchie ontologique comme dans la doctrine de Plotin et dans le système de Proclus, car elle est transformée par la théologie éminentielle, ou négative, du Pseudo-Denys et par l'élaboration originale de certains concepts, tels que ceux de « non autre » ou de « posse ». Si une hiérarchie existe, elle dépend de notre libre arbitre, à savoir de notre volonté de participer autrement à la Vérité selon nos contractions cognitives (et la participation maximale est celle du Pontife). Mais, on ne peut pas non plus soutenir un relativisme de la connaissance, parce que le Cusain sauve l'universalité de l'intellect, conçu objectivement comme étant Jésus-Christ (même selon sa théorie de l'infini maximalement contracté de la *Docte Ignorance*), le Verbe de Dieu, et subjectivement en tant qu'image humaine du Modèle divin.

En se situant du point de vue de l'*imago* humaine sensible du Christ dans le monde, le Cusain envisage l'Église comme une institution historique, pour laquelle il use parfois de l'expression : *ex praxi Ecclesiae*. En partant de cette idée, qu'il développe amplement dans sa troisième épître aux Bohémiens[1] (visant à résoudre la controverse sur l'eucharistie sous les deux espèces

1. *Cf.* n. 2, p. 191.

– *utraque*)[1] et dans la dernière partie du *De pace fidei*, le Cusain estime que dans l'Église militante – *in itinere* (où on décèle la vérité la plus imparfaite), on peut considérer aussi une *praxis Ecclesiae* : si bien que « uno modo et alio tempore alio modo, nec mirum si praxis Ecclesiae uno tempore interpretatur scriptura » – (rien de surprenant si dans la pratique de l'Eglise, l'Ecriture était interprétée dans un temps d'une manière et dans un autre temps d'une autre manière)[2], puisque « l'intellect court avec la pratique » (intellectus *currit cum praxis*)[3] et aucun conflit n'est irrémédiable, parce que le but du monde et de son Église est *in primis* la paix.

Pour que l'unité et l'accord qu'on doit atteindre se réalisent, conclut-il, il faudrait que les minorités s'accordent avec les majorités ou, mieux encore, que les majorités s'accordent avec les minorités, même si c'est justement dans la praxis que ceci est assez difficile. Il s'ensuit qu'une très grande tolérance est nécessaire, en particulier concernant les rites et les cérémonies religieuses, parce que « exactam quaerere conformitatem est potius pacem turbare »(car chercher l'exacte conformité en toutes les choses conduit plutôt à troubler la paix)[4].

Il faut ajouter que dans les diverses formes des cérémonies religieuses pourrait aussi se réaliser *l'audactio devotionis*, à savoir l'augmentation de la dévotion, qui est sans aucun doute quelque chose de positif. En d'autres termes, la tolérance (c'est seulement dans ce cas limite que le Cusain emploie le verbe *tolerare*)[5], permettant une certaine variété dans les formes cérémonielles, finirait par augmenter aussi la religiosité dévotionnelle dans le monde.

Il faut ajouter aussi que, s'il est indéniable que toute son œuvre philosophique et religieuse a été stimulée par les vicissitudes de l'Église de son temps, on ne peut pas ne pas reconnaître le caractère hautement spéculatif, empreint de foi et de religiosité, qui anime ses pages. Il puise dans les trésors de la tradition chrétienne, avec discernement, et aborde d'une manière créative les graves problèmes nouveaux qui troublaient son époque. Son œuvre proposait une manière très élevée d'être et de vivre la foi du Christ dans une période de crise et de transition où il semblait inévitable de se résigner à des conflits irrémédiables, destinés à appauvrir l'Église et à ralentir la progression sociale de l'Occident : le Cusain vise à la

1. *Epître* III, *op. cit.*, p. 683-690.
2. *Ibid.*
3. *Ibid.*, p. 692.
4. *La paix de la foi*, chap. XIX, éd. lat. cit., p. 61 ; trad. cit., p. 152.
5. *Ibid.*, chap. XVI, éd. lat. cit., p. 52 ; trad. cit., p. 145.

conciliation et à l'accord de la foi plutôt qu'à la tolérance conçue comme une condescendance.

Il introduit dans son concept d'Église militante le principe positif de la « sécularisation »; il voudrait exclure les conflits qui vont tourmenter effectivement les siècles suivants, provoqués par tous ceux pour qui le rapport avec l'expérience religieuse exprime une altérité et une différence radicale insoluble par rapport au monde d'ici-bas, entièrement dominé par la mondanéité et les ténèbres. La sécularisation prônée par le Cusain est christocentrique, elle signifie la réduction des conflits entre la raison et la foi, entre l'éthique évangélique et l'éthique rationnelle. Selon Nicolas de Cues la mise en œuvre de cette médiation est confiée à l'Église universelle catholique qui dans l'*Ecclésia triumphans* du Christ réalise le rachat de ce monde non pas hors de ce monde, mais dans ce monde. La plénitude des temps s'accomplit dans la gloire et dans le triomphe du Christ qui est déjà venu, ce qui nous assure la paix de la foi pour les peuples, dans le respect des différentes formes des rites et des cérémonies.

CHAPITRE IX

# L'ÉGLISE

Dans les dernières pages du troisième livre de la *Docte ignorance*, le Cusain s'évertuait à expliciter les mystères les plus élevés de la foi. Et, dans un langage qu'il veut simple et clair, il traitait de l'immanence du Christ au corps de l'Église, amorçant des lignes interprétatives qui se retrouvent dans d'autres de ses ouvrages théologiques, tels que le *Don du Père des lumières* (où il explicite la signification de la grâce et propose le concept de libre arbitre) ou le traité fondamental *La paix de la foi*.

Le Verbe, Jésus-Christ, la Parole de Dieu, en qui s'accomplit l'union de deux natures, est conçu comme le Modèle, étant intellect, raison, Sagesse et *verbum ou logos*. Le Modèle dont l'homme est l'image en tant qu'étant un *mens* ou un intellect qui, ayant été racheté de sa condition déchue, de sa finitude terrestre, et libéré de ses limites, découvre qu'il est une force (*vis*) immortelle dans son *processus* propre au sein du *Logos*. C'est ainsi que naît la vision cusaine, tout à fait nouvelle, de la vie humaine et du monde.

Le point de départ – et aussi l'objet – de sa réflexion est alors l'expérience de cette réalité, à savoir de la foi en la révélation se manifestant dans chaque homme qui, de ce fait, prend conscience d'être un membre du corps du Christ. L'image de l'Église se dilate donc en transcendant ses étroites limites historiques et se présente comme étant l'union, ou la société, de tous les croyants en Jésus-Christ, leur trait d'union. Si on y distingue des différences de degrés (et la hiérarchie est tout à fait légitimée par le Cusain au point de vue théorique, selon les structures dynamiques des philosophies néoplatoniciennes), c'est exclusivement en raison du niveau plus au moins important de la participation de chaque fidèle à cette vérité, c'est-à-dire de la force de sa foi et de sa connaissance plus ou moins parfaite de ses contractions conjecturales. Le concept de l'immanence du Christ dans la communauté des fidèles (*ecclesia*), le Cusain peut en être redevable en partie à Marsile de Padoue (dont les thèses conciliaristes, développées dans le *Defensor pacis*, achevé en 1324, ne lui étaient probablement pas étrangères à l'époque de sa *Concordantia catholica*). Cette idée le met néanmoins sur un terrain très éloigné et différent de celui de Marsile, tout empreint d'aristotélisme, c'est-à-dire celui d'un engagement mondain et politique de la foi religieuse, grâce auquel le Royaume des cieux est aussi de ce monde.

La signification de la révélation du Christ réside dès lors dans le rachat du nouvel Adam, rendant possible le perfectionnement spirituel de chaque homme et de tous les hommes dans le monde, s'ils agissent d'un commun accord.

En effet, un accord substantiel de toutes les religions et de tous les rites est possible, par-delà la diversité des cultes, dans l'unité de la foi en Jésus-Christ, telle que le Cusain la conçoit, comme révélation de Dieu dans l'humanité de chacun. C'est ainsi qu'il est possible d'atteindre la pacification entre les peuples et que l'idée de la paix et de la foi jaillit de l'idée d'une vérité unique révélée : le Verbe ou *Logos*.

La sagesse que connaissaient aussi les philosophes de l'antiquité, y compris le mythique Hermès, s'est révélée en Jésus-Christ, dans sa Parole, et nul homme doué d'une saine capacité intellectuelle, avant ou après la Révélation, ne peut pas ne pas s'y reconnaître[1].

C'est dire que même les philosophes ayant vécu avant le Christ et les sages adeptes des doctrines orientales peuvent s'accorder avec les fidèles qui l'ont connu pour admettre cette vérité universelle. Celle-ci peut être partagée par les croyants de toutes les autres religions dont la diversité n'exprime que la variété des opinions – ou des « conjectures » – à propos d'une seule et unique vérité et qui, le plus souvent, ne concerne que la différence des cultes et des rites.

Cette différence est due au don de la liberté que Dieu a fait aux hommes en les créant libres. Il leur a accordé aussi la possibilité de changer et donc de s'exprimer selon des conjectures et des opinions diverses dans leurs propres langages. Ces opinions exprimeraient le concept de l'*ecclesia coniecturalis* où se déploie la diversité des religions, depuis la chrétienne jusqu'à la musulmane ou à la chaldéenne qui, toutefois, par-delà la variété des rites et des croyances particulières, témoignent de l'unité de la foi en un

1. *La chasse de la sagesse*, *op. cit.*, chap. IX, p. 61-62 et p. 68-69.

Dieu unique, en Jésus-Christ, le *Logos* révélé, c'est-à-dire, de la foi en la Vie de la Sagesse.

## LA LETTRE À RODRIGUE SANCHEZ D'AREVALO (1442) : L'ÉGLISE « CONJECTURALE ». LES THÈSES CONCILIARISTES DES ANNÉES DE JEUNESSE

Selon Nicolas de Cues, le concept de diversité – d'altérité – n'est pas tout à fait négatif, il indique seulement un « autre » être différent de cet « autre-ci » dans la mesure où il est divisé, partiel, différencié. C'est un concept indiquant l'individualité, la singularité, la division, qui n'est pas la négation de l'être divin absolu. L'absolu est toujours plus que l'être, dans la mesure où il est au-delà de l'être : il est le Non-autre, l'Identique et le Divers (dont nous avons déjà parlé précédemment).

C'est sur la base de cette conception philosophique que le Cusain introduit dans l'idée de l'*Ecclesia christiana* universelle l'humanité tout entière, aussi bien les bons que les méchants. De même qu'il n'a pas une vision pessimiste de la nature humaine, de même le Cusain n'a pas une conception négative de l'Église sensible et mondaine. En soutenant que la Cité céleste n'est pas en conflit avec la Cité terrestre, il s'oppose à certains courants gnostiques de l'eschatologie du Moyen Âge tardif. Il considère que par la Gloire du Christ ayant parfaitement accompli sa mission salvatrice, le monde a été réellement racheté et libéré du mal et du péché. La conception du Cusain est vraiment celle du *Christ Triumphans*.

Dans sa Lettre à Rodrigue Sanchez, Nicolas de Cues développe aussi plusieurs concepts concernant l'*Ecclesia* qui sont essentiels pour comprendre son idée de la concorde religieuse. L'expression *Ecclesia conjecturalis* dont il se sert a beaucoup gêné ses interprètes, du fait aussi que le concept cusain de *conjectura* est difficile à cerner, parce qu'il a connu plusieurs variantes[1]. Sur la base des oscillations du sens du terme *conjectura* on a interprété l'*Ecclesia conjecturalis* tantôt dans un sens relativiste, tantôt dans un sens strictement hiérarchique et verticaliste en fonction de la doctrine de la participation développée dans le remarquable traité *De Conjecturis*. Dans cet ouvrage de jeunesse (1440 et 1444), le Cusain avait développé une interprétation stricte de la métaphysique

1. B. Decker, « Nikolaus von Kues und der Friede unter den Religionen », dans J. Koch (éd.), *Humanism und Kunst in der Welt des Mittelalter*, Leiden-Köln, Brill, 1953, p. 94-121, *id.*, « Die Toleranz bei Nikolaus von Kues », dans *Nicola Cusano*, *op. cit.*, p. 197-216.

ascendante et descendante de Plotin et de Proclus, métaphysique abandonnée par la suite dans les ouvrages de la maturité, tels que le *Non-Aliud*, le *Pouvoir est*, *La chasse de la sagesse*, le *Compendium*. Au fil de ces élaborations successives, la hiérarchie néoplatonicienne des êtres conjecturaux, dont la participation est limitée, se trouve développée au sens chrétien de la transcendance absolue de Dieu et de la reconnaissance de la dimension libre de l'homme, et cela à la lumière d'une authentique anthropologie christologique, d'après laquelle l'unique Médiation entre l'absolu divin infini et l'humain fini est représenté par la foi dans le Christ.

La Lettre à Rodrigue Sanchez date du 20 mai 1442, à l'occasion de la diète de Francfort tenue au mois de juin de cette même année, où Nicolas de Cues soutenait le parti favorable au pape Eugène IV. Dans cette lettre, il développe plusieurs arguments pour convaincre Rodrigue Sanchez d'être fidèle au pape, qu'il présente comme étant celui qui dans son unité singulière est le réceptacle de l'Église elle-même. Et, ayant abandonné la thèse conciliariste de la supériorité de l'autorité du Concile sur l'autorité du pape et s'étant rallié à la doctrine de la prééminence du pouvoir du pape en s'appuyant sur des arguments philosophiques et juridiques, il expose sa doctrine ecclésiologique.

Dans une de ses premières œuvres de jeunesse (1433), *La concordance universelle*, le Cusain avait soutenu l'idée que l'autorité du Concile était supérieure à celle du pape, parce que le Concile représentait l'Église universelle et que son pouvoir lui venait « immédiatement » du Christ. Dans le *De l'autorité de la présidence dans le Concile Général* rédigé en 1434, il avait nuancé cette thèse en reconnaissant aux légats du pape une présidence administrative sans pouvoir de décision. Par la suite, il atténua, voire renversa ces positions, jusqu'à soutenir, dans la *Lettre à Rodrigue Sanchez*, l'autorité du pape sur tout le corps de l'Église. Ce tournant fut précédé de l'élaboration d'une doctrine philosophique de l'Église, d'inspiration néoplatonicienne, tout en étant fondée sur le libre choix de chacun, dont il avait déjà été question dans le troisième livre de la *Docte ignorance*. Il existe donc plusieurs formes d'*ecclesia*, dont l'*ecclesia conjecturalis*, sensible, changeante, transitoire : elle est placée au plus bas, tout en étant néanmoins *ecclesia* à tout point de vue. Au-dessus il y a l'Église militante, qu'on atteint par la raison et, au niveau supérieur, l'Église triomphante qu'on saisit en Jésus-Christ par la force de l'intellect et qui reste cachée : c'est pourquoi elle est l'Église occultée, l'Église mystique des Saints que Dieu seul connaît.

Rodrigue Sanchez (*Sancius*) d'Arevalo, né en 1404 et mort en 1470 (après le Cusain), docteur de l'université de Salamanque, fut chargé de plusieurs ambassades. Il avait été nommé évêque sous Pie II après avoir été chapelain de la forteresse du *château Saint*-Ange : il est l'auteur de la célèbre *Historia hispana* publiée après sa mort et d'autres ouvrages où il manifeste la même préoccupation que le Cusain touchant l'unité de l'Église, menacée d'une rupture qui serait la conséquence de la méconnaissance de l'autorité unique du pape : *De auctoritate romani ponteficis et conciliorum generalium*, *De remedio schismatis*, *Liber confutatorius sectae et superstitionis Mahometi*, *Tractatus de mysterio trinitatis*. Au nom du Roi de Castille, Rodrigue déplore devant Eugène IV l'élection de l'antipape et se fait l'actif propagandiste du parti papal, même à la cour du Duc de Milan.

La lettre du Cusain est aussi une étape qui prépare le traité de sa maturité, *La paix de la foi*. Toutefois, le terme « Église conjecturale » (Ecclesia *conjecturalis*) développé dans le texte cité (postérieur au *De conjecturis*) pourrait aussi être interprété dans le sens qu'il a dans les autres ouvrages quand le Cusain parle de la « conjecture » comme d'une connaissance humaine participée, et donc partielle (dans le sens de contractée, à savoir limitée et déterminée) de l'unique Dieu transcendant.

Ce qui signifie aussi que même s'il y a des religions, comme la religion chrétienne, qui sont plus proches et d'autres qui sont plus éloignées de la vérité, elles font toutes partie de cette communauté universelle.

Ainsi, au cœur de l'idée universelle et globale de l'Église conjecturale (*Ecclesia conjecturalis*), on peut placer plusieurs conceptions qui ont été refusées par plusieurs interprètes [1], en raison de leur caractère non dogmatique et ouvert. En général, le terme « Église conjecturale » renvoie au concept d'Église mondaine et terrestre, séculière, dans ce monde sensible qu'on saisit à travers plusieurs signes d'adhésion ou non au Christ. Le Cusain doit certainement la confiance qu'il manifeste dans la solidarité, ici-bas, entre le destin de la raison et le destin de la foi, au climat humaniste de l'époque où il vit. Mais son concept d'« Église conjecturale », tout en supposant une distinction fondée sur la différente participation des fidèles et des infidèles (saisissable dans les signes visibles de l'adhésion à la foi), comprend néanmoins aussi les seconds, c'est-à-dire les infidèles. Et, tout en étant imparfaite, cette église est la plus parfaite et la plus sainte possible, car elle est l'unique que Dieu nous a donnée. Autrement dit, elle est une

1. *Cf.* Introduction à la traduction italienne de P. Gaia, dans Nicola Cusano, *Opere religiose*, Torino, Utet, 1971, p. 57-64.

véritable Église, même si elle comprend ceux qui adhèrent à l'esprit du Christ dans les sacrements comme ceux qui n'y adhèrent pas (peut-être est-elle justement la source de la notion impropre de « tolérance » religieuse qu'on a attribuée au Cusain). Néanmoins, il faut toujours distinguer dans cette Église ceux qui adhèrent au Christ dans l'Esprit et ceux qui y adhèrent faussement (*ficti*). En effet, c'est dans la Parole du Christ qui a été donnée, en esprit et dans la lettre, à tout le corps de l'Église – dont le guide chargé de son entière gouvernance (*plenitudo potestatis*) est le souverain pontife en tant que Chef (*caput*) du corps tout entier – qu'on saisit la vérité de l'Église. Celle-ci s'est constituée historiquement depuis l'église des premiers Apôtres, dont le Cusain reconnaît la pleine autorité, puisque fondée par le Christ sur Pierre suivi de ses successeurs directs. C'est le Christ qui établit ce qui convient à chaque époque et l'Église l'établit, en ce qui la concerne, en participant de la manière la plus élevée au Christ, non par l'intermédiaire des Écritures mais par le Symbole des Apôtres, où est enseignée la communion de l'Église et des saints. C'est l'Église qui est éternelle, les Écritures ne le sont pas; la vérité – affirme-t-il – réside dans l'Église, l'erreur dans l'interprétation individuelle.

Dans sa « Troisième lettre aux Bohémiens »[1], écrite à l'époque où il cherchait à résoudre la controverse opposant la doctrine traditionnelle et celle des Bohémiens sur la nature divine et terrestre du Christ dans l'eucharistie, on peut saisir l'importance que le Cusain attribue à l'Église des Apôtres et, par conséquent, le caractère purement et simplement traditionnel qu'ont pour lui les formules des rites religieux : ce qui lui permet de ne pas traiter d'une façon rigide les formulations rituelles concernant même les cérémonies les plus importantes, telles que les sacrements du baptême et de l'eucharistie, et la présence du Christ sous les deux espèces dans l'eucharistie (qui étaient justement des thèmes de controverse avec les Bohémiens).

Ainsi, sur ces bases générales, le Cusain peut inclure dans l'Église conjecturale ceux qui, comme les Juifs et les Musulmans (et même les idolâtres et les païens), n'adhèrent pas au Christ, comme ceux qui y adhèrent avec sincérité ou dissimilation. Le fondement de la concorde est la foi dans la promesse du salut du Christ, qui n'est donc pas seulement le résultat d'une conviction rationnelle acquise par la logique de la présupposition de la foi, mais plutôt l'effet de la présence opérante du Christ, qui est dans tous les hommes et dans l'humanité tout entière. Il s'agit, à la limite, d'une logique de la foi active et opérante.

1. Voir ici chap. VIII, n. 2, p. 191.

## La conjecture sur les derniers jours

L'*ecclesia christiana* s'ouvre donc à l'univers : c'est ce que le Cusain a affirmé dans les pages citées, mais, sur ce sujet, il avait développé un concept très important dans l'opuscule intitulé « Conjecture sur les derniers jours » [1] (*De conjecturis de novissimis diebus* (1446), opuscule assez souvent négligé par les chercheurs et précédé d'une lettre écrite en 1442 au même Rodrigue Sanchez de Areval, ambassadeur du roi de Castille.

Ce court traité consacré à la fin du monde (*Conjecture sur les derniers jours*), écrit en 1446, rencontra tout de suite un tel succès qu'il fut aussitôt traduit en deux langues, en anglais et en français. On ne trouve dans cet ouvrage aucune eschatologie catastrophique ou apocalyptique sur le Maître des Ténèbres dominant le monde (le *mysterium iniquitatis* – le « mystère d'iniquité » des protestants), mais on y découvre la certitude de la prochaine réalisation de la plénitude des temps sur terre, que le Cusain situe entre 1700 et 1734, s'accomplissant dans l'Église triomphante dans la gloire du Christ, lors du vingt-huitième Jubilé de la IV$^{e}$ époque, correspondant à la vingt-huitième année de la vie de Jésus. S'il paraît que l'Église conjecturale englobe aussi les Gentils (ou les non confessionnels), l'Église de ceux qui se reconnaissent dans les signes visibles que sont les sacrements, constitue par contre l'Église militante et *in itinere* comprenant aussi bien les bons que les méchants (les *ficti*), à savoir les hypocrites et les faux chrétiens. Et ceci est possible parce que Dieu est le seul à pouvoir les distinguer les uns des autres. C'est pourquoi il existe une Église *occultée* ou invisible, laquelle exprime mystiquement le corps de Jésus et qui « s'explique » seulement dans la grâce du Christ dont elle est l'épouse sans tache et dont Jésus est le souverain pontife. L'Église *mystica* est occultée et invisible, car elle est celle qui adhère au Christ dans l'esprit, lequel est invisible. Toutefois, cette Église mystique ou occultée s'exprime et s'explique dans l'Église triomphante, lorsqu'on l'aborde par la raison, lorsque au-dessus de la raison elle-même, on la prend dans son universalité. Et cette Église triomphante ne peut être atteinte que dans la simplicité de l'intellect, c'est-à-dire dans l'union intellectuelle au Christ, en laquelle consiste la « vision de Dieu ».

C'est dans l'« Église triomphante » que demeure vraiment l'esprit du Christ, *in aeternum*, et que se réalise l'union maximale de la Trinité, ainsi que le Cusain l'avait présentée dans le troisième livre de la *Docte*

1. *Conjectures sur les derniers jours*, dans *Opuscules, I*, *op. cit.*, p. 154-155 et p. 166-167.

*ignorance*, au chapitre XII consacré à l'Église. Tel est le sens strict de l'Église chrétienne. Dans son opuscule *La conjecture sur les derniers jours*, Nicolas de Cues, était convaincu que ses affirmations, d'ordre conjectural, étaient donc purement approximatives, conformément à sa doctrine de la connaissance par conjecture. Néanmoins il a voulu exprimer sa conviction, fondée sur l'idée du Christ *triumphans*, que le moment viendrait certainement du triomphe final du Christ sur le Prince des ténèbres qui parcourt le monde et, donc, du retour de la cité terrestre remise entre les mains de Dieu.

## CHAPITRE X

# *LA CHASSE DE LA SAGESSE*

### LA TOUTE-PUISSANCE OU LE POUVOIR MÊME (LE *POSSE IPSUM*)

Le Cusain rédigea *La chasse de la sagesse* à Chianciano ou à Città della Pieve, à l'automne 1462. Il s'agit d'une œuvre de vieillesse, écrite deux ans avant sa mort, qui résume tout le parcours intellectuel de sa spéculation et qui, aussi difficile soit-elle, est l'un de ses ouvrages les plus précieux et les plus intéressants. Elle constitue à la fois une brève synthèse de toute la riche production littéraire du Cusain et son testament spirituel.

En effet, derrière l'image facile de la chasse et du chasseur symbolisant la recherche philosophique et le philosophe ainsi que la proie représentant la Sagesse qui se révèle, Nicolas de Cues recouvre les vérités qu'il défend d'un voile doctrinal presque incompréhensible. Il commence par l'énoncé du principe selon lequel il est impossible que « ce qui est fait ne soit pas fait ». En conséquence, le *posse* qui est le *posse fieri* et le *posse factum* permet d'explorer les différents champs de la recherche, sans cesse renouvelée, de la Vérité divine ; une vérité qui, dans la multiplicité des perspectives, s'énonce à partir d'une unique considération : celle de la sagesse divine qu'est le *Possest*, le Pouvoir-est.

Toutefois, dans ce court traité, il reprend le thème général de sa spéculation, à savoir la distinction, chère à une certaine tradition médiévale, entre la science (humaine) et la sagesse (divine). Mais le savoir sapientiel auquel se rapporte le Cusain, s'il puise ses racines dans la tradition de l'hermétisme médiéval du XIIe siècle contenu dans le *Livre des vingt-*

*quatre philosophes*, est loin de se constituer comme secret et inaccessible. Dans *Les dialogues de la sagesse* entre un homme simple, l'Idiot, et un orateur, il avait affirmé que la Sagesse parle publiquement. Sans déroger à l'idée de son imparticipabilité en tant que précision absolue, la Vérité se manifeste comme étant la Sagesse qui court par le monde, dans les trois régions de la Vérité et dans les dix champs où resplendit l'éternel. Ces régions symboliques et les dix champs de la vérité ressortent des développements (que nous avons exposés) de la doctrine cusaine des modes de la connaissance de la révélation de la Parole (*Verbum*).

Les régions de la sagesse sont divisées en trois modes et représentent, le premier, le domaine dans lequel elle est par l'éternité, le deuxième, celui dans lequel elle est dans une perpétuelle ressemblance, le troisième, celui dans lequel elle resplendit de loin dans le flux temporel[1].

La structure de cette conception découle de la notion néoplatonicienne du possible. En effet, comme la chasse doit avoir un point de départ, Nicolas le trouve, malgré la différence entre son ontologie et celle d'Aristote, dans une proposition de ce dernier (P*hys*., VIII, 9,265 a 19, et *Metaphy*., III, 4, 999 b11 ; 6, 10003 a5), à savoir qu'il est impossible que ce qui se fait *ne se fasse pas* (« Impossible fieri non fit »). Mais, nous l'avons dit, son néoplatonisme le conduit à développer cette conception dynamique du possible, du *fieri* comme possibilité active, comme possibilité réelle et non pas comme une absolue privation d'être, tandis qu'Aristote présuppose la nécessité métaphysique de l'acte de la matière qui est une notion « privative ». En d'autres termes, on peut déceler dans la doctrine de Nicolas de Cues une métaphysique de la réalité possible du possible et non de la nécessité de la réalisation du possible à savoir de la nécessité de l'acte du possible.

Les concepts centraux que le Cusain élucide en en faisant la chasse, sont au nombre de deux : le concept déjà énoncé de *fieri* et celui de l'ordre conçu comme « dispositionnel » de la Vérité qui, imparticipable en soi, est participée par les chasseurs dans le mode « contracté », selon le don de l'illumination du Père des lumières (à savoir par les êtres humains qui le participent différemment, chacun selon son libre arbitre). Ainsi, la Vérité absolue, tout en étant imparticipable en elle-même, se déploie dans les trois régions de la sagesse. La première, qui est celle de Dieu, est la réalité première absolue, *posse* réel, le Principe incontractable et la source de tout ce qui existe[2] en tant qu'il est « omne quod esse potest (tout ce que peut

1. *La chasse de la sagesse*, éd. lat. cit., vol. 4, chap. XI, p. 44.
2. *Ibid*., chap. III, p. 12.

être) ». Il est certain que le premier principe n'a pas été fait (*factum*), rien ne le précède du fait même qu'il est le Principe et que tout ce qui est fait (*factum*) ne se fait pas à partir de soi-même, mais à partir de ce qui le précède. Il est éternel parce qu'il est antérieur au pouvoir se faire (*posse fieri*)[1] et au pouvoir être fait (f*actum*) et que ce qui n'a pas été fait ne peut ni être détruit, ni se désagréger. Il est la coïncidence de *posse fieri* et *posse* f*acere* dans son pouvoir même. Il est principe unique absolu et cause de son propre pouvoir (*posse*) et du pouvoir se faire soi-même (*posse fieri*) : « principium et causa ipsius posse fieri »[2].

La deuxième région est le pouvoir-être de toutes les choses qui peuvent se faire (*posse fieri*) dites perpétuelles. Elle se fonde sur la considération que tout le *posse fieri* pouvant être fait (*factum*) l'est uniquement à cause de sa possibilité antérieure même. Le *posse fieri* dépend du Pouvoir absolu, (*posse facere*) du fait que le Pouvoir-[qui]-est, est en chaque pouvoir, « actu omne posse »[3]. Puisque l'acte éternel n'est pas fait (*factum*) et – seul le même *fieri* qui se fait en acte (le f*actum*) a été fait par le *posse* – le se faire (*fieri*) en dépend. En conséquence, puisque le Pouvoir-[qui]-est, est l'acte éternel, et que le pouvoir se faire (*posse fieri*) lui est postérieur, le pouvoir de se faire (*fieri*) et l'être fait (f*actum*) diffèrent[4]. À savoir la possibilité de se réaliser (le *factum*) dépend de la possibilité même (*fieri*) puisque cette possibilité de se faire dans le fait (le *factum*) ne peut pas se réaliser par soi même, et, malgré cela, elle est différente de sa source (le *fieri*) en tant qu'existant.

Ainsi, le pouvoir être fait en tant que *factum* ne peut-il être la source de soi-même (*le factum*), il est fait de la possibilité de se faire (le *posse fieri*), le possible qui est lui-même produit (*productum*)[5] du Pouvoir lui-même (Dieu, le *Posse ipsum*). Le Cusain veut expliciter que tout ce qui est fait

1. « Et id est illud eternum quod posse fieri antecedit et est absolutum principium et incontrahibile, quia est omme quod esse potest » (Il est l'éternité qui précède le pouvoir de se faire et il est le principe absolu et incontractable puisqu'il est tout ce qui peut être.) » (*ibid.*).

2. *Ibid.*

3. *Ibid.*, chap. XIII, éd. lat. cit., p. 50-52. p. 5.

4. Cette doctrine de la possibilité de se faire, le *posse fieri* de se faire en acte (*factum*), qui exprime le monde crée, est une notion qui le pose entre deux choix, l'impossible et le nécessaire. On présuppose la doctrine de l'être *deficiens* de la *Docte ignorance*, de l'être « presque-être » des finis, qui sont des possibilités (*fieri*), par leur libre arbitre, d'atteindre par l'approximation de leurs conjectures toujours plus adéquates mais insuffisantes, le Pouvoir Éternel, ici appelé le Pouvoir-qui est, ou *Posse facere* en acte.

5. *La chasse de la sagesse*, chap. XXXV, éd. lat. cit., p. 168 ; trad. Pasqua, p. 180.

(*factum*) est créé, qu'il a pu être fait (*factum*), en tant que *posse fieri*)[1], et que, par conséquent, le *fieri* précède tout ce qui a été fait (*factum*) (« ipsum fit de posse fieri producitur»)[2]. Il s'agit de la région de l'univers constituant la sphère du possible (*posse fieri*), lequel est perpétuel dans la mesure où il ne peut pas disparaître parce qu'il est la possibilité même de se faire en acte (*factum*) et que le pouvoir se faire (*posse fieri*) a sa limite seulement dans le pouvoir faire (*Posse facere*) du Créateur, son principe. Si cela en effet était fait, cela pouvait être fait. Or comment le pouvoir être fait s'annihilerait-il? Il est perpétuel[3], puisqu'il a eu un commencement, mais sa limite est son commencement : c'est pourquoi il ne sera jamais annihilé. Il éclaire ces phrases de difficile compréhension en affirmant que cette possibilité (*fieri*) de se réaliser (*factum*) dans l'être existant ne ressort de l'existant même (le *factum*) qui n'est pas un principe par soi-même, il a donc une limite, ainsi il est produit par la *Posse facere* absolu Dieu *de nihilo*, par conséquent il est créé[4]. Néanmoins, qui se fait (le *factum*) peut se faire (le *fieri*) et par conséquent il n'a pas de fin et il vient du possible en

1. Ici le Cusain nous énonce avec ces formes verbales la doctrine originale par rapport à la métaphysique aristotélicienne que la possibilité (le *posse*) de notre possibilité en tant que *posse fieri* ou possibilité de nous réaliser (*posse factum*), peut être nulle, c'est le rien de notre être fini. Cette formulation explicite celle qu'il expose dans la *Docte Ignorance*, quand il affirme que nous sommes presque un rien de l'étant, des êtres contingents ou occasionnels.

2. *La chasse de la sagesse, op. cit.*, III, p. 12-14, XIII, p. 50-54. C'est la nécessité réelle de la contingence universelle représentée même par l'hasard dont il parle dans *Le jeu de la boule* (voir ici chap. V, n. 2, p. 147). Le Cusain veut résumer par ces formes verbales difficiles la différence entre l'Eternité increéée (Dieu) et la création dans le temps (l'univers) en usant dans le verbe *posse* la distinction entre ce qui signifie *le posse factum* et le *posse fieri*. Ce dernier est la perpétuité de la possibilité de la création de toutes les formes de la vie en tant que possibilité perpétuelle de se faire (le *fieri*) et de se déterminer dans le temps (*aevum*) comme existany (le *factum*). Avec ces expressions, le Cusain nous aide à nouveau à mieux comprendre que c'est ce que signifie la définition de la *Docte ignorance* de l'univers entant qu'infini « privatif » puisqu'il est sans toutes ses déterminations possibles des existants.

3. *Ibid.*, chap. XXXIX, p. 166-167.

3. « Quoniam autem posse fieri non est posse factum, non est posse fieri de posse fieri, factum, sed ante posse fieri, nihil est nisi Posse facere. De nihilo igitur dicitur posse fieri, factum. Sic dicimus Posse facere praecedere nihil, sed non posse fieri. De nihilo igitur posse fieri, cum sit per Posse facere productun et non factum, creatum dicitmus (Puisque le pouvoir se faire n'est pas le fait, le pouvoir se faire n'est pas fait par le pouvoir se faire, mais avant le pouvoir se faire rien n'est, excepté le Pouvoir faire [Dieu]. Ainsi on dit que le Pouvoir faire précède le rien, mais le pouvoir se faire ne le précède pas. Du rien on dit donc que le pouvoir se faire [est] fait. Ainsi le rien [est] le pouvoir se faire ; en étant produit et non fait par le Pouvoir faire [Dieu], nous disons que le pouvoir se faire est créé par le rien », *ibid.*, p. 186 (notre traduction).

tant que possible. La sagesse se trouve dans cette région dans une perpétuelle ressemblance.

La troisième région de la Sagesse est celle dans laquelle elle brille de loin dans le flux temporel de cette ressemblance dans les choses.

Le Cusain fait correspondre à ces trois régions trois niveaux de sagesse : celui de la Vérité absolue, Pouvoir-qui-est (*Possest*) du Créateur, celui du vrai (le *posse fieri* de toutes les possibilités, – *omnia* – et celui du vraisemblable du monde des choses temporelles (le *posse factum* des êtres existants). Dans les chapitres suivants, il ne sera plus question que de deux régions : la région du *posse fieri* et celle du *posse factum,* de la possibilité de se faire et d'être fait.

Le Cusain consacre au thème du *posse factum*, de la création du monde en tant que « pouvoir être fait », du *factum* postérieur au *Possest* (Pouvoir-[qui]-est) (ou Toute-puissance de Dieu), le fait existant qui ressort du *posse fieri*, quelques chapitres d'une remarquable difficulté spéculative concernant évidemment la notion du possible[1]. Dans ces chapitres, le Cusain se rapporte à la doctrine des philosophes de l'Antiquité, de Platon à Aristote et aux Stoïciens, qu'il cite par l'intermédiaire, en particulier, de Proclus et de Diogène Laërce. Sur ce point, il lui arrive de critiquer Aristote qui, selon lui, n'aurait pas compris que le monde a eu un commencement, même s'il n'a pas une fin, ce que Platon, au contraire, aurait bien saisi. Nicolas montre qu'il accepte l'interprétation qu'avaient donnée les Maîtres de l'École de Chartres des XII^e et XIII^e siècles dans leurs commentaires de la *Consolatio philosophiae* de Boèce, à propos de ses rythmes poétiques sur la conduite du monde du *Timée* de Platon, « o tu qui perpetua mundum ratione gubernas » (prose III, rithme 9) (ainsi que l'a bien mis en lumière Courcelle)[2]. Avait été introduite la possibilité de concevoir le monde comme étant sans fin ; le Cusain tient que le monde est perpétuel, puisqu'il a un principe, mais revenant toujours à ce Principe, il est sans fin.

La première région est celle de Dieu, qui est éternellement en acte tout qui est possible, en tant que Pouvoir-[qui]-est (*Possest*), la deuxième et la troisième région sont en connexion entre elles. La deuxième est constituée

1. Voir les remarques à cette notion du possible du Cusain qui rappelle aussi celle de Leibniz, de Nicola Abbagano, *Il possibile e il virtuale* in *Possibilità e Libertà*, Torino, Taylor, 1956, p. 58-64.

2. P. Courcelle, « Étude critique sur les commentaires de la "Consolatio" de Boèce, *AHDLMA*, 14, 1939, p. 5-140 ; G. Federici Vescovini, « Due commenti anonimi del XIV secolo del "De Consolatione philosophiae di Boezio" », *Rivista critica di storia della filosofia*, 13, 1958, p. 385-416. Tout le monde sait que la *Consolatio* était une œuvre en prose et en rythmes. Le Cusain appelle ses commentateurs poètes platoniciens, comme Boèce.

de toutes les choses temporelles qui peuvent être possibles (*posse fieri*). La troisième est celle des choses qui peuvent être faites. Il s'agit des créatures qui sont possiblement actuelles. Le *posse fieri* est la source de ce qui est créé dans le temps, mais son commencement, étant hors de l'espace et du temps, est postérieur à l'éternité de Dieu et intermédiaire entre Dieu et ce qui est fait (*factum*), les créatures du monde. Nicolas voit là la possibilité réelle ou métaphysique du possible, à savoir sa productibilité de ce qui a été ou qui sera.

Le Cusain développe ici d'une manière tout à fait particulière le sujet de l'omnipotence divine, définie ici « pouvoir-[qui]-est » et non « posse-même ». Néanmoins, ce dernier lui apparaitra comme le sommet de la spéculation, le plus convenable étant le premier champ de la chasse, en même temps que le domaine de « l'ordre », puisque le *Posse* et l'ordre se trouvent dans tous les domaines. Dans ces pages, consacrées au thème du « Pouvoir-[qui]-est » on chercherait en vain les subtiles distinctions des discussions des écoles scotistes et ockhamistes sur le *de potentia Dei absoluta* et le *de potentia Dei ordinata*. Il en ressort que le Cusain prend parti clairement pour la puissance absolue de Dieu, dans les courtes propositions finales de la *Cime de la contemplation* consacrées au Pouvoir même, au *Posse ipsum* ou pouvoir sans l'ajout de l'être. Il tenait que Dieu a créé parce qu'il a voulu manifester les intentions de sa toute-puissance – un thème cher à l'école de Duns Scot, lequel déclarait dans sa *Reportatio Parisiensis* que Dieu « a créé l'univers par sa bonté pour lui-même et pour être aimé. Et Dieu s'aime en lui-même et s'aime lui-même dans les créatures »[1]. Le Cusain conçoit lui-même Dieu comme le « Dieu *optimum* » qui a créé par un acte d'amour, la toute-puissance qui manifeste son pouvoir et elle le fait dans son produit qu'est le créé. Aussi, ne connaît-on pas Dieu par sa nature, mais par l'ordre de la création, à savoir par la disposition ordonnée de ses créatures selon leurs possibilités de contraction libre.

D'où, chez le Cusain, la particulière « diversité » du concept d'« ordre » du créé, lequel est « dispositionnel », c'est-à-dire dépendant de la disposition (ou du placement) des possibilités des créatures à s'assimiler à l'un. Cet un, qui vient depuis le Principe sans Principe, est l'Unité infinie de l'Un-Trin, puisque l'un est seulement le mode dispositionnel plus élevé de notre connaissance contractée (ou conjecturelle) de cette Unité infinie insaisissable. Les créatures se disposent dans les différents degrés ou ordres, selon la participation de leur pouvoir fini – ou de « privation » de

1. Duns Scot, *Reportatio Parisiensis*, 1, q. 4, n. 14, d.49, q. 7, n. 10.

leurs limites – à l'ordre absolu en tant que participé selon le degré de leurs contractions des sens, de l'âme et de l'intellect. Dieu n'est pas l'ordre, mais la cause inconnue de l'ordre et de l'accord du créé qui en constitue la beauté : c'est par cet accord que la fin des premières choses est liée au principe des choses qui suivent.

Comme, par conséquent, l'ordre du créé est un ordre harmonique et dynamique, ouvert et non fermé où resplendit toujours la beauté de l'Art divin, les problèmes de la contradiction entre la rationalité et la volonté ne se posent plus. Il n'y a donc aucun sens à se demander si l'omnipotence divine peut ou ne peut pas déroger au principe de non-contradiction ou à l'ordre créé ; et c'est sur le terrain de la louange comme sur celui du pouvoir, qu'on fait les chasses les plus savoureuses et enrichissantes de la sagesse divine.

## LES DIX TERRAINS DE *LA CHASSE DE LA SAGESSE*

La louange de Dieu, Pouvoir-[qui]-est, se déploie dans les dix catégories symbolisées par le psaltérion aux dix cordes, l'instrument par lequel l'homme peut célébrer la sagesse éternelle. Toutefois, pour le Cusain, ces dix catégories ne sont pas exactement les mêmes que celles, traditionnelles, de l'Ecole : il en supprime quelques-unes et ajoute, en revanche, la bonté et la beauté.

Ainsi, les terrains de la chasse de la sagesse sont eux aussi au nombre de dix ; et la définition de chacun recueille les enseignements et des philosophes de l'antiquité et des chrétiens, tels que saint Paul, le Pseudo-Denys, ainsi que les enseignements des recherches du Philosophe lui-même. La chasse des philosophes s'avère moins féconde que celle des chrétiens, car les philosophes ont prétendu, à l'instar d'Aristote, avoir saisi l'essence (le *quid est*, la *quidditas*) de la réalité ; vaine prétention puisqu'ils n'ont jamais dépassé le *quia est* et qu'ils sont restés en-deçà de l'éternel. En revanche, ce sont les chrétiens qui, grâce à l'enseignement du Pseudo-Denys, ont compris que Dieu est le *Non-aliud*, le Non-autre, toujours au-delà, le non-divers, et aussi l'identique à lui-même, il est l'indivisible imparticipable, comme le veut une théologie de l'éminence ou de la coïncidence absolue des opposés, des contradictoires, eux-mêmes dépassés.

On retrouve dans les dix domaines de la chasse de la sagesse les résultats des recherches antérieures où le Cusain avait essayé d'élucider l'incompréhensible compréhension de l'éternité absolue, imparticipable, qu'est l'infini indivisible en acte. Aussi, son point de départ est-il le champ de la chasse de la sagesse d'où il est parti lui-même : c'est-à-dire, la docte ignorance. Le chasseur doit savoir qu'il ne sait pas, que la vérité en tant que précision absolue infinie est inatteignable, parce que la connaissance est par proportion et qu'il n'y a pas de proportion entre le fini (la *mens* humaine) et l'infini (Dieu, qui est la précision absolue).

Le deuxième terrain est celui de la toute-puissance en acte, ou de la vigueur actuelle infinie, que le Cusain appelle « pouvoir (qui) est » (*possest*), et que nous allons retrouver au terme de la chasse comme étant la proie la plus importante qui court à travers tous les champs.

Le troisième est le terrain du Non-autre, où le Cusain explicite d'une manière synthétique le concept de la théologie négative et éminentielle (Dieu en tant qu'identique à lui-même et négation de toute diversité) qu'il avait développée dans le *Non-aliud*, rédigé, en même temps, 1462, que la *Chasse de la sagesse*.

Le quatrième, le champ de la lumière, est le chapitre le plus intéressant du court traité, où le Cusain développe le thème scripturaire : « la lumière de son visage est gravée sur nous » (*Psaumes*, IV, 7). Il reprend son concept de l'homme, *similitudo Dei* par l'intermédiaire du Christ, miroir vivant, en tant que *mens*, de la vie intellective par laquelle, se rendant semblable par sa connaissance qui est son assimilation, s'assimile à la lumière du Créateur. Et, dans ces pages, le Cusain rappelle la distinction qu'il avait déjà introduite dans le troisième *Dialogue de l'Idiot sur la sagesse*, *L'esprit*, entre l'intellect humain qui crée les notions des choses, s'assimilant à tout, et la *mens* de Dieu qui crée les choses et les fait être.

Le cinquième champ est celui de la louange dans ses formes que sont la beauté, la grandeur, la bonté, la vérité et tout l'« ornement », qui donne harmonie et beauté à ce qui est créé.

Le sixième champ est celui de l'unité. Le Cusain insiste sur le fondement néoplatonicien de sa doctrine et répète que l'Un est plus compréhensif que l'étant qu'il dépasse, et que tous y participent selon les possibilités de leurs contractions mathématiques : doctrine qu'il avait bien développée dans les *Dialogues de l'Idiot*.

Le septième champ est celui de l'égalité. Le Cusain résume ici, d'une manière peut-être trop synthétique, ce qu'il avait développé dans un opuscule, *L'égalité* (*De aequalitate*, rédigé en 1459) imprimé parmi les *Sermons* : il est entièrement consacré au problème de la Trinité, définie en des termes mathématiques comme rapport d'égalité en tant qu'identité, ou encore comme proportion d'égalité, c'est-à-dire d'unité qui, en tant que proportion de rapports, est aussi connexion[1]. Véritable échantillon de l'importance accordée, comme en d'autres ouvrages, aux raisonnements mathématiques appliqués à la théologie.

Le huitième champ est lié au septième – celui de l'égalité – parce qu'il est le champ de la connexion, mathématiquement et philosophiquement sur le concept d'omnipotence absolue dynamique de l'unité en tant qu'égalité.

Le neuvième champ, en revanche, est celui de la limite sans limite, à savoir celui de l'esprit divin qui est la limite sans les limites que connaissent toutes les choses[2]. Il est tout ce qu'il peut être et est antérieur à toute limite des choses qui peuvent se faire (*fieri*). Le Cusain introduit ainsi le concept final de sa philosophie de la sagesse absolue, de l'éternel « pouvoir ». Ce neuvième chapitre est le terrain privilégié de la sagesse, parce qu'il est celui de l'essence divine inconnue qui crée les étants dans leurs mesures cognitives limitées, mais riches de possibilités, à titre d'énergies, de puissances, de pouvoirs. Cependant, elle n'est jamais saisie telle qu'elle est, mais dans sa ressemblance.

Le dixième champ est celui de l'ordre, où le lecteur peut mesurer la distance qui court, d'une part entre le concept néoplatonicien de l'ordre harmonieux d'une hiérarchie libre et ouverte *ascensive* et *descensive* naissant du bas, par la participation diverse au « don » (la grâce) du Père des lumières et, d'autre part, entre la notion métaphysique de la correspondance nécessaire par analogie de l'être, de l'ordre rationnel de la nature humaine avec l'ordre rationnel de Dieu, empruntée à une certaine interprétation scolastique de la *Métaphysique* d'Aristote. Il faut également souligner la différence entre l'idée d'un ordre « nécessaire » des philosophies néoplatoniciennes, ayant précédé la pensée du Cusain, et sa conception d'un ordre dynamique et ouvert, non statique, où chaque degré a un ordre différent par rapport à lui-même et par rapport à tous les autres ordres selon une hiérarchie des individus fondée sur la participation libre à l'unité absolue de l'éternel selon l'ordre de leurs contractions. L'ordre divin est éternel, mais non nécessaire, parce que tous les étants, pour passer de *posse fieri* (pouvoir se faire) à l'acte du *posse factum*, présupposent l'intention de Dieu qui est inconnue, à savoir un ordre qui est tout ce que le *Posse ipsum* peut être. Et cet ordre divin n'a ni commencement, ni fin et il est inconnu.

1. *Cf.* chap. II.
2. *La chasse de la sagesse*, *op. cit.*, chap. XXVII, p. 135-137.

Dans la conclusion du dialogue le Cusain reprend le thème du dépassement de toutes les louanges de Dieu, comme la grandeur, la beauté, la bonté, l'harmonie, dans la mesure où Il est au-delà, cause incausée, principe sans principe, limite sans limite, maximum absolu en acte éternel, imparticipable car, étant infini en soi et pouvoir absolu : il ne dépend pas de la participation à un premier qui, contrairement à la créature, n'a jamais été fait. C'est ainsi que dans ces dix terrains où se fait la chasse de la nourriture (*pabulum*)[1] la plus goûteuse de la sagesse divine, Nicolas de Cues exprime les modes possibles de la compréhension incompréhensible de Dieu qu'il essaya d'éclairer sans cesse dans tous les ouvrages de sa vie intensément vécue. On pourrait même les appeler, en empruntant une expression prégnante de Karl Jaspers, les chiffres de la transcendance.

## LE RAYONNEMENT DE LA *CHASSE DE LA SAGESSE*

Cette œuvre connut tout de suite un certain succès, soit chez les disciples mêmes du Cusain, tels que Lefèvre d'Étaples (auquel on doit l'édition de Paris de 1514), soit chez Charles de Bovelles qui, dans son *De sapiente*, développe plusieurs des idées cusaines, comme celle du visage de Dieu, miroir resplendissant de lumière sans images et sans taches, non contracté. En Allemagne, s'il est vrai que Hartmann Scheel, Johannes Tritémius, Conrad Celtis, Beatus Rhenanus se sont rapportés à cette œuvre, la *Chasse de la sagesse* a été connue surtout grâce aux nombreuses citations introduites par Udalric Pinder dans son *Speculum intellectuale felicitatis humanae*, édité à Nuremberg en 1510. Aussi bien, en Espagne qu'en Italie, par l'intermédiaire respectivement du *Quod nihil scitur* de Francisco Sanchez et de l'*Examen vanitatis doctrinae gentium* de Jean François Pic de la Mirandole, on a forcé le texte du Cusain pour le présenter comme un modèle de philosophe sceptique, irrationnel, pourfendeur de tous les savoirs. Sous d'autres aspects, Nicolas de Cues a inspiré aussi Giordano Bruno, notamment dans l'idée de la recherche de la sagesse comme chasse développée dans la deuxième partie du deuxième dialogue des *Fureurs héroïques*. Cependant, il faut reconnaître que l'on ne connaît pas encore très bien l'influence exercée par la richesse des doctrines de la pensée du Cusain tout au long des siècles, malgré la littérature critique cusaine presque illimité.

1. *La chasse de la sagesse*, *op. cit.*, chap. premier, p. 30-31.

Nicolas de Cues est le philosophe de la diversité, mais aussi de l'identité, laquelle est diverse (autre) pour chacun, et différente par excellence de l'identité absolue de Dieu (l'Identité du Non-autre) ; pourtant elle est aussi la nôtre, car nous sommes différents l'un de l'autre, mais identiques à nous-mêmes comme Dieu est le Non-autre différent de nous. Voici le nom précis qui définit soi-même et l'autre (le divers). C'est l'un des thèmes qui traverse d'un bout à l'autre toute l'œuvre du Cusain, comme celui de la force (*vis*) innée, ou mieux concréée, de notre esprit, qui tire de son activité de jugement synthétique d'unité mathématique, toute la réalité dans les proportions de son esprit. C'est chez le Cusain que naît l'idée de l'homme artiste, géographe, savant, l'homme universel, tel le microcosme de la tradition hermétique reproduisant le monde dans sa mappemonde mentale, l'homme peintre de l'image de la peinture de l'Art Divin, le monde.

C'est dans les mathématiques que le Cusain trouve le critère de la vérité, qui réside dans l'exactitude ou la certitude (*certitudo*) de ses démonstrations et qu'il l'appelle la précision : cette *praecisio* de la démonstration mathématique représente la règle de la vérité qui est une règle abstraite et formelle et qui n'exprime aucune réalité substantielle.

Le Cusain développe ainsi une philosophie des formes du langage mathématique procédant par des rapports rationnels ou irrationnels d'égalité. En ignorant les équations des proportions irrationnelles modernes, il appelle symboliques ou énigmatiques ces expressions des mathématiques grâce auxquelles il introduit un discours mathématique symbolique du divin au moyen de la soustraction des propriétés limitantes qui empêchent la coïncidence des figures, en vue d'atteindre le Point compliquant (à savoir le Point dynamique), c'est-à-dire l'Unité en tant qu'Identité de soi-même, qui est l'un des modes de signification possible de l'Infini en soi.

L'un des aspects importants de la pensée du Cusain est justement cette philosophie mathématique de l'Un, grâce à laquelle il modifie la métaphysique néoplatonicienne de l'émanation de l'Un de Proclus, transformée aussi par les idées de la théologie négative du Pseudo-Denys. C'est l'« Un » qui est exprimé dans l'« un » du rapport d'égalité mathématique (*ratio aequalitatis*). Par conséquent l'intellect humain possède la notion mathématique absolue de l'Un en tant que l'« un », identique et donc indivisible, et pour cela même éternel, mais réel seulement dans l'intellect humain. En effet, la réalité du monde se réduit à nos mesures. C'est ainsi que cet esprit devient « le lieu des proportions du monde » réalisé aussi dans ses productions artistiques. L'homme est sa propre pensée, mais à la différence de Descartes, la res *extensa* n'est pas, pour

Nicolas, en dehors de son esprit, elle est son esprit lui-même qui la connaît grâce aux mesures de sa pensée. Mais l'« Un » de notre esprit exprimant notre réalité comme intellect unique, atome spirituel indivisible et donc immortel, n'est pas de la même nature que l'Unité de Dieu, Un-Trine. Il n'y a pas en Dieu (l'Infini Absolu et l'opposé aux êtres finis), la quantité de l'« un » qui est un attribut fini de la connaissance des êtres finis. Il n'y a pas de la quantité en Dieu, qui est l'Identité ou la coïncidence des opposés, parce que la quantité n'est que l'essence mathématique de l'esprit des êtres finis.

La doctrine cusaine de la faiblesse de l'être humain en tant qu'être fini imparfait – ou de *l'esse dependens* comme non-être, ou privation de l'être, *esse déficients* – confirme la doctrine selon laquelle nous ne sommes que des images notionnelles de la connaissance de Dieu, qui par conséquent est en nous tous, même chez les non-croyants, en tant qu'il est le « présupposé » de notre existence. Aussi Dieu n'est-il pas ni l'être, ni le non-être, ni la vérité, ni la bonté, ni rien du tout, il est le tout (*omnia*) dans une théologie circulaire ou discursive (*sermocinalis*) : il ne s'agit là que d'attributs de notre esprit, alors que Dieu est au-delà de tous ces noms, de tous ces concepts, qui ne sont que des conjectures relatives aux êtres vivants dans la connaissance du plus et du moins : des modes cognitifs.

Au terme de sa réflexion, le Cusain parvient à la conclusion qu'on atteint le sommet de la spéculation visant l'incompréhensible, en formulant l'idée que Dieu est le Pouvoir tout-puissant (*Posse ipsum*) qui nous a créés, faute de quoi quelque chose aurait manqué à son pouvoir, comme son amour pour nous. Mais même si Dieu n'est pas l'Un indivisible à l'instar de l'Un conceptuellement mathématique, l'atome spirituel de notre intellect qui en exprime la réalité immortelle, il reste qu'il est toujours quelque chose de connaissable sur ce mode de l'Unité de l'un comme proportion d'égalité. Or, même si pour développer ces arguments, le Cusain adopte en général le langage de l'ontologie dynamique de la philosophie néoplatonicienne, l'un des aspects les plus novateurs de sa philosophie – outre le concept de l'homme atome spirituel indivisible et immortel – est l'amorce de la substitution du langage mathématique (celui de l'équation) au langage prédicatif, essentiellement fondé sur une métaphysique de l'être nécessaire de type aristotélicien. On y peut déceler la lourde opposition dans la connaissance entre les structures du langage prédicatif et celle du langage mathématique. C'est ainsi qu'en lisant les œuvres du Cusain on se heurte à l'enchevêtrement de plusieurs langages dont les diverses significations, en s'emmêlant, en compliquent, en détournent la juste compréhension. Il s'agit : 1) du langage mathématique,

2) du langage grammatico-linguistique (sur lequel Nicolas construit sa logique nominale des signes cognitifs élaborés par notre esprit, les nombres étant les signes de la quantité qui formalisent ceux de la qualité), 3) du langage proprement philosophique et ontologique où le mode structurel de la nécessité est remplacé par le mode de la « possibilité du possible » (*fieri*).

Ce dernier constitue le fondement de la liberté octroyée à tous les hommes par le Tout-puissant au moment de leur existence. Les pages des derniers ouvrages du Cusain consacrées au pouvoir absolu de Dieu conçu comme le Pouvoir-même (*Posse ipsum*), dont l'interprétation est particulièrement difficile, nous indiquent l'issue positive de son immense effort spéculatif pour saisir l'Absolu toujours infiniment possible pour nous, grâce à notre esprit capable par sa liberté de s'élancer de plus en plus vers le Haut, en visant le centre de la course qu'est le Christ.

La pensée de Nicolas de Cues, d'un très grand intérêt, suscite la réflexion et la méditation tout en étant difficile et d'un premier abord incompréhensible, et non seulement en soi, ou pour ce qu'elle a su transmettre de l'héritage du passé, ou parce qu'elle anticipe la révolution de la science moderne du XVIe siècle, soit parce qu'elle fait pressentir d'une certaine façon les doctrines parmi les plus importantes des époques suivantes – la philosophie de Leibniz, de Kant, l'hégélianisme, l'évolutionnisme chrétien de Teilhard de Chardin, les théories de Jaspers, de l'être et du temps de Heidegger. En fait, elle sollicite notre attention surtout grâce aux prises de position du Cusain sur des problèmes, aussi importants que complexes, qui travaillaient la chrétienté de son époque, mais qui concernent aussi notre siècle. On avait alors opté pour des solutions qui ne correspondaient pas à ses solutions, radicalement innovantes. Ses conclusions n'avaient pas alors eu gain de cause, mais les mêmes problèmes se posent aujourd'hui de nouveau, avec peut-être encore plus d'urgence et de gravité. Les choix qui avaient été faits alors, autres que ceux du Cusain, n'ont pas su éviter les terribles déchirures subies par les civilisations chrétiennes à cause des réformes protestantes. Il faut espérer que l'on perçoive mieux aujourd'hui l'actualité des problèmes posés par le Cusain, la qualité de ses analyses, la valeur des solutions qu'il avait prônées. Il est souhaitable que l'on apprécie sa clairvoyance, son acuité intellectuelle, sa force de compréhension, la justesse de ses analyses globales.

# BIBLIOGRAPHIE

Le répertoire du matériel bibliographique de Nicolas de Cues est pratiquement illimité. Pour une compilation plus détaillée et exhaustive de la littérature critique cusaine, il faut consulter les volumes des *Mitteilungen und Forschungsbeiträge des Cusanus-Gesellschaft* où la bibliographie est systématiquement enrichie et mise à jour (elle est à présent disponible aussi en ligne). Dans la bibliographie que nous proposons ici, nous avons introduit les instruments bibliographiques indispensables pour aborder l'étude du Cusain en général, en nous bornant à citer, parmi les textes critiques concernant sa pensée en particulier, ceux que nous avons examinés dans le cadre de cette recherche. Quant aux sources de la pensée de Nicolas de Cues, nous avons indiqué les ouvrages des auteurs consultés dans cette même perspective.

## ŒUVRES DE NICOLAS DE CUES

### *Œuvres complètes / opera omnia*

Incunables et éditions du XVI<sup>e</sup> siècle :

*Opera omnia*, Strasbourg, M. Flach, 1488 (editio princeps), réimp. : P. Wilpert (éd.), Berlin, W. de Gruyter, 1967.

*Opera omnia*, Paris, Faber Stapulensis, Badius Ascensius, 1514, réimp. : Minerva, Frankfurt am Main, 1962.

*Opera omnia*, Bâle, Henri Petrus, 1565.

### *Édition scientifique majeure*

*Opera omnia* iussu et auctoritate Academiae Litterarum Heidelbergensis, Lipsiae 1932 ; Hamburg, Meiner, 1959 ss, vv. 20.

*Édition scientifique mineure*

Nikolaus von Kues, *Philosophisch-Theologische Werke, lateinisch-deutsch*, « Philosophische Bibliothek », Hamburg, Meiner, 2001-2002, vv. 5.

*Traductions françaises*

*L'apologie de la docte ignorance*, en *Trois traités sur la coïncidence des opposés*, trad. F. Bertin, « Sagesse Chrétienne », Paris, Cerf, 1991, p. 27-87.

*Sermons eckhartiens et dionysiens,* trad. F. Bertin, « Sagesse Chrétienne », Paris, Cerf, 1998.

*Du Non-autre* (*Le guide du penseur*), trad. H. Pasqua, Paris, Cerf, 2002.

*La docte ignorance*, trad. H. Pasqua, Paris, Payot-Rivage, 2007; P. Caye, D. Larre, P. Magnard, F. Vengeon, Paris, GF-Flammarion, 2013.

*L'art de conjectures de Nicolas de Cues*, trad. J. Fez, Paris, 2011; J.-M. Counet, Paris, Les Belles Lettres, 2011.

*Le Coran tamisé* (*Examen critique du Coran*), trad. H. Pasqua, « Épiméthée », Paris, P.U.F., 2011.

*Traductions bilingues (latin-français)*

*Les écrits mathématiques*, trad. M. Nicolle, Paris, Honoré Champion, 2007.

*La paix de la foi*, *Lettre à Jean de Ségovie*, trad. H. Pasqua, Paris, P. Téqui, 2008.

*Le traité du béryl*, trad. M. Corrieras, Paris, Éditions Ipagine, 2010.

*Dialogues de l'Idiot*, trad. Pasqua, Paris, P.U.F., 2011.

*Opuscules* (*1440-1447, 1459*), trad. H. Pasqua, Rennes, Centre de Recherche de l'Institut Catholique de Rennes, 2011.

*Dialogue à trois sur le Pouvoir-est*, trad. P. Caye, D. Larre, P. Magnard, F. Vengeon, Paris, Vrin, 2013.

*Compendium*, *La cime de la contemplation*, trad. H. Pasqua, Paris, Manicius, 2014.

*La chasse de la sagesse*, trad. H. Pasqua, Paris, P.U.F., 2014.

*Le pouvoir-est*, trad. H. Pasqua, Paris, P.U.F., 2014.

*La vision de Dieu*, trad. H. Pasqua, Paris, P.U.F., 2016.

*Traduction anglaise (latin-anglais)*

*Nicholas of Cusan on God as Not-other,* A Translation and an Appraisal of *De li non aliud*, trad. J. Hopkins, University of Minnesota, Arthur J. Banning Press, 1983.

*Les traductions italiennes des œuvres complètes*

*Opera religiosa*, trad. P. Gaia, Turin, UTET, 1971.

*Opera filosofica*, trad. G. Federici Vescovini, Turin, UTET, 1972.

### *Sources (pour l'histoire de la vie du Cusain)*

Acta Cusana : E. Meuthen, H. Hallauer (éd.), *Quellen zur Lebensgeschichte des Nikolaus von Kues*, Hamburg, Meiner, 1976 *sq.*

Cusanus Texte : *I. Predigten ; II. Traktaten ; III Marginalien ; IV. Briefe ; V. Brixener Dokumente*, Hamburg, Heidelberger Akademie der Wissenschaft, 1939-1999 *sq.*

### *Sources anciennes et médiévales*

ALBUMASAR (ABU-MA'SAR), *On Historical Astrology on the Great Conjuncion, De magnis coniunctionibus*, éd. K. Yamamoto, Ch. Burnett (arabic-latin), Leiden, Brill, 2 vol., 2000.

ARISTOTE, *Opera*, éd. I. Bekker, 5 vol., réimp. : O. Gigon (éd.), Berlin, W. de Gruyter, 1960-1961.

AUGUSTIN, *Epistula* 1-30, XV 28, éd. Goldebacher, Vienna and Prague, F. Tempky, 1985 (*Corpus scriptorum ecclesiasticorum latinorum*), v. 34.

AVICENNA LATINUS, *Liber de anima sextus naturalium*, éd. S. van Riet, Louvain, Peeters, 2 vol., 1972.

BERNARDINO BALDI, *Niccolò da Cusa*, en *Le vite dei matematici*, éd. E. Cenci, Milano, F. Angeli, 1998, p. 255-266.

BLAISE PELACANI DE PARME, *Questiones de musica*, ms. BnF 7372, f. 1r-72r.

– *Questiones physicorum*, ms. BAV, Vat. Chigi, 0.IV.41, f. 245ra ; BAV, Vat. lat. 2159, f. 61ra-225ra.

– *Questiones de anima*, éd. G. Federici Vescovini, Florence, Olschki, 1974.

– « Quaestio de intensione formarum », éd. G. Federici Vescovini, *Physis*, N. S., XXXI, 1994, p. 433-534.

*Questiones super Tractatus logice Magistri Petri Hispani*, éd. J. Biard, G. Federici Vescovini *et al.*, Paris, Vrin, 2001.

*Questiones circa Tractatum proportionum Magistri Thome Braduardini*, éd. J. Biard, S. Rommevaux, Paris, Vrin, 2005.

*Questiones super « Perspectiva communi »*, éd. G. Federici Vescovini, J. Biard *et al.*, Paris, Vrin, 2012.

BOÈCE ANICIUS MANLIUS SEVERINUS, *De institutionne arithmetica*, éd. G. Friedlein, Leipzig, Teubner, 1867.

– *De consolatione philosophiae*, Turnhout, Brepols, 1983.

CALCAGNINI CELIO, *Opera aliquot*, Bâle, Froeben, 1544, p. 288-295.

DESCARTES RENÉ, Lettre à Chanu du 6 juin 1647, dans *Œuvres*, éd. Adam et Tannery, Paris, Vrin, 1996.

DUNS SCOT, *Opus oxoniense*, II, d. 3, q. 5, n. 1, éd. Balic, Città del Vaticano, ed. Civitas Vaticana, 1950.

EMERIC DE CAMPO, *Centheologicum, Tractatus continens centum theologias*, Cod. Brux. 11571-11575, ff. 1r-174r.

– *De sigillo eternitatis*, cod. Cusan. 106, f. 77r-85r.

– *Opera selecta*, I, éd. R. Imbach, Freiburg, Pascal Ledner, 2001, p. 1-57.

FRANCISCUS SANCHEZ, *Quid nihil scitur, Opera Omnia*, éd. J. de Carvalho, Coimbra, *Separata Revista Universitade de Coimbra*, vol. XVIII, 1955, p. 1-53.

GIAN FRANCESCO PICO DELLA MIRANDOLA, *De rerum praenotione, Examen doctrinae vanitatis*, dans *Opera Omnia*, 1573 (réimp. : Turin, Bottega di Erasmo, 1976).

GISLBERTUS CRISPINUS, *Altercatio Ecclesiae contra Synagogam*, éd. B. Blumenkranz, *Revue du Moyen Âge latin* (Strasbourg), 1954.

– *Disputatio Iudei et Christiani continuatio*, éd. B. Blumenkranz, Utrecht, Spectrum, 1956.

HENRICUS DE ERFURT, *Catena aurea entium, Tabula quaestionum I-VII*, éd. L. Sturlese, Pisa, Scuola Normale Superiore, 1987.

HERMES TRISMEGISTE, *Corpus hermeticum*, éd. A. D. Nock, A.-J. Festugière, Paris, Les Belles Lettres, 1942.

JEAN GERSON, *De mystica theologia*, texte latin, intro., trad. et notes par Marc Vial, Paris, Vrin, 2008.

JOANNES DE REGIOMONTE (MÜLLER), *De triangulis omnimodis libri quinque, pleraque D. Nicolai Cusani « De quadratura circuli deque recti ac curvi commensuratione »*, Norimberge, H. Petrus, 1553, p. 5-21.

JOANNES KYMEUS, *Des Babsts Hercules wider die Deutschen*, Wittemberg, 1539 : réimp. O. Menzel, *Cusanus – Studien*, VI, Heidelberg, Meiner, 1941.

MAITRE ECKHART, « Sermones allemands (52), "Beati pauperes spiritu" (Mt. 5.3) », *Sermones*, trad. fr. J. Ancelet-Hustasche, Paris, Seuil, II, 1978, p. 144-149.

PIERRE D'ABANO (DE PADOUE), *Conciliator differentiarum medicorum et philosophorum*, Venise, Gabriele Tarvisiensis, 1476; Venezia, Giunta, 1565; réimp. Padova, Antenore, 1985.

– *Tractatus de motu octavae sphaere*, éd. G. Federici Vescovini, dans Pietro d'Abano, *Trattati di astronomia*, Padova, Esedra, 1992[2], p. 347-365.

PIERO DELLA FRANCESCA, *De prospectiva pingendi*, éd. G. Nicco-Fasola, Firenze, Sansoni, 1942.

PORETE MARGHERITA, *Le miroir des âmes simples*, éd. R. Guarnieri, *Il movimento del libero spirito*, Roma, Edizioni di storia e letteratura (texte p. 521-635), 1965.

PROSDOCIMO DE BELDOMANDIS, *Musica plana, Musica speculativa*, éd. J. Herling, Urbana, University of Illinois Press, 2008.

PSEUDE-THOMAS BRADWARDINE (PSEUDE BRADWARDINE), *De quadratura circuli*, dans M. Clagett, *Archimedes in the Middle Ages*, Madison, University of Wisconsin Press, 1964, t. I, p. 370-397.

PSEUDO-DUNS SCOTO JEAN, *Grammatica speculativa*, éd. Mariani Fernandez Garcia, Quaracchi (FI), Collegii S. Bonaventurae, 1902.

PSEUDO-DENYS ARÉOPAGITE, *Les noms divins*, trad. fr. M. de Gandillac, *Œuvres complètes*, Paris, Aubier, 1980[2].

PSEUDO-HERMÈS TRISMÉGISTE, « Liber XXIV philosophorum », éd. C. Beaumker, « Das pseudo-hermetische Buck der vierundzwanzig Meister », réimp. : M. Grabmann (éd.), *Beiträge zur Geschichte der Philosophie des Mittelalters*, 25, Helft 1/2, Münster, Aschendorff, 1927, p. 194-214 (texte p. 208-214) ; éd. bilingue F. Hudry, *Le livre des XXIV Philosophes*, Grenoble, J. Millon, 1989 ; 2e éd. : Paris, Vrin, 2015 ; éd. bilingue ital., P. Lucentini, *Il libro dei XXIV filosofi*, Milano, Adelphi, 1999 (texte p. 52-101).

ROBERT GROSSETESTE, *Commentarius in Posteriorum Analyticorum libros*, éd. P. Rossi, Firenze, Olschki, 1981.

ROBERT KILWARDBY, « The Commentary on Priscianus Minor, Selects Texts », éd. K. M. Fredborg *et al.*, *Cahiers de l'Institut du Moyen Âge grec et latin*, 15, 1977, p. 1-143.

THADDÉE DE PARME, *Classement des sciences mathématiques*, éd. G. Federici Vescovini, dans *La magie entre religion et sciences aux* XIII*e et* XIV*e siècles*, Paris, Vrin, 2011, p. 366-370.

THIERRY DE CHARTRES, *Glosa super Boëthium de Trinitate*, 5, 22, éd. N. M. Häring, Toronto, Pontifical Institute of Mediaeval Studies, 1971, p. 291-298.

THIERRY DE FRIBOURG (DIETRICH VON FREIBERG), *Opera omnia*, éd. L. Sturlese, Hamburg, Meiner, vol. 4, 1975-1987. *Œuvres choisies*, textes latins, trad. et notes, éd. C. König-Pralong, R. Imbach, Paris, Vrin, t. I, 2008 ; t. II, 2012.

THOMAS BRADWARDINE, *Geometria speculativa*, éd. G. Molland, Stuttgart, F. Steiner Verlag, 1989.

THOMAS OF ERFURT, *Grammatica speculativa*, éd., texte et trad. angl. G. L. Bursill-Hall, London, Prentice Hall Press, 1972.

TIRABOSCHI GEROLAMO, *Storia della letteratura italiana*, Modena, Società Typografica, vol. VIII, 1, 1793, p. 334-336.

VESPASIANO DA BISTICCI, *Le vite degli uomini illustri del secolo XV*, Firenze, Istituto Nazionale di Studi sul Rinascimento, I, 1970.

VOLTAIRE, *Traité sur la Tolérance*, *Dictionnaire philosophique*, Paris, Institut et Musé Voltaire, 1878, p. 548-549 ; réimp. : Genève, Nendeln, Kraus Reprints 1967.

WENK DE HERRENBERG J., « *De ignota litteratura* », éd. E. Vansteeberghe, *Beiträge zur Geschichte der Philosophie des Mittelalters*, Münster im W., Aschendorff, 1910, p. 19-41.

## LITTÉRATURE SECONDAIRE

La littérature secondaire est extrêmement abondante. Nous donnons seulement les références des œuvres que nous citons.

ABBAGNANO, N., « Il possibile e il virtuale », dans *Possibilità e libertà*, Torino, Taylor, 1965, p. 58-64.

ALBERIGO, G., *Chiesa conciliare, identità e significato del conciliarismo*, Brescia Paideia, 1981.

ALLIER, R., *Les Frères du libre esprit*, dans *Religion et société*, Paris, Publication de la Sorbonne, 1905.

ARFÉ, P., « Ermete Trismegisto e Nicola Cusano », *Hermetisme from Antique to Humanisme* (Actes du Colloque International, Napoli, 20-24 novembre 2001), Turnhout, Brepols, 2003, p. 223-245.

— et CAIAZZO, I., SANNINO, A. (éd.), *Adorare caelestia, gubernare terram*, Atti Convegno Internazionale 6-7 novembre, Napoli, 2007, Turnhout, Brepols, 2011.

ASWORTH, E. J., *The Tradition Medieval Logic and Speculative Grammar to the End of the Seventeenth Century*, Toronto, Pontitifical Institute of Mediaeval Studies, 1978 (mise à jour par F. Pironet, Turnout, Brepols, 1997).

BERGOGLIO, L. M. (Papa Francesco), *La bellezza educherà il mondo*, Roma, ed. Missionaria italiana, 2014.

BERTI, E., « "Coincidentia oppositorum" e contraddizione nel "De docta ignorantia" », éd. Piaia, dans « *Discordia discors* ». *Studi su Nicola Cusano*, omaggio a Giovanni Santinello, Padova, Antenore, 1993, p. 107-128.

BIARD, J., *Logique et théorie du signe au XIV<sup>e</sup> siècle*, Paris, Vrin, 1989.

– « La logica nel Medioevo », *Paradigmi Rivista di Critica Filosofica*, XVII, 1991, p. 207-241.

– « Le sens actif selon Jean Buridan », dans G. F. Vescovini, V. Sorge, C. Vinti (éd.), *Corpo e anima, sensi interni e intelletto dai secoli XIII-XIV ai postcartesiani e spinoziani*, Turnhout, Brepols, 2005, p. 227-246.

BLUMENBERG, H., *Die Legitimität der Neuzeit*, Frankfurt-am-Main, Suhrkamp, 1956.

BLUMENKRANZ, B., *Les auteurs chrétiens du Moyen Âge et le judaïsme*, Paris/La Haye, Mouton, 1963.

BÖHLANDT, M., « Verbogene Zahl-Verbogener Gott. Mathematik und Naturwissenschaft im Denken des Nikolaus von Kues », Stuttgart, F. Steiner Verlag, 2009.

BONHAEFFER, D., *Widerstand und Ergebung*, *Werke*, éd. E. Bethger *et alii*, München, Güteslohr Verlaghaus, vol. 8, 1951.

BOS, P. (éd.), *Marsilius of Inghen. Traitises on the Properties of Termes*, Boston, Dordrecht, 1983.

BOUGEROL, J. G., *La théologie de l'espérance aux XII<sup>e</sup> et XVIII<sup>e</sup> siècles*, Paris, *Études Augustiniennes*, 1985, vol. 2.

BRAGUE, R., « Deux versions du microcosme. Être le monde en petit ou imiter le monde en grand », dans A. Hasnawi *et alii* (éd.), *Perspectives arabes et médiévales sur la tradition scientifique et philosophique grecque*, Paris, Institut du Monde Arabe, 1997, p. 524-533.

BRUNSWIGS, L., *Les étapes de la philosophie mathématique*, Paris, Alcan, 1912.

CARMODY, F. J., *Arabic Astronomical and Astrological Sciences in Latin Translation*, Berkeley/Los Angeles, Berkeley and Los Angeles University Press, 1956.

CASSIRER, E., *Le problème de la connaissance dans la philosophie et les sciences des temps modernes*, I, Paris, Cerf, 2004.

CHENU, M.-D., « Grammaire et théologie aux XIIe et XIIIe siècles », *Archives d'Histoire Doctrinale et Littéraire du Moyen Âge*, XI, 1935-1936, p. 6-28.

– *Introduction à l'étude de St. Thomas*, Paris, Vrin, 1950.

– *La théologie comme science au XIIIe siècle*, Paris, Vrin, 1957.

– « Astrologia praedicabilis », *Archives d'Histoire Doctrinale et Littéraire du Moyen Âge*, XXXI, 1964, p. 62-65.

COLOMER, E., *Nikolaus von Kues und Raimund Llull aus Handschriften der Küser Bibliotheck*, Berlin, W. de Gruyter, 1961.

– « Nikolaus von Kues und Heimeric van der Velde », *Mitteilungen und Forschungsbeiträge der Cusanus-Gesellschaft*, 4, 1964, p. 198-213.

CONTI, A., « Logica e teologia nella tarda scolastica », dans G. D'Onofrio (éd.), *Storia della teologia*, Casale Monferrato, Piemme, vol. III, 1996, p. 645-676.

COUNET, J.-M., *Mathématiques et dialectique chez Nicolas de Cues*, Paris, Vrin, 2000.

COURCELLE, P., « Étude critique sur les Commentaires de la "Consolatio" de Boece, IXe-XVe siècle », *Archives d'Histoire Doctrinale et Littéraire du Moyen Âge*, XIV, 1939, p. 5-140.

COURTENAY, W., « Nominalisme and Late Medieval Religion », dans C. Trinkaus, H. A. Obermann (éd.), *The Pursuit of Holiness in Late Medieval and Renaissance Religion*, Leiden, Brill, 1974. p. 35-47.

– *Schools and Scholars in the Forteenth Century England*, Princeton, Princeton University Press, 1987.

D'ALVERNY, M-Th., « Un témoin muet des luttes doctrinales du XIIIe siècle », *Archives d'Histoire Doctrinale et Littéraire du Moyen Âge*, XVI, 1949, p. 223-248.

– *Hermetica philosophica*, « *Appendix I*, Liber XXIV philosophorum », dans *Catalogus Translationum et Commentariorum, Mediaeval and Renaissance Latin Translations and Commentaris*, Washington, The Catholic University Press, I, 1960, p. 151-157; *Appendix III*, même éd., II, 1976, p. 425-426.

DECKER, B., « Die Toleranz bei Nikolaus von Kues », dans *Niccolò Cusano* (Atti del Convegno interuniversitario di Bressanone, 1960), Firenze, Sansoni 1962, p. 197-217.

DE RIJK, L. M., « The Development of "Suppositio Naturalis" in Medieval Logic », *Vivarium*, IX, 1971, p. 71-107; XI, 1973, p. 43-78.

– *La philosophie au Moyen Age*, Leiden, Brill, 1985, p. 1-64, 204-235.

DI VONA, P., *Studi sulla Scolastica della Controriforma*, Firenze, La Nuova Italia, 1968.

ECO, U., *Arte e bellezza nel Medioevo*, Milano, Bompiani, 1987.

FEDERICI VESCOVINI, G., « Due commenti inediti del XIV secolo al "De consolatione philosophiae" di Boezio », *Rivista Critica di Storia della Filosofia*, 3, 1958, p. 385-416.

– *Astrologia e scienza. La crisi dell'aristotelismo sul cadere del Trecento e Biagio Pelacani da Parma*, Firenze, Nuove Edizioni Vallecchi, 1979.

– « L'importanza della matematica tra aristotelismo e scienza moderna alla fine del secolo XIV a Padova », dans « *Arti e filosofia nel XIV secolo. Studi sulla tradizione aristotelica e « imoderni »*, Firenze, Nuove Edizioni Vallecchi, 1983, p. 281-300.

– « La "dotta ignoranza" di Cusano e San Bonaventura », *Bollettino d'informazioni del Centro Studi Bonaventuriani « Doctor Seraphicus »*, XL-XLI, 1993-1994, p. 49-69.

– « La classification des mathématiques d'après le prologue de "L'expositio super Theorica planetarum" de Thaddée de Parme (Bologne, 1318) », dans *Manuels, Programmes de cours et techniques d'enseignement dans les Universités médiévales* (Actes du Colloque de la FIDEM), Louvain-la Neuve, FIDEM 11, 1994, p. 137-182.

– « Nicholas of Cusa, Alberti and the Architectonics of the Mind », *Nexus, II, Architecture and Mathematics*, éd. Kim Williams, Firenze, Edizioni dell'Erba, 1998, p. 159-170.

– « Cusanus und das wissenschaftliche Studium in Padua zu Beginn des 15. Jahrhunderts », dans M. Thurner (éd.), *Nikolaus von Kues zwischen Deutschland und Italien*, Berlin, Akademie Verlag, 2002, p. 93-113.

– « La trasformazione dei correlativi di Lullo nella coincidenza degli opposti di Cusano », dans E. Bidese *et alii* (éd.), *Ramon Llull und Nikolaus von Kues : eine Begegnung im Zeichen der Toleranz*, Turnhout, Brepols, 2005, p. 139-154.

– « Pietro d'Abano e Taddeo da Parma sull'immaginazione », dans M. C. Pacheco, J. F. Meirinhos (éd.), *Intellect et imagination dans la philosophie médiévale* (Actes des Colloques Internationales, Société Internationale de Philosophie Médiévale, Porto, 26-31 août 2002), Turnhout, Brepols, 2006, p. 1783-1795.

FIELDS, S., LERNER, E., PIRON, S., *Marguerite Porète et* le Miroir des âmes simples. *Perspectives historiques, philosophiques et littéraires*, Paris, Vrin, 2013.

FLASCH, K., « Nikolaus von Kues, Die Idee der Konzidence », dans *Grundprobleme der grossen Philosophen, Philosophie des Altertum und des Mittelalters*, Göttingen, J. Speck, 1972.

– *Die Metaphysik des Einen bei Nikolaus von Kues. Problemgeschichtliche Stellung und systematische Bedeutung*, Leiden, Brill, 1973.

– *Nikolaus von Kues. Geschichte einer Entwicklung. Vorlesungen zur Einführung in seine Philosophie*, Frankfurt-am-Main, Klostermann, 1998.

– *Maître Eckhart, Philosophe du christianisme*, trad. fr. C. König-Pralong, Paris, Vrin, 2011.

FOLKERTS, M. (éd.), *Scripta mathematica, De aritmeticis complementis, De geometricis transmutationibus*, dans *Nicolai Cusani Opera omnia*, Hamburg, Meiner, vol. XX, 2010.

FUBINI, R., « Contestazioni quattrocentesche della Donazione di Costantino, Niccolò Cusano e Lorenzo Valla », *Annuario del Dipartimento di Studi sul Medioevo e Rinascimento*, Firenze, Università di Firenze, I, 1991, p. 1-51.

GANDILLAC, M. de, « Platonisme et Aristotelisme chez Nicolas de Cues », dans *Platon et Aristote à la Renaissance* (XVIe Colloque International de Tours), Paris, Vrin, 1976, p. 7-25.

GAWLICH, G., « Zur Nachwirkung Cusanischer Ideen im siebzehnten und achtzehnten Jahrhundert », dans *Niccolò Cusano agli inizi del mondo moderno* (Atti del Colloquio Internationale, Bressanone 6-10 Settembre 1964), Firenze, Sansoni, 1970, p. 226-255.

GEIGER, L.-B., « Abstraction et séparation après st. Thomas d'Aquin dans "De Trinitate, qu 5, a.3" », *Revue des sciences philosphiques et théologiques*, 31 1947, p. 3-40.

GILSON, E., « Les sources grec-arabes de l'augustinisme avicennisant », *Archives d'Histoire Doctrinale et Littéraire du Moyen Âge*, 4, 1929, p. 5-158.

– *Les métamorphoses de la cité de Dieu*, Paris, Vrin, 2005².

– (éd.), *Thomas d'Aquin 1274-1974. Commemoratives Studies*, Toronto, Pontifical Institute of Mediaeval Studies, 2 vol., 1974.

GOYENS, M., « Lectures et vulgarisation du savoir aristotélicien, les Gloses de Evrart de Conty », dans P. De Leemans, M. Goyens (éd.), *Aristotle's Problemata in Different Times and Tongues*, Leuven, University Press, 2006, p. 175-198.

GRELLARD, Ch., ROBERT, A. (éd.), *Atomismus in Late Medieval Philosophy and Theology*, Leiden/Boston, Brill, 2009.

GUARNIERI, R., *Il movimento del libero spirito*, Roma, Edizione di Storia e di Letteratura, 1965 (*Archivio Italiano per la Storia della Pietà*, IV), p. 350-708 (texte p. 521-653).

GUICHARD-TESSON, F., « Evrart de Conty, poète, traducteur et commentateur », dans P. De Leemans, M. Goyens (éd.), *Aristotle's Problemata in different Times and Tongues*, Leuven, University Press, 2006, p. 144-174, en part. p. 165-174.

HALLAUER, H., « Cod. Harlem 3631 und 3915 », *Mitteilungen und Forschungenbeiträge zur Cusanus Gesellschaft*, 10, Mainz, Matthias Grünewald Verlag, 1973, p. 94-103.

HAUBST, R., « Zum Forleben Albert des Grosses bei Heymeric von Kamp und Nikolaus von Kues », *Beiträge zur Geschichte der Philosophie und Theologie des Mittelalters*, Suppl. Bd. 4 (Festscrift für B. Geyer, *Studia albertina*), Münster, 1952, p. 420-477.

– *Die Christologie des Nikolaus von Kues*, Freiburg, Herder, 1956.

– « Der Evolutionsgedanke in der cusanische Theologie », *Cusano agli inizi del mondo moderno* (Atti del Convegno Internazionale, Bressanone, 6-10 settembre 1964), Firenze, Sansoni, 1970, p.295-307.

– « Albert, wie Cusanus ihn sah », dans G. Meyer, A. Zimmermann (éd.), *Albertus Magnus, doctor universalis* (*1280-1980*), Mainz, M. Grünewald Verlag, 1980, p. 167-194.

HEDWIG, K., *Sphaera lucis. Studien zur Intelligibilität des seieden im Kontext der mittelalterlichen Lichtspekulation, Beiträge zum Geschichte der Philosophie und Theologie des Mittelalters*, Neue Folge, 18, Münster, Aschendorff, 1980, en part. p. 257-272.

HOENEN MAARTEN, J .M. M., « Heymeric van de Velve (†1460) und die Geschichte des Albertismus », dans J. M. M. Hoenen, A. de Libera (éd.), *Albertus Magnus und der Albertismus*, Leiden, Brill, 1995, p. 303-331.

HOFFMANN, F., « Nominalistische Vorlaüfer für Früheste Erkenntnisproblematik von Nikolaus in Kues », *Mitteilungen und Forschungsbeiträge der Cusanus-Gesellschaft*, 11, 1975, p. 72-102.

HOFFMANN, J. E., « Über Regiomontanus und Buteon Stellungnahme zu Kreiseunähurng des Nikolaus von Kues », *Mitteilungen und Forschungsbeiträge der Cusanus-Gesellschaft*, 5, 1965, p. 98-136.

HOPKINS, J., *Nicholas of Cusa Metaphysic of Contraction*, Minneapolis, The Artur J. Banning Press, 1983.

– *Nicholas of Cusa on Wisdom and Knowledge*, Minneapolis, The Arthur J. Banning Press, 1996.

HUGONNARD-ROCHE, H., *L'œuvre astronomique de Thenon juif, Maître parisien du XIV*[e] *siècle*, Genève, Droz-Mainard, 1973.

– *La classification des sciences de Gundissalinus et l'influence d'Avicenne*, dans *Études sur Avicenne*, éd. J. Jolivet, R. Rashed, Paris, Vrin, 1984, p. 41-75.

IMBACH, R., « Das Centheologicum des Heymericus de Campo und die darin enthaltenen Cusanus – Reminiszenzen », *Traditio*, XXXIX, 1983, p.446-477.

– « Quelques remarques sur le Traité "De sigillo aeternitatis" de Heymeric de Campo », dans M. Hoenem et A. de Libera (éd.), *Albertus Magnus und der Albertismus*, Leiden, Brill, 1995, p. 297-302.

ISERLOH, E., « Reforme des Kirke bei Nikolaus von Kues », *Mitteilungen und Forschungsbeiträge der Cusanus-Gesellschaft*, 4, 1964, p. 105 *sq*.

JASPERS, K., *Nicolaus Cusanus*, München, Piper, 1958.

JOLIVET, J. (éd.), « Grammaire et langage chez Boèce de Dacie », *Le Moyen Âge*, 76, 1970, p. 37-322.

– *Études sur Avicenne*, Paris, Vrin, 1984

– « Classification des sciences arabes et médiévales », dans R. Rashed, J. Biard (éd.), *Les doctrines de la science de l'Antiquité à l'Âge Classique*, Leuven, Peeters, 1999, p. 211-236.

KLIBANSKY, R., *The Continuity of the Platonic Tradition during the Middle Ages*; *Plato's Parmenide in the Middle Ages,* London, The Warburg Institute of Middle Ages and Renaissances, 1939.

– « Copernic et Nicolaus de Cues », dans *Léonard de Vinci et l'expérience scientifique au seizième siècle*, Paris, CNRS/P.U.F., 1953, p. 225-235.

KOYRÉ, A., « Mathématique et théologie. Le problème de l'intensité de formes au XIV^e siècle », *Archives Internationales d'Histoire des Sciences*, 1951, p. 769-780.

– *Du monde clos à l'univers infini* (Études d'histoire de la pensée scientifique), Paris, NRF-Gallimard, 1966.

LECLERC, J., *Toleration and the Reformation*, London, Longmans, 1960.

LEVINAS, E., *Autrement qu'être et au-delà de l'essence*, La Haye, M. Nijoff, 1978.

LONGO, A., *Presagio di modernità*, dans G. Piaia (éd.), *Concordia discors, Studi su Niccolò Cusano*, Padova, Antenore, 1993, p. 309-332.

LUBAC, H. de, *Catholicisme, Les aspects sociaux du dogme*, Paris, Cerf, 1938.

LUCENTINI, P., « Ermete Trismegisto e Nicola Cusano », *Platonismo, ermetismo, eresia nel Medioevo*, Louvain-la-Neuve, FIDEM, 2008, p. 72-222.

— et PARRI, I., PERRONE COMPAGNI, V. (éd.), *Hermetism from Late Antiquity to Humanisme. La tradizione ermetica dal mondo antico all'Umanesimo* (Atti del Colloquio Internazionale, Napoli 20-24 Settembre 2001), Turnhout, Brepols, 2003.

MAIER, A., « Diskussion über des aktuel Unendlich in der ersten Hälfte des 14. Jahrhundert », *Ausgehendes Mittelalters*, I, 1964, p. 41-86.

– *Zwei Grundprobleme der scholastischen Philosophie*, Roma, Edizioni di Storia e Letteratura, 1952.

MANDOSIO, J.-M., « Entre mathématique et physique : note sur les sciences intermédiaires », dans *Comprendre et maîtriser la nature au Moyen Âge*, Genève, Droz, 1994, p. 115-138.

MAHNKE, K., *Unendliche Sphäre und Allmitelpunkt : Beiträge zur Genealogie der Mathematischen Mystik*, Bd. 8, Niemeyer, Halle, 1937.

MEERSSEMAN, G., *Geschichte der Albertismus, II : Die erste kölner Controversen*, Roma, Dissertationes Historicae, Istituto Storico Domenicano, 1935.

MEINHARDT, H., « Der christologische Impuls im Mensbild des Nikolaus von Kues », *Mitteilungen und Forschungsbeiträge der Cusanus-Gesellschaft*, 13, 1978, p. 105-117.

MICHALSKI, K., *La philosophie au XIV^e siècle, Six études*, réimp. : K. Flash, Frankfurt, Minerva, GMBH, 1969.

MOFFITT WATTS, P., *Nicolaus Cusanus. A Fifteenth-Century Vision of Man*, Leiden, Brill, 1982.

MURALT, A. de, « La métaphysique cusaine de l'un », dans *Néoplatonisme et aristotélisme dans la métaphysique médiévale*, Paris, Vrin, 1995.

MURDOCH, J., « *Rationes mathematicae* ». *Un aspect du rapport des mathématiques et de la philosophie au Moyen Âge* (Conférence donnée au Palais de la Découverte le 4 nov. 1961), Histoire des Sciences de Paris, Palais de la Découverte, 1961.

– « The Medieval Language of Proportions. Elements of Interaction with Greek Foundation », éd. A. C. Crombie, *Scientific Change*, London, Heineman, 1963, p. 237-271.

– *Naissance et développement de l'atomisme au bas Moyen Âge en la science de la nature : théories et pratique* (« Cahiers d'études médievales », II, Montréal), Paris, Vrin, 1974, p. 11-31.

– « Henri of Harclay on the Infinite », dans A. Maierù (éd.), *Studi sul secolo XIV, in onore di A. Maier,* Roma, ed. Storia e Letteratura, 1981, p. 219-225.

NARDI, B., *Soggetto e oggetto del conoscere nella filosofia antica e medievale*, Roma, Edizioni dell'Ateneo, 1952.

*Nikolaus Von Kues als Promotor der Ökumene* (Akten des Symposius Berkanstel-Kues, 22-24 sept. 1970), Mainz, Matthias Grünewald, 1971.

OBERMAN, H. A., *Spätscholastik und Theologie. Der Herbst des mittelalterlichen Theologie*, Zurig, EVZ Verlag, 1965.

– « The Orientation of the Fourteenth Century »,dans A. Maierù (éd.), *Studi sul secolo XIV, in onore di A. Maier,* Roma, ed. Storia e Letteratura, 1981, p. 513-530.

PASQUA, H., *Maître Eckhart, Le procès de l'un*, Paris, Cerf, 2006.

PIAIA, G. (éd.), *Concordia discors. Studi su Cusano e l'umanesimo europeo*, omaggio a G. Santinello, Padova, Antenore, 1993.

PINBORG, J., « Classical Antiquity : Greece », éd. Th. A. Sebeok, *Current Trends in Linguistics*, 13, The Hague, Mouton, 1975, p. 69-126.

PLOOIJ, E. B., *Euclid's Conception of Ratio and his Definition of Proportional Magnitudes as Criticized by Harabian Commentators*, Rotterdam, 1950, p. 58-61 (Réimpr. : F. Sezgin (éd.), *Islamic Mathematics and Astronomy*, Frankfurt-am-Main, Institute for the History of Arabic-Islamic Sciences, 19, 1998, p. 167-243).

RAGNO, T., « *In coniecturis ambulans* », *verità e conoscenza nel pensiero di Niccolò Cusano*, Roma, Aracne, 2013.

REINHARDT, K., « Die Lullus-Hanschriften in der Bibliothek des Nikolaus von Kues », dans F. Bidese *et alii* (éd.), *Ramon Llull und Nikolaus von Kues, Eine Begegnung im Zeichen der Toleranz*, Turnhout, Brepols, 2005, p. 1-23.

RITTER, G., « Studien zur Spätscholastik, I., Marsilius von Inghen und die okkamiste Schule in Deutschland », *Sitzungsberichte der Heidelberger Akademie der Wissenschaften, Philosophisch-Historische Klasse* (Darmstadt), 1921/4, p. 113-126.

ROSIER, I., *Les grammaires spéculatives des modistes*, Lille, Presses Universitaires de Lille, 1983.

ROTH, U., « Die Astronomisch-astrologische "Weltgeschichte" des Nikolaus von Kues im Codex Cusanus 212. Einleitung und Edition », *Mitteilungen und Forschungsbeiträge der Cusanus-Gesellschaft*, 27, Trier, Paulinus, 2001, p. 2-29.

RUFFINI, F., *La libertà religiosa. Storia dell'idea*, éd. C.A. Iemolo, Milano, Feltrinelli, 1967.

RUH, K., *Meister Eckhart, Theologe, Prediger, Mystiker*, München, Beck, 1985.

SAMBIN, P., « Niccolò da Cusa, studente a Padova e abitante nella casa di Prosdocimo Conti suo maestro », *Quaderni per la storia dell'Università di Padova*, XII, 1979, p. 141-145.

SANTINELLO, G., *Il pensiero di Nicolò Cusano nella sua prospettiva estetica*, Padova, Liviana, 1958.

SENGER, H. G., « Metaphysischer Atomismus. Zur Transformation eines Denkmodelles durch Nikolaus von Kues », « *Ludus sapientiae* ». *Studien zum Werk und Wirkungunsgeschichte des Nikolaus von Kues*, Leiden/Boston, Brill, 2002, p. 117-140.

SFEZ, J., *L'art des conjectures de Nicolas de Cues*, Paris, Beauchesne, 2012.

SOUTHERN, R. W., « St. Anselme and Gilbert Crispin, Abbot of Westminster », *Medieval Renaissance Studies*, 3, 1954, p. 79-115.

STURLESE, L., « Albert le Grand en face d'Hermes Trismegiste », *Archives de philosophie*, XLIII, 1980, p. 620-632.

– « Proclo e Ermete in Germania », dans K. Flasch (éd.), *Von Meister Dietrich zur Meister Eckhart*, Hamburg, Meiner, 1984, p. 28-35.

THURNER, M. (éd.), *Nicolaus Cusanus zwischen Deutschland und Italien*, Berlin, Akademie Verlag, 2002.

TROTTMANN, Ch., *La vision béatifique. Des disputes scolastiques à sa définition par Benoît XII*, Rome, École française de Rome, 1995.

– « Lectures de Denys et enjeux de trois controverses, docte ignorance, théologie mystique et vie active et contemplative », dans S. Toussaint, Ch. Trottmann (éd.), *Le Pseudo-Denys à la Renaissance* (Actes du Colloque International, Tours, 27-29 Janvier 2011), Paris, Champion, 2014, p. 93-124.

VAN DE VYVER, E., « Annotations de Nicolas de Cues en plusieurs manuscrits », dans *Nicolò da Cusa* (Atti Convegno Internazionale, Bressanone, 21-23 luglio 1962) Firenze, Sansoni, 1962, p. 47-62.

VAN VELTHOVEN, T., *Gottesschauf und menschliche Kreativität*, Leiden, Brill, 1977.

VANSTEENBERGHE, E., « Autour de la Docte Ignorance », *Beiträge zur Geschichte der Philosophie des Mittelalters*, XIV, 2-4, Münster im W., 1915, p. 111-116.

– *Le cardinal Nicolas de Cues (1401-1464). L'action, la pensée*, Paris, Alcan, 1920 (réimp. : Frankfurt a. M., Minerva, 1963).

VOLKMANN-SCHLUCK, K. H., *Nicolaus Cusanus*, Frankfurt a. M., Klostermann, 1957.

WACKERZAPP, H., « Der Einfluss Meister Eckharts auf die ersten philosophischen Schriften des Nikolaus von Kues (1440-1450) », *Beiträge zur Geschichte der Philosophie und Theologie des Mittelalters*, 29/3, 1962, p. 7-12.

WEBER, E. H., *L'homme en discussion à l'Université de Paris en 1270*, Paris, Vrin, 1970.

WYLLER, F. A., « Kontradiction. Ein Weg zu Cusanus Unendlichkeits-idee », *Mitteilungen und Forschungsbeiträge der Cusanus-Gesellschaft*, 15, 1981, p. 104-120.

ZAVALLONI, R., *Richard de Mediavilla et la controverse de la pluralité des formes*, Louvain, Institut Supérieur de Philosophie, 1951.

ZGHAL, H., « La connaissance du singulier chez Avicenne », dans R. Morelon, A. Hasnawi (éd.), *De Zenon à Poincaré, Recueil d'Études en hommage de R. Rashed*, Louvain/Paris, Peeters, 2004, p. 685-718.

ZOUBOV, V., « Walter Chatton, Gérard d'Oddon et Nicolas Bonet », *Physis*, I, 1959, p. 261-278.

La bibliographie cusanienne est systématiquement publiée dans les *Mitteilungen und Forschungsbeiträge der Cusanus-Gesellschaft*.

Portail électronique (début 1961)
– Bibliotheca Augustana : http ://www.fh-augsburg.de/
– Cusanus Portal : http ://urts173.uni-trier.de/
– Cusanus-Bibliographie : http ://urts173.uni-trier.de/

# TABLE DES MATIÈRES

# CONCLUSION

La philosophie de Nicolas de Cues est fondée sur une pensée ouverte, asystématique, qui « joue » avec les contradictions, une pensée foncièrement problématique.

Le Cusain juge que l'esprit humain trouve en lui-même la possibilité de résoudre tous les problèmes, mais qu'il n'y réussit pas d'une façon définitive, parce qu'il est mortel – vérité indéniable que Nicolas de Cues formalise par le terme philosophique de « fini ». Mais comme tous les hommes aspirent à l'éternité, le Cusain reconnaît qu'ils ont en eux-mêmes le « présupposé » de leur opposé, à savoir l'« infini » éternel et Absolu, Dieu : il s'agit donc d'une philosophie du dialogue entre le « fini » et l'« infini ».

Le but que le Cusain s'est fixé a été d'établir les structures porteuses du « fini » en vue d'atteindre l'« infini » et d'essayer de comprendre non seulement ce qu'il est et ce qu'il n'est pas, mais également dans quelle mesure le but même de cette recherche peut être atteint. C'est dans cette perspective que le Cusain rassemble tous les instruments conceptuels possibles, chez les penseurs de son époque, y compris dans les ouvrages les moins connus ou dans des textes souterrains. Il extrait des écrits qu'il connaît les termes qu'il utilise en aboutissant à un syncrétisme laborieux.

On trouve exprimé dans son œuvre un cas de pluralité de vérités déterminées par une pluralité de perspectives d'intelligibilité spécifique de vérité modalisée qui est la conjecture. Aussi l'homme dans toutes ses activités qu'il appelle « contractions » n'atteint-il que des résultats « perfectibles » et non pas ontologiquement parfaits de la connaissance. Il s'agit donc de « conjectures », ou de « savoirs » approximatifs, non nécessaires, mais ouverts aux possibilités d'atteindre toujours un savoir plus parfait. On peut considérer les conjectures comme étant les facettes multiples d'une seule et unique vérité cachée derrière des solutions ouvertes et toujours renouvelée.

Achevé d'imprimer par Corlet Numérique - 14110 Condé-sur-Noireau
N° d'Imprimeur : 132735 - Dépôt légal : octobre 2016 - *Imprimé en France*